新歐亞大陸

面對消失的地理與國土疆界，
世界該如何和平整合？

The Dawn of Eurasia

On the
Trail of the
New World Order

布魯諾．瑪薩艾斯
Bruno Maçães
——著

王約
——譯

目錄

北極海
伊爾庫次克
烏蘭巴托
伯力
烏魯木齊
海參崴
北京
平壤
首爾
東京
西安
上海
義烏
加滿都德
廷布
重慶
太平洋
達卡
臺北
加爾各答
河內
香港
奈比多
永珍
馬尼拉
曼谷
金邊
斯里巴卡旺
吉隆坡
新加坡
雅加達
帝利
摩斯比港

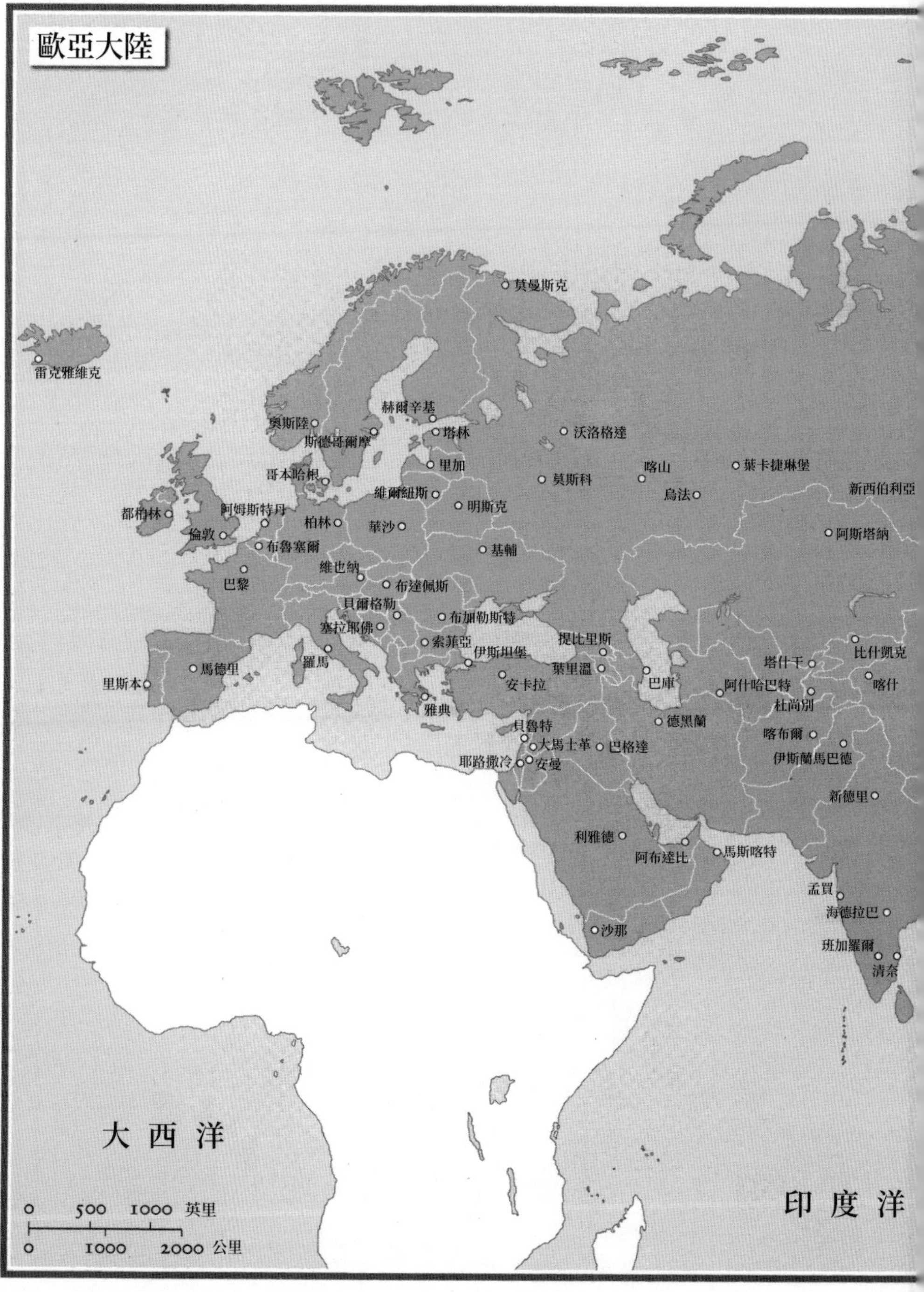
歐亞大陸
莫曼斯克
雷克雅維克
赫爾辛基
奧斯陸
斯德哥爾摩
塔林
沃洛格達
哥本哈根
里加
喀山
葉卡捷琳堡
莫斯科
烏法
維爾紐斯
新西伯利亞
都柏林
阿姆斯特丹
明斯克
柏林
華沙
倫敦
阿斯塔納
布魯塞爾
基輔
維也納
巴黎
布達佩斯
貝爾格勒
布加勒斯特
塞拉耶佛
提比里斯
索菲亞
伊斯坦堡
比什凱克
塔什干
羅馬
葉里溫
馬德里
里斯本
安卡拉
巴庫
阿什哈巴特
喀什
杜尚別
雅典
德黑蘭
貝魯特
喀布爾
大馬士革
巴格達
伊斯蘭馬巴德
耶路撒冷
安曼
新德里
利雅德
阿布達比
馬斯喀特
孟買
海德拉巴
沙那
班加羅爾
清奈
大西洋
印度洋
0 500 1000 英里
0 1000 2000 公里

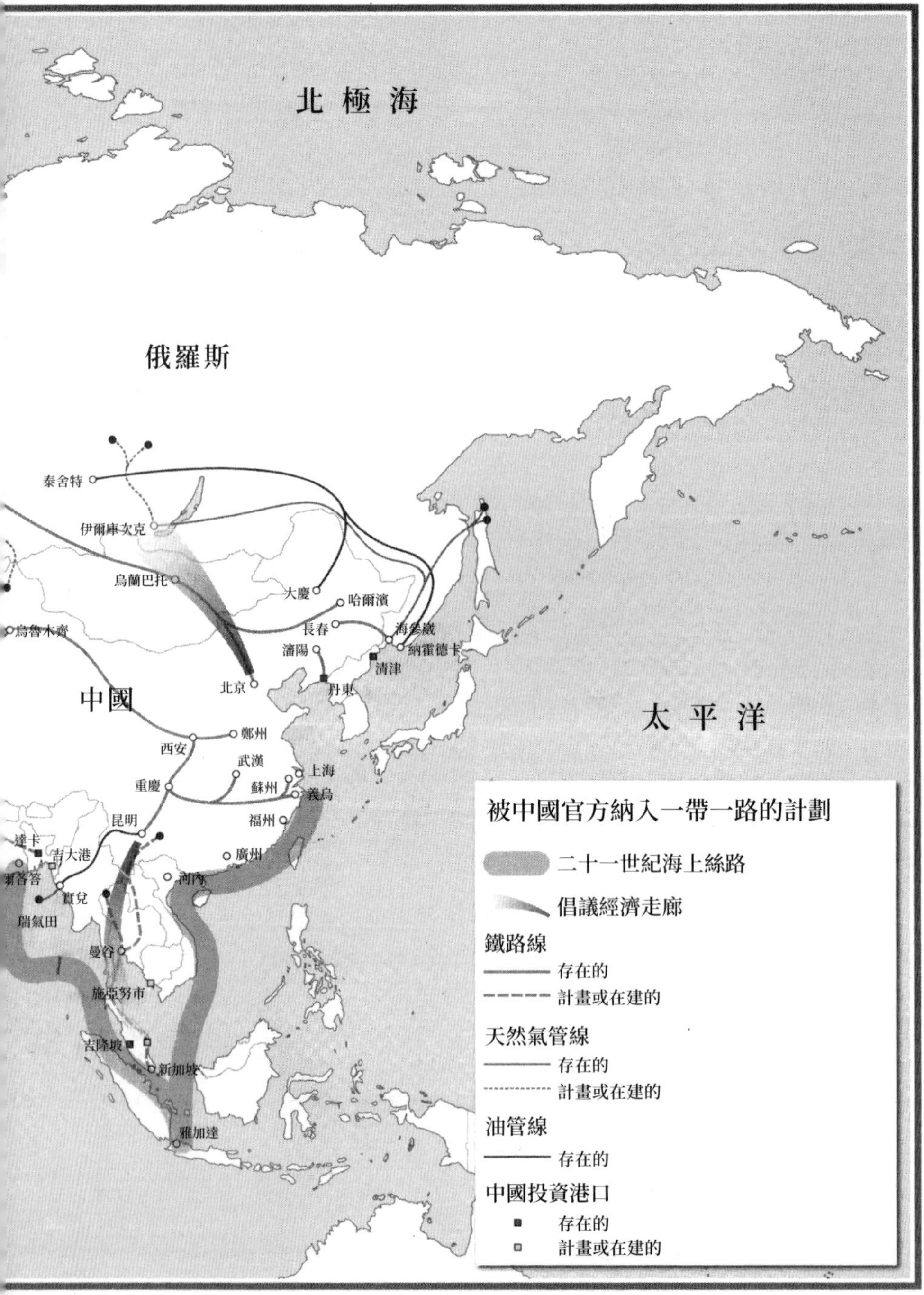
北極海
俄羅斯
中國
太平洋
泰舍特
伊爾庫次克
烏蘭巴托
烏魯木齊
大慶
哈爾濱
長春
海參崴
納霍德卡
瀋陽
清津
丹東
北京
鄭州
西安
武漢
上海
蘇州
義烏
重慶
福州
昆明
廣州
達卡
吉大港
河內
皎漂
瑞氣田
曼谷
施亞努市
吉隆坡
新加坡
雅加達
被中國官方納入一帶一路的計劃
二十一世紀海上絲路
倡議經濟走廊
鐵路線
存在的
計畫或在建的
天然氣管線
存在的
計畫或在建的
油管線
存在的
中國投資港口
存在的
計畫或在建的

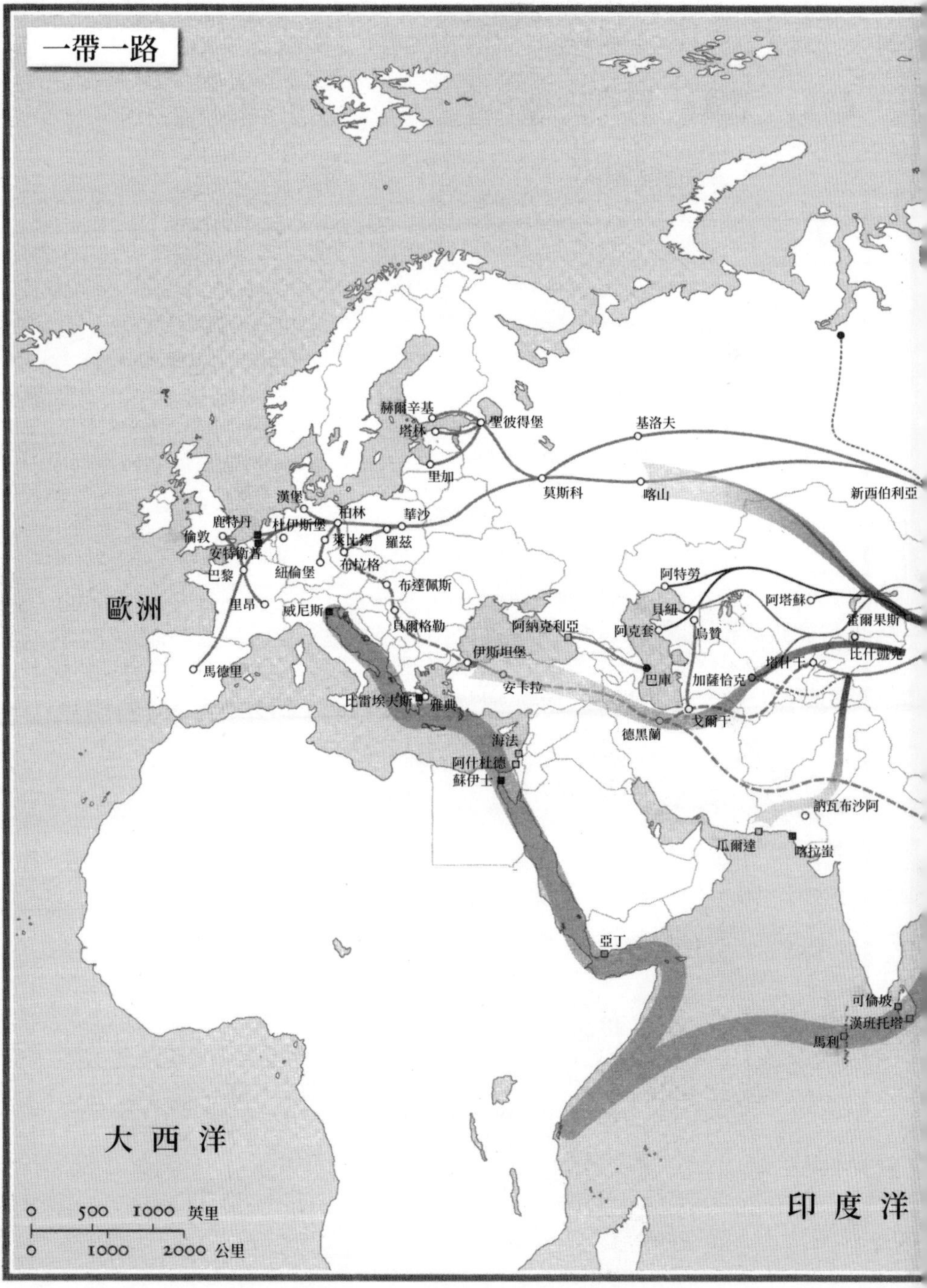
一帶一路
赫爾辛基
塔林
聖彼得堡
里加
基洛夫
莫斯科
喀山
新西伯利亞
漢堡
柏林
華沙
鹿特丹
杜伊斯堡
倫敦
萊比錫
羅茲
安特衛普
布拉格
巴黎
紐倫堡
布達佩斯
歐洲
里昂
威尼斯
貝爾格勒
阿納克利亞
伊斯坦堡
安卡拉
馬德里
比雷埃夫斯
雅典
海法
阿什杜德
蘇伊士
阿特勞
阿塔蘇
貝紐
霍爾果斯
阿克套
烏贊
比什凱克
巴庫
塔什干
加薩恰克
戈爾干
德黑蘭
訥瓦布沙阿
瓜爾達
喀拉蚩
亞丁
可倫坡
漢班托塔
馬利
大西洋
印度洋
0 500 1000 英里
0 1000 2000 公里

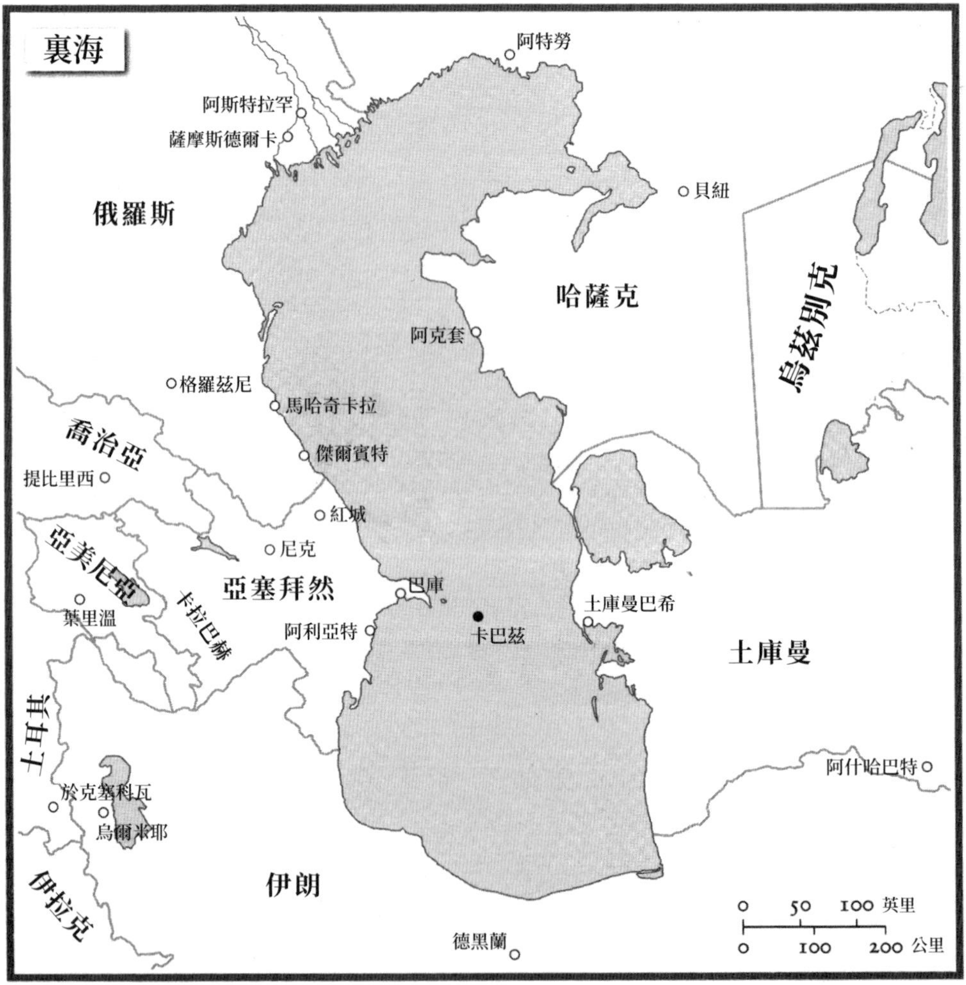
裏海
阿特勞
阿斯特拉罕
薩摩斯德爾卡
貝紐
俄羅斯
哈薩克
烏茲別克
阿克套
格羅茲尼
馬哈奇卡拉
喬治亞
傑爾賓特
提比里西
紅城
亞美尼亞
尼克
亞塞拜然
卡拉巴赫
巴庫
葉里溫
阿利亞特
卡巴茲
土庫曼巴希
土庫曼
土耳其
阿什哈巴特
於克塞科瓦
烏爾米耶
伊朗
伊拉克
德黑蘭
0 50 100 英里
0 100 200 公里

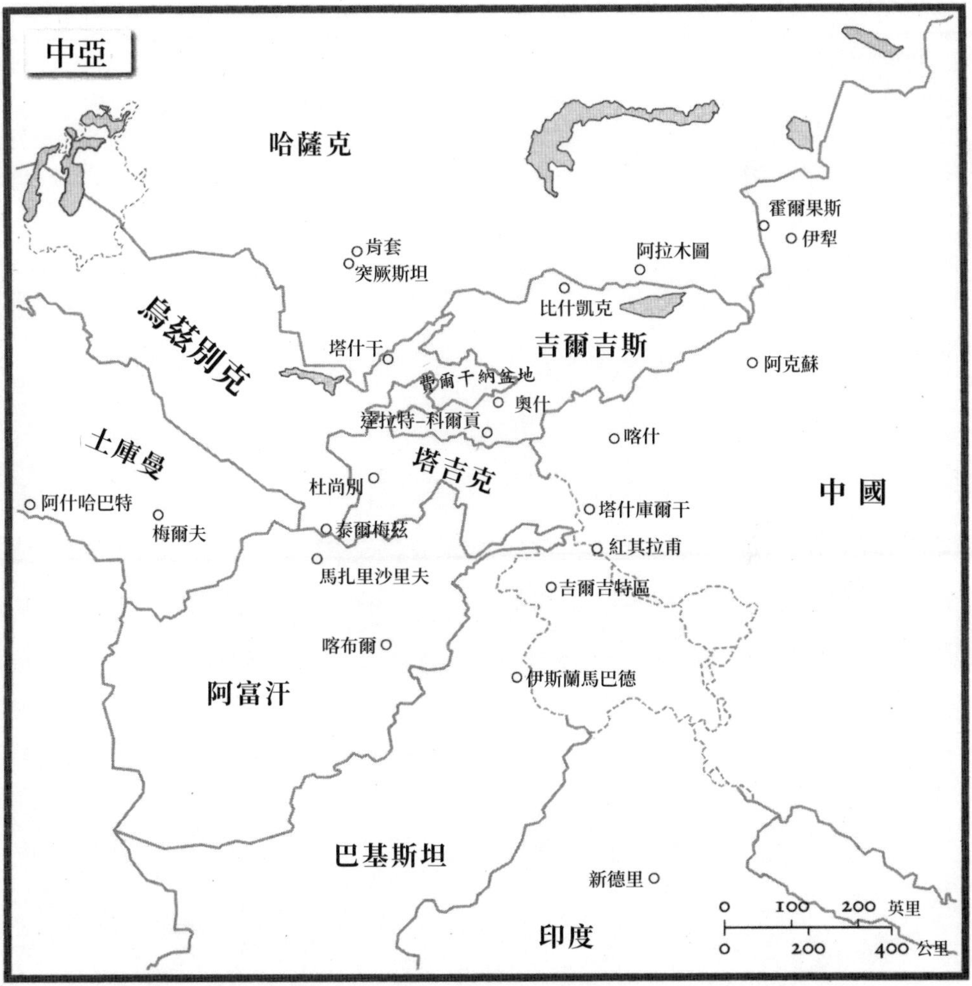
中亞
哈薩克
肯套
突厥斯坦
阿拉木圖
霍爾果斯
伊犁
比什凱克
烏茲別克
塔什干
吉爾吉斯
阿克蘇
費爾干納盆地
奧什
達拉特-科爾貢
喀什
土庫曼
塔吉克
杜尚別
阿什哈巴特
梅爾夫
中國
塔什庫爾干
泰爾梅茲
紅其拉甫
馬扎里沙里夫
吉爾吉特區
喀布爾
伊斯蘭馬巴德
阿富汗
巴基斯坦
新德里
印度
0 100 200 英里
0 200 400 公里

自序

二〇一五年底，我在歐亞歷史與文化的邊界一帶出差，後來演變成一趟長達六個月的旅行。在頭兩年裡，我任職於葡萄牙政府，擔任國務卿主理歐洲事務，這份工作一直把我拉近這些邊疆地區，有時是出於個人偏好，但大多數時候是出於公務需要。葡萄牙這個國家剛好座落在歐洲西陲邊境，勢必具有某些重要意義。看到有如此之多影響歐盟最迫切的問題，都牽涉到兩大洲之間的互動，而如何處理這些互動，需要更廣泛的視野。因此，對於過去的歷史一直把我們導向歐亞邊界將會消失的這件事，我開始有所懷疑。書店裡充斥著關於俄國（通常關於它很危險）、中國（通常事關於它的奇蹟），還有歐盟（通常是關於它的危機）的書，但這些書都用個別角度來思考這些問題。於是我決定考察一番，倘若把它們視為同一個體系裡的不同分子，我們可以從俄國、中國與歐洲學到什麼？有個很清楚的字眼可以形容這樣一個體系：「歐亞」。它是個相對新穎的字眼，一八八五年奧地利地質學家愛德華・修斯（Eduard Suess）第一次把它用在無關緊要的地方。他認為應該把歐洲和亞洲當作是個單一整體。這個想法，向來就被地質學家與生物學家用在某些特定區域上，因為他們所面對的事實，就是若在這兩個大陸上劃出一道疆界，將會妨礙科學上的理解。傑出的德國探險家兼科學家弗里德里希・洪保德（Alexander von Humboldt）在一八四三年時說，在自然科學裡「你必須從舊世界的大分裂裡找到連貫性，才能著手做研究」。可是為什麼只有在自然科學如此呢？為何歷史研究、政治學和藝術不這樣呢？這就是本書寫作的靈感來源。

我的歐亞之旅遵循著兩大簡單的規則。第一，不搭飛機，即便兩點之間只有飛機可搭，或者後勤補給難以克服。第二，除了當下這週，不做未來計畫。我不知道旅程會有多久。不過，當十二月十五日降落在俄羅斯南部阿斯特拉罕（Astrakhan）時，我對未來路線和行程卻很堅定。之所以挑選阿斯特拉罕作為起點，是因為這裡乃高加索的歷史大門，在可預見會形成超級大陸的遷徙區清單上名列前茅。阿斯特拉罕曾是個富強的大城，如今幾乎被全世界遺忘了，以此作為起點再好也不過。但我尚未決定終點將會落在何處。

第一個月裡，我在高加索地區漫無目的遊蕩，最後取道喬治亞的傳統戰備道越過了山脊。從喬治亞，我又前往亞美尼亞，再去伊朗，然後西向轉往土耳其的黑海沿岸。再從特拉布宗（Trabzon）[1]東行，一路直奔亞塞拜然的巴庫（Baku）[2]，從那裡登上貨櫃輪，渡過裏海進入我旅行裡的中亞段：梅爾夫（Merv）[3]、布哈拉（Bukhara）[4]、泰爾梅茲（Termez）[5]、撒馬爾罕（Samarkand）[6]。到達費爾干納盆地（Fergana Valley）的安集延（Andijan）時，就已經逼近了中國邊界，此時可以確定歐洲已被拋諸腦後。然而，接下來我想看看，從另一端來看同一條遷徙路線會是如何？於是我朝北去到哈薩克和西伯利亞，從貝加爾湖前往海參崴，再從它的極東端進入中國。然後行腳折返回到中亞，一路到新的地標城市霍爾果斯（Khorgas）[7]；兩、三個月之前我佇立在哈薩克邊界時，就已經遠遠看見了這個城市。總計，這趟旅行恰恰耗時六個月。自二〇一六年元月十五日搭機從伊犁飛回北京以來，我訂下的第一條規則言出必行。儘管我還會繼續為了寫這本書做研究考察，但歐亞之行實際上已經結束了。從阿斯特拉罕到霍爾果斯，我已走完了最長的路線。

我們生活在一個旅行的黃金年代。近期的科技，例如數位地圖和翻譯軟體，加上網路上不斷更新的資訊，消除了幾乎所有的困難險阻，不過卻也同時為旅遊帶來毀滅性的影響，人

1. 土耳其東北城市，位於黑海沿岸。
2. 亞塞拜然首都，裏海最大港。
3. 古代中亞綠洲城市。也稱為木鹿，中國史籍稱為馬魯。
4. 烏茲別克南部城市。
5. 烏茲別克城市，位於烏茲別克與阿富汗邊界。
6. 烏茲別克第二大城，歷史古城，也是穆斯林學術中心。
7. 二〇一〇年時新疆建設兵團憑空興建的城市。

們局限在同一批大受青睞的景點，使得這個世界的其他地區，要不是保有數百年前的樣貌，就是接受了現代化，而這兩種狀態都是真實且重要的。旅遊從未如此易如反掌，但是，身處於人人皆能在二十四小時內出現在地圖上任何一處的地球村裡，旅遊寫作卻可能再也不復存在。大多數的旅行見聞都將問題放在形式上，把內容變成某種屬於自己的小說體裁。在這本書裡我想做點不一樣的事，我用旅行來為政治、經濟和歷史研究注入真實性。

二〇一七年元月，我搬到倫敦，幫對沖基金和科技公司提供政治策略上的意見。他們在這個嶄新的歐亞世界裡，其運作方式都記述在本書。對沖基金致力於從合併與收購上獲利，並積極追蹤從中國流入歐洲的資金，它們知道這樣的工作必須依據迥異於它們習以為常的規章，於是想要了解兩種不同的規章制度在衝突或結合時，所產生的政治動力是什麼。科技公司則積極致力於搶進俄國市場，因為科技業特別適合那個市場，但在一個西方與俄國處於地緣政治衝突的時代裡，這麼做意謂著每一次行動都必須同步顧及兩個截然相反的觀點，而且有時候這兩種觀點會造成永無止盡的鏡子遊戲，彷彿兩邊只在有樣學樣。誠然，具全球性的思維方式是必要的，但相異性會比相似性來得更有趣。商界比政界、作家或藝術家更懂這一點。

本書的一個主要目的是要展現這個世界——其實就是它始終如一的樣貌——是個奇妙又

奇怪的地方。只要我們一直張大雙眼，很容易一個轉彎，就能進到一個超乎想像的世界，在那裡面，我們看東西和想事情的習慣，突然之間就不管用了。就如同旅行有助於在真實世界裡做基礎分析，而做某種程度的反省分析也能引導我們用許多不同的方式看待這個世界。沒有旅行，思想是空洞的；沒有思想，旅行是盲目的。

導論

就在世界政治與經濟軸心正處於前所未見的大轉移之際，我們參與其中。四、五百年前，它往西方世界偏移；曾在歷史上相對停滯落後的歐洲崛起，並統治了全球。如今，這條軸心正移往東方。我們都知道這對亞洲代表什麼意義；我們已經看到了巍峨嶄新的天際線，見到子彈列車和車站快速取代駱駝古道和商隊客棧。但是，這對西方意謂著什麼？以往影響其他地區的重量級巨人，如今是否會因應這股從東方吹來的政治與經濟新風潮，被迫改革？突然之間，東亞或南亞，俄羅斯或中東所發生的一切，將對每一位歐洲人和美國人產生巨大的影響，且遠遠超乎他們的想像，特別是在某些重要的事務上，他們現在感受到了這些影響脫離了他們的控制。他們的世界拓展開了，可是這種拓展方式並不是他們想要的。

現在，倡言我們的世紀是亞洲世紀，幾乎已是老生常談。不出十年、二十年，全球五大經濟體至少會有三個是在亞洲：中國、日本和印度。這份統計數字唯一不確定的是，誰將站上第五名？德國、印尼、俄國還是巴西？我個人的猜測是，假如我們要談的是未來二十年的全球經濟，那麼會是印尼。一旦亞洲經濟霸權占有如此顯著的支配力時，很難想像世界會依然如故。

然而，倘若你跟亞洲人論及此事，他們並不會感到興高采烈，除了日本是特例。亞洲人知道自己的社會依舊還在追求現代化，而且還在許多關鍵方面上落後西方一大截：創新優勢、軟體，當然還有軍事實力。更基本的問題是，「亞洲世界秩序」或「亞洲世紀」的說法並未顧及亞洲各國對此的莫衷一是，而事實上，它們之間的歧異也構成了一些嚴重的國防威脅，限制亞洲的拓展。和西方世界相反，亞洲從未以集體之姿存在過。遲早，這樣的分裂加上日益加劇的國防危機，將變成強而有力的障礙阻撓衝刺。過去，亞洲看似是和平寬容的綠洲。今日，它儼然像失敗國度的家園，各擁核武，公然競相爭逐軍事優勢，猛翻歷史舊帳，還掀起全球最棘手的領土爭議。

政治學家查爾斯．庫普尚（Charles Kupchan）主張，新的鐘擺方向，將造成在世界上，無人得以擁有支配地位。從某些方面來看，這個趨勢儼然歷史重演。在歷史上，我們曾有過一些時期，強權廣泛遍布在不同地區，不同觀點的政治秩序毗鄰而處。清代與蒙古人，相對於哈布斯堡王朝在宗教、商業、階級制度及市場的觀點上相當迥異，但這一點也沒關係，因為相較之下，它們彼此隔離遙遠，各過各的日子。我們的時代不一樣，全球化迫使我們所有人混亂雜處，而我們卻對這個共有的世界在看法上天差地別。庫普尚寫道：「即將到來的世界，仍會是個根據不同的秩序概念各行其事的強權時代，只不過，有鑑於全球互相依存的關係已定，天南地北的體制將會首度出現劇烈而持續的互動。」

讓我們揚棄洋洋灑灑的理論，允執厥中：這個世紀將不是亞洲的，但也不是歐洲或美國的。從過去三、四百年的趨勢來看，顯然如此。在本書裡，我主張這個世紀將會是「歐亞」的，以顯示截然不同的兩極之間的新平衡。這個世界會越來越是個複合體——因為歐亞這個字眼本身就是個複合字——而在其中，迥異的政治觀念會混雜在一起，被迫攜手共生。

過去一年我使用這個字眼通常都能吻合兩大問題。第一個問題是，我的聽眾或談話對象想要知道，如果「歐亞」成為一個字，是否意謂著某種特殊的身分認同。我的答案是：不會。使用複合字的重點全然是為了提醒我們，在我們時代裡暗潮洶湧的是衝突，而非和諧。舉例來說，當代歐洲與中國所代表的一系列重大政治文化，並沒有表現出明顯或即刻的趨同路線，更遑論和解。不同的政治觀念被迫在同一空間下攜手共生，這個事實並沒有使它們變得比較相似。但在個體的層面來說，某些雷同性確實正在產生。但不論雜種文化的優點為何，不同的影響力結合成一個嶄新又原創的形式，這樣的世界並不是「歐亞」的理想模型。所謂「歐亞」，必須能從互不相容的兩種觀點，且往往要同時並行來看待這個世界。孟加拉裔印度詩人泰戈爾（Tagore）曾未卜先知這麼說過，夾在東方與西方之間過日子，形同「候鳥，飛越大海去又來，此岸彼岸各築一巢」。1

第二個問題是，「歐亞」是否應該被單獨挑出來，或換句話說，和世界其他部分相較之下，「歐亞」是否具有什麼特殊性。在這本書裡，答案是肯定的。地理學和歷史在某種程度上是非理性的，甚至對我們揭露殘忍的事實。然而在事實背後，至少對那些願意向事實低頭的人認為，我們根本沒有進一步思考和抉擇的空間。歐亞正好是地球上最大的陸塊，在這塊土地上，發展出人類史上最多的偉大文明，他們享有空間，發展出獨立自主的形式，又享有地利上的連續性，迫使他們必須互相接觸，也爭權奪力。「歐亞政治」是種大規模的政治，始終如此。甚至過去數百年來，來自歐洲的全球霸權都不斷在跟亞洲交替的政權接觸，彼此受對方的激勵而建立出來。

二十世紀最大的諷刺之一，就是地球上最大的強國第一次建立在最大的陸塊之外。然而，這件事對最大陸塊的核心重要性卻沒產生什麼改變，彷彿「歐亞」如今面對著一面鏡子，被映照出政治與地理事實，或好像有個外部觀察者已然抵達，可以取得更客觀的視角來看待事件的發生過程。以美國強權的高度來看，它在冷戰期間所做的每件事，幾乎都是為了「歐亞」著想，是為了它的未來深思熟慮，並致力於形塑它最終的模樣。今天亦然，在川普的時代下，歐亞是美國政治場域的一大問題，因為在一個「歐亞」正持續發展的世界裡，歐洲、俄國與中國之間的關係，必須被視為一個整體來加以重建。

「柏林圍牆」只不過是分割歐洲——或更正確地說是西歐——鐵幕的一小段，將蘇聯所統治的領土與西歐區隔開來，而鐵幕很快就被複製成「竹幕」（Bamboo Curtain）[2]，也就是在亞洲分隔共產主義國家與資本主義國家之間的那條界線。有了這些劃分界線，歐亞超級大陸的狀態又可以依據歷史發展的軌跡，歸納成兩大區塊。西歐路徑：被日本與南韓在超級大陸的一端加以複製。另一個則是由北京及莫斯科發想的替代路徑與意識型態：根據不同計量標準或方式加以定義，比較模糊也不那麼統一，常常帶點對前者的否定。冷戰即可被理解成歐洲與亞洲之間的衝突，但被資本主義與共產主義的意識型態微妙地掩護起來。

在這些條件下看二十世紀的歷史，我們就能了解，有這樣一道更大更久的文明圍牆把歐洲從亞洲分割出來，柏林圍牆只不過是其中暫時的一小段而已；數個世紀以來，這道文明分

---

1. 泰戈爾這首詩英文原文是：「I, who have the amphibious duality of nature in me, whose food is in the West and breathe air in the East, do not find a place where I can build my nest. I shall suppose I shall have to be a migratory bird and cross and recross the sea, owning two nests, one on each shore.」題為〈From A Letter to William〉，一九一七年六月六日，收錄於《漂鳥集》（*Stray Birds*，又譯作《飄飛鳥》、《失群的鳥》）。
2. 一般也將竹幕直接中譯作鐵幕（Iron Curtain）。

割線一直都在不停移動，而它的首要本質之一就是知識分子。我們在本書第一章將會看到，它是根據不同世界觀，以及對人類知識與歷史的不同見解為基礎的。有時，例如在歐洲帝國稱霸的時代裡，因全球都處於歐洲化的進程下，因此這條線可能看似荒廢過時，然而事實並非如此。

冷戰期間，蘇聯始終被歐洲的資本主義橋頭堡——巴基斯坦、日本和南韓——重重包圍並牽制著。最後一次蘇聯企圖從地緣政治包抄中突圍而出——從阿富汗的山區——卻功敗垂成，導致蘇聯瓦解。當它終於聲明放棄它的特殊革命路線時，超級大陸的統一之路看似毫無障礙了。美國當時已經計畫好並致力於把「歐亞」變為自由的一體，期待俄羅斯與中國最終會投入西方民主政治的懷抱。但是再一次的事與願違。

讓觀察家破眼鏡的，不是歐亞超級大陸從冷戰轉變為逐漸結為一體的空間，而是它雖然結成一體，但不是按照西方的模式，反而成為許多不同政治思想的舞臺，且這些政治思想互相衝突。這是史上前所未見的新狀況。不同的政治觀點共存在同一個空間裡，很像是全球化時代和舊時代各種包羅萬象或宗教觀點合併在一起了。這個新世界秩序在上世紀最後十年間，都相信彼此的依存和結合關係是無可避免的，只不過這種關係包含著割據與衝突。我們已經進入了全球化的第二個時代，如今疆界慢慢消融，可是文化與文明的差異性卻沒有同步，使得相異之中永恆不安定的元素有了可趁之機。我稱這個時代為「歐亞時代」。想了解「歐亞」這類詞彙，可以先了解之前一次的重整，那是一次大戰過後，「歐洲」讓位給新概念「西方」，而美國如今就是「西方」的其中要角。那麼問題來了，美國未來會在歐亞世界裡扮演什麼角色？

當美國把自己當作歐洲文明世界的首腦與舵手時，它知道這個世界是根據歐洲的思想、受到歐洲統治的，於是很快就把這些思想也變成它自己的。然而，美國這種視自己為西方價值守護者的觀點，卻不能同時與新的共和政體相容。對我們來說，這自然而然又無可避免地需要一場深度的大轉型：放棄早期「山上立城」的觀點；在兩大洋保衛下與世隔絕，根本不聞世事。大西洋曾是一道屏障，不是一座橋樑，更不用說是自由世界的內海。但見多識廣的新聞記者沃爾特・李普曼（Walter Lippmann）等人倡導「大西洋幹道」（Atlantic highway）。「我們不能背棄大西洋的族群，向德國投降，」他在一九一七年時寫道，時值美國參戰前不久：「如果不是『整個』文明世界，至少『我們』的文明正處於危機之中。」西方這個字眼於焉誕生。

身為啟蒙運動之子，美國採納現成的、最普遍先進的法則，毫不懷疑地一路衝上歷史的顛峰，變成強國角色，及時成為地表上最強大的國家。在它崛起的當時，那些法則剛好都是來自歐洲的。這一點是否意謂美國人將會仿造全球秩序，因而當全球秩序在某個時候不再被灌輸歐洲價值時，我們會看到美國慢慢變得不那麼歐洲化？

這個過程並沒有發生在近期的「亞洲樞軸」——這個旗艦級的地緣政治新措施之上；歐巴馬政府曾努力想改變美國的位置，讓它更靠近亞洲一點。這個措施從刪減給歐洲的全球經費開始著手。二次大戰結束後，歐洲所有國家不得不徹底認知到，它們不再是世界強國，而且它們在國際舞臺上的角色必須籠罩在美國的陰影下。從那一刻開始，西方兩端的昭昭天命便開始分道揚鑣了。一旦這副維繫世界秩序的重擔，特別是最不安定、最危險的地區——從東亞到中東——落到美國負責時，那麼，歐洲與美國對這個世界的認知有什麼重大差異，就變得十分明顯。當然，事情不會因為為了應付霸道無禮的國家，就必須把自己變得像它們那樣，可是，你真的必須適應它們的生存方式、想法和行為，不能表現得這根本不是個問題那樣。美國因而被迫發展出一種方式，好面對一個不再受歐洲強權影響與控制的世界，它的領導角色和帶來的改革相依相隨，一開始或許難以捉摸，假以時日便轉為劇烈。

美國即使現在還沒變形，假如自由主義的法則被時間和經驗證明是錯的，那麼這位偌大的啟蒙運動之子可能會毫不猶豫地擺脫西方。要是美國果真相信西方已成明日黃花，它可能會讓歐洲活在過去，但它不會想在歐洲保有它自己的一席之地，特別當那麼做的時候會犧牲掉最讓他著迷的東西：全球首屈一指的地位。一旦西方步伐蹣跚搖晃了，美國會想要變得比較不那麼歐洲化。隨著世界權力從西方移開，美國也會如此。

我們感覺到，美國的普世主義志業，並不能在西方文明世界裡確保其全球優越性。它只能遵循並仿製全球秩序的本質，以及統治它的法則，才能確保全球強國地位。美國如果還插足西方世界，它就只能在新興的歐亞秩序裡當西半球的領袖。事實上，當華府當局想在新興歐亞世界成形中重新改變自己的位置時，我們看到其他事情發生了。

每次論及開發中國家的政府時，中國就會被搬出來當作政治與經濟的樣板。它是強調國家能力的一個模式。北京當局允諾其他在地的統治者，北京將會協助增強它們的能力，讓發展看得到成果。從這些統治者——大家可能會認為為數不多——的觀點來看，西方給的卻是完全相反的東西：西方用數不清的限制來約束權力，全面削弱在地的勢力。理所當然，在地統治者會站在中國那一邊，而美國將會感到壓力很大，改而採取更變通的交涉方式。所謂變通，就是在死板的歐洲意識型態和中國冷漠無情的實用主義之間，取得平衡。

計算全球經濟重心的所在，能提供未來發展的更多線索；這個重心，單純是在地球上跨越不同的地理區域後所測量出來的均等位置。有意思的是，在一九四五年過後三十年，這個重心竟大約座落在大西洋的正中央，反映出歐洲與北美洲囊括了全球經濟的絕大部分活動。

從經濟的觀點來看，如你所想，華府當局過去把自己視為在領導整個大西洋集團。然而，二十世紀結束後，這個重心早已遠遠移到了東方，如今它的位置在歐盟邊境的東邊。在十年內，我們應該會發現重心就座落在歐洲與亞洲的邊界上，然後到這個世紀的中葉，很可能會移到大約在印度與中國的邊界上。我們幾乎可以把美國想作是一枚高度準確的指南針，專為追蹤世界的重心而設計，並據此調整它的外交政策。

美國人正在看著，這世界舞臺上最浩瀚、最古老的地帶會發生什麼事。他們看到的歐盟，偶爾脆弱，卻保有格外繁盛的單一市場，是個全然成熟的經濟體，資金與知識都很充裕，而且是個公民社會，熱愛且提倡言論自由。歐盟根本不是最悲觀的預言裡所說的「快速衰退瓦解」的組織，打賭會有這些後果的那些人，無疑將被證明是大錯特錯。不過，在近代史上頭一回，歐盟正面對著一個它沒有準備好面對的世界，它必須迎戰這些競爭者與對手；這些競爭對手和它有同樣程度的歷史發展，卻毫無跡象顯示會與歐洲的價值觀趨於一致。

中國從宛如漫漫長夜的衰微國勢中走出來，改變是相對容易的，它不得不接納強國關係的新模式——一種東方與西方終於強碰的世界。我們必須開始思考「歐亞」，理由之一就是這實際上乃為中國看待世界秩序的方式。確實，中國官方挖掘出連接中國與歐洲在史上留名的絲路遺址——一千餘年前駱駝商隊跨越中亞、複雜如迷宮的路徑——並積極提倡復興絲路，作為橫跨整個歐亞超級大陸的政治經濟架構。雖然這個想法仍只是萌芽階段，但顯示出中國已經準備好要生活在這個歐亞時代了。

俄國亦然。俄國的現況目前並不樂觀。這個國家似乎已經迷失在歐亞時代中，對於任何政治秩序的願景都抱持反對的態度，而且被過多互相牴觸的模式消耗了資源；這些模式全都彼此衝突。克里姆林當局和公眾意見都認為，俄國並不屬於西方世界，也不再致力於成為西方世界的另一個極強權。這樣的決策巧逢西方勢力的衰弱，尤其以伊拉克戰爭的結果為證。不過這也是因為西方世界的法則與價值，跟在地的政治與經濟文化產生衝突，特別是在地的文化價值已經相當脆弱的情況下所加深的結果。到頭來，俄國失去了機會讓自己的經濟現代化，也無法利用全球價值鍊及新的資訊與通訊科技傳輸知識。俄國對西方政治價值所作的評價，當然也讓它不以亞洲的勢力自居。雖然可發動全球資本主義大改革的更應該是俄國，而非中國。現在，俄國為時已晚，不過所有這些麻煩事，都在在顯示了面對當代難題下的真實反應。俄國的懷疑與猶豫——它那過多的替代方案——若期望它們能在這個嶄新的歐亞時代，在不同政治模式間激烈地競爭與融合，可能還不夠格。

想想過去十年來所有這些重大卻懸而未決的國際問題。能源安全、伊斯蘭激進主義、烏克蘭、土耳其和它在全球體系中的位置、難民危機。以上一切都源自原先分割歐洲與亞洲的邊界地帶，而且也是各種流動的結果——不管是人民的、物資的、能源的或知識的——它們都因為隔絕兩大洲、卻逐漸衰微、瓦解的界線而開始流動。此外，跨越邊界的這些新的流動現象，都發生在整個歐亞超級大陸最欠缺政治秩序的地方。

本書試圖把歐洲與亞洲當成一個統一的政治空間，來挑戰當代世界的思考方式。當然，這個政治空間並沒有良好的組織。這裡有各式各樣的計畫案和不同思想，有已經主動參與架構任務的人們，可是卻沒有一個可以涵蓋歐洲與亞洲的政治秩序，並由於歐洲霸權的粉碎，才導致目前的脫序狀態，但如果以更一統的觀察視野來看，則出現了歐亞超級大陸。我們的時代所面臨的問題，是該如何把這個一統的空間組織起來。在不同的未來觀之間，這必然是個充滿競爭的過程；不同的政治代理人各自表述，個個都能互相影響，企圖達成基礎共識。但在較小規模的政治秩序下，則難以滿足它們各自的目的。整齊的分割界線早已被合併的力場所取代，在這其中，歐洲會逐漸消亡，且只能有這樣的態勢，就像腐敗的軀體化為新的有機結構。什麼也沒損失，每一樣東西都轉化了。「隨著歐洲消失，歐亞結合了起來。」

歐亞時代的新鮮事，並不在於有了大陸之間的這些連結，而是有史以來第一次，連結是雙向作用的，俄國與中國都在看著，這片網絡沿線上的影響力如何逆轉。唯有在影響力是雙向流動時，我們才能說空間結合成為一體。在這其中，你必須謹慎考慮到超級大陸的其餘地方發生了什麼事，一如關心家中大小事那樣小心翼翼。在歐洲稱霸的時期裡，沒有理由這麼做：歐洲人知道他們的生活全憑自己決定，而在亞洲和其他地區的殖民地，永遠別想左右歐洲的事情。「影響力」這個偉大的遊戲，將會集中在邊境地區的主要集團之間，它可以成為政治的穩定渠道，也能被騷動與操控的企圖把持，將之變成爭議區域。

至少，目前歐亞邊境被當作交易節點的作用，幾乎完全沒有進展，甚至無法橋接不同文化、促進貿易——不論思想或物資皆然。但毫無疑問人們會提倡並主導一個文明化過程，讓一個地方發展出歐亞之間互相滲透的現象。例如伊斯坦堡、巴庫和基輔這些城市，我們已經看到它們在這些方面的未來發展了。因此，這三個國家竟陷入不同程度的政治動盪中，是很不幸的，這會損害它們的快速發展。不過到頭來，相較於哪座城市能擔當文明介面的重任，其實更重要的，是決定支持這些城市的政治樣貌是什麼。這個文明介面同時是未來的空間，而在這個空間裡最重大的問題必須獲得解決。為了能知道它的未來特性，我們最好參考那些早年靠著它們的能力而成為歐亞新世界模範的成功城市：香港與新加坡。

香港是個對照範例。這座城市歷經各式各樣的環境，它在戰後的發展突飛猛進，受到不同的影響而形塑而成。當共產黨的統治已經在中國大陸穩固扎根後，許多年來的外來移民與來自中國的難民，都必須在技術與資本上卯足全力、孤注一擲。在這方面，他們受到殖民政府的協助。這個殖民政府並不去篩選成功者或失敗者，而是全心全意投入，並減少官僚的干擾，以法律去支持他們。一種共生的關係出現了，不列顛銀行提供了進入國際金融市場的管道，同時，當地的華人企業家也擅長察覺經濟契機、甚至可以製造出來，比如去哪裡找資源，要如何更好地安排生產線，找到對的人來做。後來，當香港企業家在中國大陸成了第一批投資工業並大有斬獲的成功人士後，這種關係獲得進一步的深化。從某個方面來說，他們是第一批「歐亞人」，一腳站在亞洲、另一腳在歐洲，他們的功成名就，有賴於能同步操作政黨制度高於市場機制的「計畫經濟」（Command Economy），又能連接全球經濟，在金融市場上成為充滿競爭力的自由主義飛地（enclave）。香港靠著兩大不同世界間的矛盾與互補性而興盛，並不仰賴通常被視為繁榮保證的溫和普世主義與統一性。香港近十年來出現的身分認同，並非不同文化影響所形成的混合體，反而比較像是在前殖民地生活的根基上，面對所有矛盾所審慎留下的精神，如長篇小說家韓素音所言：「宛如大海的世界懷抱中的美麗之島」。

至於新加坡，在許多方面上是個更為異常的歷史實驗室。作為大英帝國在東南亞的行政與經濟首都，新加坡的人口是精通多種語言的移民，他們來自中國、印度、馬來西亞、印尼與亞洲其他地區。這些失根的殖民地居民和移民始終都在進行最多的文化交流與實驗。在一九六五年獨立之後，這個國家突然就在沒有腹地的一個極端貿易樞紐位置上建國。大英帝國離開了，但馬來西亞沒有走，印尼也沒有，這兩個國家很可能滅了新加坡，而新加坡和它們的關係非常惡劣。慢慢地，新加坡找到了一個全然出乎意料的新腹地：它成為最靠近歐洲與美洲、而非靠近亞洲其他地區的亞洲國家；一個東方與西方之間的橋樑。

具英雄色彩的新加坡國父李光耀，在他的回憶錄中用了一段饒富趣味的情節形容這個發現的過程。就在獨立建國前數週，李光耀的荷蘭籍經濟顧問告訴他，新加坡想要成功有一個前提：不要移除萊佛士爵士（Stamford Raffles）的雕像。他從善如流。和其他建議不同，這件事很容易完成，而且，若非萊佛士在一八一九年來到新加坡，並在這麼安靜的漁村建立了貿易新據點，李光耀的曾祖父也不會因為逃離晚清動亂而從中國廣東移民到此。不過，這個聯想並非出於緬懷歷史所致，而是歷經深思熟慮，李光耀坦率承認他過去曾一度急於擺脫殖民背景，而保留雕像是宣示接納大英帝國的遺產。歐洲與美洲的投資者也都注意到了。

歐亞政治已經取代了歐洲政治。一百年前，每一次重大的全球發展都是不同的歐洲勢力間相互作用下的產物。往往，世界其他地區會覺得自己無端被捲入歐洲強權的競賽中，包括至關重要的戰爭與和平事務上。在個別的歐洲諸國中，最大的問題也是它們本身就反映出這塊大陸舞臺上的你爭我奪。今日，那些變動的力量發生在一個不同的層面上，介於眾多歐亞強權之間。

在本書裡，「歐亞」不僅是一個用來描述地理統一實體的字眼，它也被當作特定的詞彙，用來描繪政治史的一個新時刻。對這個新世界來說，它是個方便的標籤，因為它表達了兩大概念，這兩大概念常常看似矛盾，卻是同一個字。一方面，它傳達了歐洲世界秩序已經走到了盡頭。此時此刻，此詞一提再提，問題卻反而一直遭到迴避。當歐洲諸國放棄了它們的帝國大夢時，它們錯以為，因為世界其餘地區擁抱了歐洲的統治與思想，因此不再需要領導了。這是錯覺，但卻是一個只有到現在才被戳破的假象。另一方面，這個字眼不等於歐洲遺產也同樣被遺棄，兩種想法不能混為一談。我們看到的是，那些較積極、企圖利用新的東西淘汰世界舊秩序的人，想延續歐洲科學與革命的傳統。當他們和歐洲模式競爭時，他們努力想端出一個替代方案，要更現代化、更理性、更好的能力來領導未來的轉型。他們的想法很新，是現代社會樣貌的另類景象。

在本書的第一篇中，我們必須檢視歐洲與亞洲鴻溝的起源，以及哪些強權如今該為分裂與瓦解負起責任。接著我們會廣泛探討，如何在舊世界秩序的廢墟上，打造歐亞超級大陸及其可能的樣貌。

本書的第二篇是我長途陸路壯遊的心得，有包羅萬象的地緣政治旅行見聞，以及在那之後多次分別進行的研究參訪。我引薦了鮮為人知的一些地方，或多或少都是有原因的，這些地方似乎注定會在明日的世界裡扮演重大的角色。還有的未必是舊世界的偏遠地帶，未經核實過的假設使它們毫無魅力可言，然而卻有新的看法值得一探。本書充斥著大量的在地人，幾乎都是在我的旅途中無意間遇到的：考古學家、武術高手、革命黨人、女巫、情報員、假冒的外交官、商人、工程師、政治家、時尚設計師、藝術家和各式各樣的「神話人物」。他們很有自己的看法。

書裡的中段章節，主要探討中俄兩國在新興超級大陸的政治經濟上扮演什麼角色。這些問題每一個都有兩個狀況。第一個，是中國與俄國的政治制度，會發展出什麼樣的政治秩序，而它們和目前仍占有主導地位的歐洲政治傳統，在概念上有何不同。第二個狀況，是中國與俄國如何設想出歐亞一統，它們對結合唯一的超級大陸有什麼樣的策略，它們又將如何實踐它們的計畫？中國曾以所謂的「一帶一路倡議」（The Belt and Road Initiative）安排這些計畫；那是一個戰略計畫，要把超級大陸一端的歐洲，和另一端的亞洲，結合在一起進行深度的經濟統一。這個「一帶一路倡議」所涵蓋的地理範圍乍看下似乎無邊無際，因此它在近期被更名，現在改稱「一帶一路」（Belt and Road）[3]，以便更符合實際計畫涵蓋的眾多帶、路、通道與基礎建設，還可能包含了大西洋與太平洋的每一個國家與地區。俄國的計畫，說起來更加不明確且還在起步階段，不過它們也都已經有了制度與政治上的共同架構，亦即「歐亞經濟聯盟」（Eurasian Economic Union）。要詳細討論這些計畫案，必須涵蓋它們如何將它們的同胞——歐盟——連接起來。

新興的歐亞世界是個充滿差異與矛盾的世界。這迫使我們去尋找衝突的界線，並站在它們的立場來理解分歧的政治思想，而不是讓它們遵照現存的臆測，或適應歐洲政治文化的霸權。我的焦點放在歐洲、俄國與中國所偏愛並發展出來的不同政治觀念，再加上美國——歐亞大陸的鏡子——這些仍將是世界新秩序拼圖中的主要分子，但是，整張地圖還會包含較小的分子，我們必須為它們留有一席之地。

上一次你自認為歐洲人時，是什麼時候？答案根據你身在何處而定，或許才昨天而已，也或許從未有過。這個想法甚至聽起來很奇怪又令人難以置信。不過時候到了。我們越快意識到它越好。

---

3. 一帶一路全稱是「絲綢之路經濟帶和二十一世紀海上絲綢之路」（The Silk Road Economic Belt and the 21st-Century Maritime Silk Road），簡稱「一帶一路」（The Belt and Road），在中國其實幾乎沒有使用過「倡議」的說法，但此處順著作者原文翻譯，翻譯出「倡議」兩字。

第一部

攤開地圖

第一章　歐亞鴻溝的迷思

大陸之間的爭執

在這本撰述歐亞的鴻溝如何消失的書裡，最清楚的起點就是檢視那道鴻溝的起源。這是非常嚇人的問題，很多作者曾經努力想釐清這個「鴻溝史」，可是卻功敗垂成。既然這個鴻溝即將消失了，現在我們可以回首去看它，或許也比較容易辦到。

我的觀點是，這道鴻溝是相當近期才有的，可能才四、五百年前出現的；雖然它的一些起因可能更早就產生了。即使非常晚近才徹底察覺它的精確意義，但它可能在十八世紀中葉就有了。誠然，鴻溝看似古老得多，但我們必須在此處非常戰戰兢兢。歷史系所的學生知道，過去的事都是一堆錯綜複雜的觀念和意見所組合而成的，且不論什麼思想最終以勝利者的姿態現身，它們的起源其實都在更早以前。然而，要是那些思想沒有出現，就沒有人會想知道起因。讓我們試試看，能不能不陷入回顧式預測的謬誤中。

一四五三年五月二十九日，或許是我們所能找到最好的時間點。君士坦丁堡淪陷，鄂圖曼土耳其終結了與羅馬帝國聯繫最後一道清楚的連續線，並另外架設了舞臺，讓最後一批伊斯蘭教徒在歐洲建國，延續到至今不墜。從這個角度來說，這件事迫使我們對現存世界的秩序必須完全重新評估。震撼人心的報告送到了威尼斯和羅馬，詳述了一切事實，還增添戰敗時這座城市被洗劫的景象，同時也畏懼地傳達了這可能將威脅到整個基督教世界。一開始的震驚平息之後，神聖羅馬帝國的三大議會，迅速開會討論肅清運動的可行性。神聖羅馬帝國的這三大議會主要發言人恩尼亞・皮可洛米尼（Enea Silvio Piccolomini），是經驗豐富的帝國外交官兼西恩納（Siena）主教，後來出任教宗庇護二世（Pope Pius II）；一四五四年十月，在法蘭克福召開第二次會議。皮可洛米尼在此發表的演說「君士坦丁堡的覆亡」（De Constantinopolitana Clade），堪稱當時辭藻最優美的作品，他說：「誠然，數世紀以來，基督教聯邦從未蒙受過今日這般奇恥大辱。我們的祖輩在亞洲和非洲經常遭遇挫敗，但那都是在異地，可是今日，我們卻是在歐洲本身遭受猛烈重擊，就在我們的祖國，在我們自己的鄉里，閉門家中座上。」

這確實是個令人震撼的陳述，必定捕捉到了當時這個重大時刻給人的感受。但是細究之下，卻有一段文字，透露了皮可洛米尼很明顯為自然地理的故里「歐洲」和那些居住其上的人做了區別。他想訴求的不是現在我們理解的歐洲人，而是「基督教聯邦」。當歐洲終於成為一個概念時，它將會取代基督教世界。但在那之前，它看起來像是個被限制在某處的概念。雖然一個地理概念更勝於世界宗教，可是——歷史向來充滿矛盾——歐洲事實上曾以一種壓倒性的基督教世界之姿擴張全球：「當時歐洲大陸這個名稱變成了一種生活象徵，而且，並不亞於早於它之前已存在的宗教，證明了它有能力吸引忠貞與仇恨，也引來傳教士與殉道者。」[1]

要是歐洲與基督教世界從未成為同義詞，說不定歐洲人就能在他處找到身分認同的起源。我曾問過亞塞拜然首都巴庫的一群大學生，亞塞拜然到底屬於歐洲還是亞洲，一位年輕人回答說，必須隸屬於歐洲，因為它曾是羅馬帝國的領土。這是真的，但出乎意料更有意思的是，由於巴庫——不是亞美尼亞行省[2]的中心城市——其實曾是羅馬帝國的極東之境。在首都附近有個小村子拉曼那（Ramana），我們有充分的理由相信它是由來到此地的大批古羅馬人所建。登高爬上佇立在那裡的中世紀堡壘，宣告我們抵達了歐洲的盡頭，是很令人神往的事，只不過羅馬人幾乎不認為自己是歐洲人。他們的帝國橫跨了地球上的三個大陸，而且長久以來把軸心放在亞洲。同時，埃及始終是其最重要的經濟中心，為稅收單位供應無窮無盡的財富。

一個思想越是根深柢固，它就越想追尋自己的源頭。以歐洲與亞洲之間的紛爭為例，我們可以在希羅多德的作品中找到戲劇性的故事，但即使像他這樣一流的偉大歷史學家都會覺得他必須依靠波斯的歷史學家，追尋過去的時光才行。那麼，這些史學家們是怎麼說的呢？他們坦承不諱，紛爭始於亞洲，當年世上第一個從事海上長途航行的腓尼基人，曾登陸阿爾戈斯（Argos），離開時還擄走了伊納克斯國王（King Inachus）的女兒伊娥（Io），還有一些碰巧走在海邊的女人。經過這件事之後，有希臘人航行到腓尼基的泰爾（Tyre）[3]，如法泡製拐走了腓尼基國王的女兒歐羅巴（Europa），之後她所繁衍的子子孫孫便以她的名字來命名，同時在那時起，也給新的大陸起了她的名字。

看起來希臘人、巴爾幹人世世代代都在犯類似的錯誤，總是在幫古人的所作所為找正當理由。當時，希羅多德寫道：「兩邊除了擄走女人，什麼也沒發生。」可是，當特洛伊王普里阿摩斯的二王子帕里斯（Paris）綁架了斯巴達王后海倫（Helen）時，希臘人圍攻洗劫了特洛伊。根據波斯人的說法，這就是兩大相鄰的大陸之間那道鴻溝與仇恨的起因。[4]

1. 作者註：參見引自德尼斯．海伊（Denys Hay），《歐洲：一個計畫的誕生》（*Europe: The Emergence of an Idea*），Harper Torchbooks，一九六六年，第一二五頁。
2. 原文為敘利亞，不過巴庫所在地在羅馬帝國時代為亞美尼亞行省，應為作者誤植。
3. 聖經中譯名為推羅。
4. 作者註：參見希羅多德，《歷史》，第一卷，第四至五頁。

當我們試圖追尋這道命定的鴻溝及其軌跡時，最有趣的問題是，希羅多德是從何處看到世界以歐洲與亞洲為中心，並成為主宰故事的角色呢？承先啟後的歷史學家湯恩比（Arnold Toynbee）[5]認為，把歐洲與亞洲當成兩個相反卻互補的地理語詞，始於經由內陸水道從愛琴海航向亞速海的古希臘水手。他們摸索著一路北上，大無畏地穿過三個連貫的海峽。每通過一道海峽，他們就能進入一個新的內陸海域，一片「新的愛琴海」。從愛琴海通行到馬摩拉海（Marmara）[6]，從馬摩拉海到黑海，接著又到亞速海，他們終於來到頓河（Don River）[7]，北上終年白雪皚皚神祕的烏拉山脈。到了那裡，他們的旅程也到了尾聲。頓河是一千多年前兩大陸塊的分界，但說不定，我們必須承認這道分界與鴻溝，只對這些水手才成立。往北遷移的遊牧民族可能早就發現，所謂的大陸鴻溝簡直令人難以理解。此外，到了十六世紀時，俄羅斯人的地理知識已經豐富得足以了解到，神祕的頓河是一條類似沼澤的中型河川，發源於莫斯科南方，全然無法作為兩大陸的分界。

隱藏的密碼

正如神話裡的物種，分界的線條千變萬化、地點不斷變換，也因為我們身處遠方而看不清楚。為了找尋它，可能會窮盡一生，但那不表示你在過程中不會找到其他有趣的事物。

區隔歐洲與亞洲的分界，一直都不穩固、防守不住，而且，在大多數情況下，如夢幻泡影。在離開歐亞邊界的俄國城市葉卡捷琳堡（Yekaterinburg），前往俄國東境最大城市鄂木斯克（Omsk）或新西伯利亞（Novosibirsk）時，想找尋任何可見或不可見的變化也無濟於事。就算快要到太平洋沿岸的海參崴時，俄羅斯感覺就好像只是一街之隔，真要說起來的話，像是掉頭回到古老歐洲城市的那種自然與人文景觀——迷人的小山環伺，俯瞰著大海，城裡滿是優雅的林蔭大道和建築，幢幢飾有石砌門面。十八世紀時，伏爾泰（Voltaire）[8]曾說，當你到了亞速海時，就再也不能說哪些是歐洲哪些是亞洲了。至於環繞黑海的實際航海疆界，打從伊斯坦堡成為鄂圖曼帝國的心臟以來，這些航海疆界便自然而然逐漸消失了；因為，伊斯坦堡變成了中心，而非邊界上的一個點。

當查看文藝復興時期的地圖時，我們看到製圖者努力想把波羅的海往東移，又盡力把黑海往北移——使歐洲的東部邊境看似地峽、盡可能狹長——以便把歐洲界定成一座大陸，一個自成一局的獨立單位。可是歐洲並不僅是和亞洲相連在一起，歐洲更是亞洲的延伸，是個

5. 英國知名歷史學家，以文明而非國家，作為歷史研究的單位。
6. 位於小亞細亞半島與巴爾幹半島之間的一個內海，連接著亞洲與歐洲。
7. 俄羅斯的主要河流，注入亞速海。
8. 法國啟蒙運動思想家，被譽為法國思想之父。

大型的半島、或類似印度的次大陸。十六世紀時，曾大量流傳一種版本的歐洲地圖，它的形狀就像個女人，頭部是伊比利半島，左臂是丹麥而右臂是義大利，右手捧著西西里島。這一切都畫得很準確，但是在黑海與波羅的海之間，卻杵著一大片不確定的區域，上面散落著她長袍的裙擺。[9] 好幾個世紀以來，歐洲與亞洲之間的地理疆界不斷在改變，通常都隨著俄國知識的增加而越來越往東移，同時，說不定更不可忽視的是，俄國本身就在從事它自己的歐洲化計畫。

有一件事頗耐人尋味。瑞典軍官菲利普・史托蘭伯（Philip von Strahlenberg）在一七〇九年的「波爾塔瓦會戰」（Battle of Poltava）[10] 遭到俘虜，被拘禁在俄國長達十三年，期間他埋首於研究俄國地理。返回斯德哥爾摩後，他在一七三〇年出版了一本書，主張烏拉山應該成為歐洲的東界。差不多在同一時間，俄國的政治家兼科學家塔季謝夫（Vasily Tatishchev）編纂多篇明確贊成將山脈畫為邊界的論文，強調從山脈兩側流出的河川所產的魚類也不同，而且蟑螂在西邊很猖狂，但之前在東邊卻從未見過。

時至今日這說法仍被廣為接受，只不過不是因為什麼極富說服力的邏輯，例如拿蟑螂的生態做依據。一九三五年，歐洲一些傑出的政治地理學家們接獲一份問卷調查，被問到他們會將疆界畫在哪裡。大家意見相當分歧：在四十二份回收問卷中，十四份贊成畫在蘇聯的西側，十二份贊成以烏拉山為界，其餘的人各有所好，有的否決所有選項。一九四四年歷史學家馬歇爾．哈濟生（Marshall Hodgson）懇請大家「不要使用在俄國正中間畫了一道無意義界線的地圖」。介於歐洲與亞洲之間的那一大塊浩瀚的地帶，事實上是一個根本無法確定在地理或文化上有疆界的所在。但是，歐洲與亞洲卻變成了幾乎抽象的概念。這是如何造成的？

容我提出一種解釋：歐亞之間的鴻溝，並不是空間上的分割，而是時間上的分割。亞洲這個概念不是源自亞洲的，而是歐洲的。亞洲異於常情凝聚了不同的文化與文明，但似乎僅有一個共同性，那就是集體排斥歐洲。把日本與阿拉伯結合在一起是什麼道理？這些地區裡的每個分子和歐洲的歷史文化淵源，都勝過彼此。從歷史與文化的類同性來看，亞洲進一步被分割成：中東、南亞、東亞、東南亞。然而，為何不將歐洲囊括成為這個混合型超級大陸的一分子，且將俄羅斯與中亞一起納入呢？季辛吉指出，在西方強權凌駕亞洲之

9. 作者註：參見約翰．波考克（J. Pocock），〈他們歷史裡的部分歐洲〉（Some Europes in Their History），收錄於安東尼．帕格登（A. Pagden）編著的《歐洲的概念：從古代到歐盟》（*The Idea of Europe: From Antiquity to the European Union*），Cambridge University Press），二〇〇二年），第五十八頁。

10. 俄國彼得大帝（Peter I of Russia）與瑞典卡爾十二世（Karl XII）爆發的戰爭。瑞典先勝後敗，從此淪為歐洲第二流國家。

前，亞洲的語系裡並沒有任何「亞洲」的詞彙，如今占據在所謂亞洲大陸上的民族，也不認為自己是單一的單位，且將團結的道義責任與同胞情感強加諸自身。[11] 強調團結的是歐洲諸國，當它們對待亞洲國家時，其歐洲性不可避免觸發了共同的「亞洲感」。在十九世紀末之前，亞洲人並沒有這種感受，可是到了二十世紀初，我們突然發現，傑出的日本思想家岡倉天心（Okakura Kakuzo）[12]——以茶葉為喻解說日本文化的知名作家——出版了一本書，震驚地宣布「亞洲是一體的」。文章是這樣說的：「透過喜馬拉雅山地分割，更加明確突顯出兩個強大的文明世界。一個是以儒家為代表的集體主義中國；一個是以《吠陀經》為依歸的個人主義印度。然而，即使是積雪皚皚的屏障，也無法阻絕它們對普世價值與身後世界的熱愛與傳播，這是每一個亞洲民族共同的思想傳家寶，使他們創造出舉世最偉大的宗教，並使他們有別於地中海與波羅的海的那些航海民族；那些民族善於鑽研細節，並試圖找尋生命的意義，而非生命的結束。」[13]

年輕的時候，岡倉天心曾被日本政府送出國，在歐洲與美國研習美術史與當代藝術運動，但他旅行結束返國之後，卻懷著對亞洲、特別是對日本藝術的珍視。

兩大陸的鴻溝並不是自然而然自己強加的概念。相反的，它是某種特定思維方式下的產物，這種思維方式在某個特定的歷史年代中出現在歐洲。這兩個對立的極點是啟蒙運動對科學進步的看法，以及逐步應用於社會秩序的一種歷史產物。

對牽涉其中的地區而言，歐洲與亞洲帝國之間在近現代的交鋒，具有一個相當特殊的意義：來自歐洲科技的優越感。泰戈爾或賈拉勒・艾哈邁德（Jalal Al-e Ahmad）等一些思想家或辯論家，更進一步擴大闡述這個耐人尋味的議題，他們主張歐亞交鋒的主角不是亞洲人與歐洲人，而是亞洲人與歐洲機器。這股優越感源自於對科學的新了解，自然以為科學可以無窮無盡無所不能（或幾乎永恆）發生改革。從最一開始，歐洲人就很清楚知道，他們所打造的文明新世界有什麼特性。在整個十八世紀，兩大陸之間的對比一直都是強而有力的比喻，你可以在任何一個圖書館或藝廊找到。歐洲往往被呈現為女人拿著地球，周遭團團圍繞著數學和科學工具。只要看一個例子便知：在德國維爾茨堡宮（Würzburg Residence）宏偉的入口樓梯間上方的天花板，威尼斯藝術家喬萬尼・提埃坡羅（Giambattista Tiepolo）[14] 順著濕壁畫的兩側，描繪了當時的世界四大洲，正當中是阿波羅與奧林帕斯山（Olympus）[15] 眾神。

---

11. 作者註：參見引自季辛吉（Henry Kissinger）的《世界秩序：關於國家性格與歷史進程的思考》（*World Order: Reflections on the Character of Nations and the Course of History*），Allen Lane，二〇一四年，第一七二頁。
12. 他本身是藝術家。
13. 引自《東洋的理想》。
14. 常用通稱是賈姆巴蒂斯塔（Giambattista）。
15. 位於希臘愛琴海畔，希臘神話中相當於天堂。

亞洲帶有寓意的人物騎著一頭大象，非洲的騎著駱駝，而美洲的騎著鱷魚。只有歐洲的人物坐在寶座而非動物身上，而且也只有歐洲不是被自然景色簇擁著，而是被人類發明的產物包圍著——藝術品、科學物品，當然也包括這幅繪畫作品本身，都讓整體概念更臻完善。

歐洲人之所以自認擁有掌控著幾乎是全球的地位，正是科學革命所賜，經濟生產與政治社會這些背後的命題，就是有系統地探索可能不同的、未知的替代方案與做事方法。如果權力來自於改變現實的能力，那麼歐洲人已經找到了一種方法，讓他們可以在全面且全新的規模上進行改革。不只是他們的軍事力量不成比例地增長（雖然它一直都是全球地緣政治的重心所在），但在經濟上、文化上，甚至無法量化的威望也發展得很強大。結果，一如哈濟生所言，所有民族的政府都必須自我調整以配合歐洲的國際秩序；調整自身的經濟去跟工業化的歐洲競爭；甚至調整它們的心態與觀點去看待現代科學，因為現代科學是歐洲國家正在研究又熟練的事。[16] 而這一切，歸根究柢無非科學的祕密，以及靠那些祕密而壯大的機器。

由於現代科學被看作是劃分過去的一道明確界線，包括在邏輯和方法的層面上皆然，因此社會被理解成在理性的基礎上正在重整。在孟德斯鳩、亞當．史密斯或黑格爾的著作當中，亞洲大陸活脫脫象徵著歐洲本身切割掉的祖輩歷史。他們認為亞洲社會是一個回到過去的社會，自上古以來就始終保持著靜止狀態、自成一格，也一直不會改變。黑格爾就主張，歐洲是歷史變化的終點與目的，而亞洲是起點。「世界史自東往西移，因為歐洲絕對是歷史的終點，而亞洲是起點。」[17] 歷史從中國開始，因為它是最古老的帝國；而一如黑格爾所主張的，它也「最新」，因為這裡是個拒絕改變的地方。「而且保守穩固的特質將在這裡反覆不斷地出現，所以我們可以稱這裡為真正歷史的所在。」

當代中國政治哲學家汪暉寫道，這道鴻溝具有若干獨特性，讓亞洲的政治集團和歐洲國家完全相反：亞洲的農耕與遊牧社會型態異於歐洲的城市社會；政治獨裁不同於已發展完善的法治和對個人自由的追求。在這些差別底下，暗藏著對科學與科技發展產生的不同態度。歐洲似乎能接受科技帶來的混亂與分歧，但亞洲注定是停滯的，歷史上趨於單一無變，是一個「靜靜佇立著的大陸」，亙古恆常，動作遲緩。就像土耳其文學家艾哈麥德·坦波納（Ahmet Hamdi Tanpinar）小說《寧靜的心》（*A Mind at Peace*）的主角一樣，這部小說描寫伊斯坦堡作為一個坐落在兩大陸上的城市，主角兀自沉思著：「東方是個坐下來等待的地方。」而從十七世紀開始，「歐洲」這個字眼被提到得十分頻繁，這並非偶然，當時歐洲

16. 作者註：參見《重思世界歷史》（*Rethinking World History*），第四十五頁。
17. 作者註：參見引自《世界史哲學講演錄》（*Lectures on the Philosophy of History*），G. Bell Sons，一九一四年，第一〇九頁。

社會開始快速轉型、採取現代化；這個字眼頭一次被使用得如此頻繁，乃至難以計數。[18] 歐洲和亞洲不再是地理學的概念，它們是兩個各有特色的文明形式，代表不同的歷史時代。[19]

列寧更提出另一個難解的問題，他寫道：「俄羅斯肯定是個亞洲國家。」對他來說，這點無關地理學，只跟歷史有關；他認為在沙皇統治下的俄羅斯只是個中世紀國家，而且「可恥地落後」[20]。現代化、資本主義或工業化——依照你所選擇的理論而定——被視為歐洲的產物，但卻有普及全世界的能力。在整個十九世紀裡，「歐洲」這個字眼逐漸被「西方」所取代，其意圖很明顯地想要標舉當代思想的普遍性，同時對應舊社會的兩極對立。這個對立性曾是歐洲殖民主義很重要的支柱，但也同時支撐著日本從十九世紀下半葉開始的主張，他們認為亞洲可以採納現代主義並晉身已開發國家。日本近代思想家福澤諭吉（Fukuzawa Yukichi）的主張曾相當引人矚目，他認為日本應該仿效大量西方的物質文明來防範西方的衝擊，航行在同樣的浪頭上，享受同樣的文明果實。他給這項計畫起了一個滑稽的名稱「脫亞論」，這也是他在一八八五年三月發表的一篇社論的標題。

這個歷史上的對立劈出了歐洲與亞洲、西方與東方的大裂縫。這兩者之間的差別，是個史無前例的鴻溝，無論是在利用科技處理人事的新方法，或資本主義的深化上。在近現代之前發生在歐洲的每一件事，都是個截然不同的世界，那是一個亞洲社會仍可並行的世界。就像吉卜林（Joseph Rudyard Kipling）所寫的：「東方是東方，西方是西方，東西永不相逢，直至地老天荒。」[21]

不過，這道鴻溝從一開始起就註定是短暫的。即便那些自以為是、聲稱歐洲比亞洲還進步的人，也不得不承認，不管在哪種情況下，亞洲遲早會迎頭趕上——就算不是仰仗科學與工業革命的成果，至少也會是用它們的基本方法與信條。歷史總有一個簡單卻怪異的走向：「一開始在歐洲，接著在其他地方。」不消說，沒有任何觀點能反駁吉卜林，因為他的這個想法準確描述出東方與西方只會在亞洲變得越來越像歐洲時，才有交會的可能。

這些思辨顯示出問題有多大。我們再也無法只是把歐亞兩洲之間的差異描述成是文化形式的不同。這兩大洲似乎處在不同的水準上，而當他們交匯在一起時，就會引發最大的問題：現代生活代表的是什麼？我們來自何方？而我們又將去向何處？對歐洲人來說，處理亞洲的態度有一種必然的矛盾。一方面來看，它似乎代表著現代化所反對的一切，相對於個人

18. 作者註：參見引自彼得．柏克（Peter Burke）〈一七〇〇年之前歐洲存在嗎？〉（Did Europe Exist Before 1700?），收錄於《歐洲概念歷史》（History of European Ideas）期刊，卷一，一九八〇年。

19. 作者註：參見引自汪暉，《亞洲想像的政治》（*The Politics of Imagining Asia*），哈佛大學出版社（Harvard University Press），二〇一一年，英譯者西奧多．修特斯（Theodore Huters），第四頁。

20. 作者註：參見《列寧文集》（*Collected Works*）第十八卷，第一六四頁。

21. 出自生於印度的英國詩人吉卜林的名作〈東西方歌謠〉（The Ballad of East and West）。

自我認同的形象。另一方面來看，它是許多人無盡好奇與迷戀的對象。喜愛思考的人會把亞洲的永恆形象看作是歐洲不再擁抱的遺產——如果最初選擇的現代化是被誤導的話——亞洲則是已經喪失的活躍形象。長期居住北京的英國人朱麗葉．布雷登（Juliet Bredon）在一九二二年時寫道，歐洲的訪客可以在中國找到「勾人回味，比今日更奇怪卻迷人的昨日，一個沒有工廠或鐵路妨礙你做天下太平白日夢的昨日亞洲。」[22] 但這類想法只能低聲細語或默默暗喜，因為即便在當時，都很有可能遭到另一種不同的焦慮所困擾：如果在歷史上某個時候，歐洲從亞洲分裂出去，那麼它是否會再次迷失自己？它會否如德國哲學家卡爾．雅斯佩斯（Karl Jaspers）所言，歐洲將再度陷回亞洲？

若說歐洲是從亞洲母體脫穎而出的，雖然這個主張看起來大膽又解放，但也會陷入兩種危險。首先，歐洲的生活將會斬斷它的起源。其次，將會有持續不斷的危險發生，歐洲很可能回復成亞洲。有鑑於這些條件，大陸的重組成了令人害怕的恐怖焦慮，歐洲的獨特身分認同將徹底毀滅。一旦那樣的重組真的發生了，亞洲將會展現出它本身的普遍性與恆久性，並存活地比歐洲還久，將歐洲涵蓋其中。毋庸置疑，這會是數百年來故事的另一種驚人結局。也有可能，假如亞洲本身以歐洲曾有的英姿現身，那麼普遍發展和人類歷史的祕密將會長久可見。從歷史上來看，兩大陸之間的關係是解釋現代歷史的密碼，只要我們解讀了這個密碼，許多曖昧不清的事情便會豁然開朗。套句雅斯佩斯的話，「歐亞本身是一則密碼電報，暗藏著整部西方史。」[23]

令人驚訝的是，雖然介於這兩大陸的鴻溝，對我們的政治與文化理解至關重要，但我們卻對它缺少研究。人人都視這樣的鴻溝為理所當然，可是沒有人說得出來鴻溝的根據何在。作家蓋沙令伯爵（Hermann von Keyserling）曾自問，所謂「歐洲」的範圍到哪裡，他發現，答案很確定是「風格的統一」。他看到這種新的歐洲風格是從跟東方的差異性而產生的強烈感受。這個統一風格究竟是什麼？事實上在歐洲，科學與科技都還是尚待開發且原始的經驗，它們之所以能被完全接納是因為它們感覺上不像是外部的侵略者；如同在印度一樣，宗教滲透到每一個活動領域裡，遍及食物、飲料、衣著、娛樂、料理家務和所有有關生活的場合。這表示，科學不只占據歐洲現代社會的中央舞臺，而其初衷的精神更啟發、引導了內心的每一項活動。[24]

22. 作者註：參見〈北京記勝〉（Peking），Kelly Walsh Ltd，一九二二年，第五十八頁。
23. 作者註：參見引自《歷史的起源與目標》（*The Origin and Goal of History*，*Routledge*），二〇一四年再版（原版問世於一九四九年），第七十頁。
24. 作者註：參見引自蓋沙令伯爵的《歐洲》（*Europe*），英譯者默里斯．山謬（Maurice Samuel），一九二八年，第三五九至三六一頁。

蓋沙令伯爵（一八八〇至一九四六年）是史上最偉大的旅行家之一，他深知旅行可以開創對世界的新經驗，以超乎想像的方式改變我們。為了促進理解，他甚至想置身那些特定的環境之下，使自己必須改變理解事物的角度。

「歐洲再也無法給我什麼了。它的生活太過熟悉，無法強迫我有新的進步。此外，它太過局限。整個歐洲根本上只有一種精神。我但願能去一些地區，讓我的生活方式必須為了求生存而徹底改變；在那些地方，一個人必須完全改變理解的方式才能建立理解力；在那些地方，我會被迫盡可能忘掉至今我所知、過去我是誰等等一切。」[25]

在橫越歐洲到達印度時，他經歷了這樣的改變。印度的思想彷彿是西方思想的另一端。印度的思考法執著於「沒有任何抽象事物能幫助人獲得形而上的知識」。想要進入更高的層次，人必須達到一種更深更新的意識領域。然而西方思想主張，要提升到越來越高層次的抽象概念，得從特定到普遍性，再從這些普遍性形成思想，並從思想得到關聯；印度思想的形成過程，則要歷經不同性質的體驗。蓋沙令伯爵在印度看到的是靈魂從較低的存在形式，提升到較高的形式。在西方，這種心靈的提升是從描述性到抽象性的思想過程。「印度完勝西方思想的優越性，仰仗的是以文化的現實感對文化進行基本認知，並不透過表面上的廣泛搜索，而是透過層次的深度改變來探索，這種認知會根據專注程度變得越來越有深度。[26]因此，瑜珈的概念完全就來自專注的力量，而這一點很顯然跟西方抽象化的力量形成對比。完美的瑜珈應該是要引導人的專注力只集中於一點，然後他便能把一切看得透徹。相反的，抽象化是要盡可能注意越多東西越好，試圖從中獲取一些普遍概念或原理。

今日的旅行者不會發現有這樣的隔閡。請捫心自問，當你下次抵達神祕邊界另一邊的某座城市時，是否會察覺出有什麼根本上的差異？實際上，有差異性的事物不會太多，只是在類型上不同。而大多數情況則什麼也沒有。當然還是有一些明顯的差異，例如一個國家或地區的現代化程度深淺。不過這類的現代化，早已變成了一個幾乎全球普遍的程序了。

現代社會的出現，在於以前人們相信有某個神靈保佑，或具重大意義的自然法則來操縱與改變，過程永無止盡。然而到了現代，科學與科技取而代之，這種精神驅策著自然轉變成新的形式和結構，帶來某些新穎、令人意想不到的東西，這兩種態度都使人類的生活更愉快，也都更接近所謂宇宙永恆不變的精髓。科學進步靠的是對不斷的創新抱著期望，也靠著鼓舞人們願意去做實驗，拒絕一切既定的威權；更靠著假設性的新實驗，希望它將帶來新事實，並使我們再次修訂我們的知識體系。

25. 作者註：參見引自《哲學家旅行日記》（*The Travel Diary of a Philosopher*），卷一，Harcourt Brace & Co.

26. 作者註：參見同上，第二七三頁。

現代化本身會開發自己的個性，就好像都市計畫師會為新城市繪製「空格坐標圖」——基本的形式都是留白的，等待各種內容填充上去。然而內容永遠都是從組織的原理去延伸發展，絕非原創。現代化的特徵——所謂的「空格坐標圖」——是以一種自信的生活態度來面對世界，或者更貼切地說，無時不刻準備好迎向這個世界，並有信心未來將可改變。現在看看你的周遭，現代生活中的「空格坐標圖」無所不在：現代城市的街道、我們摩天大樓的門面、像素構成的智慧手機螢幕、電腦內部的電路、報章雜誌的頁面、商業規畫和組織的試算表、橫渡大江大海的貨櫃輪。將這些納入，當然是因為「坐標圖」是自由的空間，可以填入不斷變化的內容。

不斷嘗試是一種人文上、同時也是科學上的理想。但相信有股無止盡的力量可以改變現實，此信念現已遍布世界的每一個角落。進步卻有一個難以避免的負面特質：人們試圖讓自己掙脫既有的模式，卻發現這個模式已經被一個更寬廣、卻有一連串限制的可能性所淘汰，新模式同樣有必須加以克服的地方，於是此過程一再反覆。或許更重要的是，每一個社會都擁有自己現代化的途徑，大家都是從傳統模式開始的，然後從起點創造出新的輪廓。隨著整個世界變得越現代化，我們應該預期的到將有不同或多樣的現代化途徑在發展，而不單只有歐洲發展出來的現代化文化程序才能遍及全球。歐洲的現代化程序雖然在歷史上擁有一定的領先優勢，而且未來還一直會是比較的基準點，可是它不過只是其中一個途徑罷了。我們在下一章會再討論這個問題。

話說回來，這股對現代化的理解可能已在歐洲充分發展，而在印度或伊朗仍只是一知半解。但當代的旅行者不會對這些發展的差異性感興趣，他們更感興趣的反倒是各個不同社會現代化途徑的差異。當代歐洲社會為現代化生活完美打造了一系列的結構。從個人人權、貨幣經濟到不以單一一種生活方式來面對世界的中立態度等等，它們創造出一個有彈性又能擴充的介面來不斷實驗。當我們旅行在快速現代化的亞洲社會和其他地區時，我們會看到類似的機制與結構，但它們從來不會是一模一樣的，它們所生產的內容也不同於當代歐洲社會過去誕生的產物。

總之，歐洲與亞洲的差別一直沒有別的根據：歐洲已經現代化數世紀之久，而亞洲卻因襲傳統。這個差別並非真的與歐洲或亞洲有關，更攸關兩種社會，或更貼切地說，是對時間的兩種概念。如今，在歐洲以外的地區也迅速擁抱現代化，這個差別注定是要消滅的。

歐亞的復返

用一分為二的方式看待歐亞的歷史與政治不再可行。理由雖然有很多種，但都可以追溯到日本、南韓與中國等這些快速現代化的國家上。倘若前兩國猶可被當作歷史的特例，或甚至是美國在亞洲的橋頭堡，那麼中國在過去三十年的改革開放，則讓文明存在差異性的傳統基礎崩解了，歐亞兩大洲被置於同一平面上齊觀。從某種程度上來看，這可被視為重返早期，當歐洲社會尚未製造出一道鴻溝將兩個完全不同的世界分開之前。

舊有二分法的危機，現在反過來被重新檢視；歷史學家努力想證明「鴻溝瓦解說」或許並沒有那麼劇烈或那麼有根據。日本的修正主義派（revisionist）歷史學家不認為江戶幕府——在現代化之前的封建與階級社會——是落後與停滯的年代，反而為資本累積與科技進步提供孕育基礎。在中國，有一種新興的史觀，主張帝制國家不曾壓抑商業行為，反而文人仕紳們也會與商人聯手經營事業。在那些比較進步的地區，農耕生產力提高，而科技創新則一直持續到十八世紀。這本書將致力探討亞洲與歐洲在出現更多細微反差之前的相似之處，不過這樣一番修正說——它採納了定義歐洲現代化的一切教條——只不過是把日本與中國從一端移到另一端罷了。

歷史學家如維克多．李伯曼（Victor Lieberman）的說法則更進一步。他認為要用較中性且寬大的標準來闡釋。譬如十五世紀至十九世紀間有股趨勢，地域性社會整併成較大的政治單位，這樣一個過程並非歐洲僅有，到處皆可發現它被完整體現出來。因此，歐洲原先大約有五、六百個獨立政權，到了十九世紀末時減到了二十五個左右；於此同時，中南半島上原有約莫二十五個獨立國家，但到了一八二五年左右，整合為三個國家——緬甸、暹羅和越南。從這角度來看，歐洲的發展看起來更像是普遍歐亞模式下的變種。[27]

歐亞概念的現身，與歷史知識的了解及增長密不可分，這一點迫使我們改變世界觀——以往我們認為的世界，被不同民族、不同土地分開，如今，我們必須用更普世的體系與觀念來決定彼此的關係。最大有可為的方式，就是著力在雙邊關係與影響力上面，而不追求共有的文化內容。

哈爾福德．麥金德（Halford Mackinder）[28]了解到，歐洲其實是亞洲的延伸，又是一個相對於亞洲的概念，因此提出了一個強而有力的見解。他在一九〇四年的著作裡引述了無恥帝國主義者的想法，他們公然主張唯有歐洲史是有意義的歷史，因為歐洲是「他們」創建的，還成為全球的霸主。但麥金德不同意這種說法，原因不僅在道德問題上，而是他注意到歐洲的集體身分認同——無論哪一種——都是面臨到外患強權的壓力下所產生的。有一種歷

27. 作者註：參見引自〈超越東西的二分法〉（Transcending East–West Dichotomies），收錄於《當代亞洲研究》（Modern Asian Studies），一九九七。

28. 英國思想家，專長是地理學與地緣政治學，也涉足政治理論與經濟學研究。

史文獻強調文化與思想的不同，也有一種文獻強調更基本的權力動態，它們造成的壓力會刺激人們努力孕育出文化與思想。他寫道：「我請你換個方式思考，把歐洲和歐洲史看成是隸屬於亞洲和亞洲史的一部分，因為，以現實的層面上來說，歐洲文明是對抗亞洲人侵略的鬥爭結果。」[29]從五世紀到十五世紀，歐洲不斷遭到一連串遊牧民族的侵略，他們來自亞洲的幽深之處，馳騁於空曠的南俄羅斯，侵入歐亞超級大陸的西部半島，久而久之，歐洲出於反抗的需要，將他們塑造出特定的形象。後來的地理大發現，可視為歐洲想擺脫其不穩定的位置，突破被困在西部海岸與東部草原之間的一種嘗試，並在後來征服了始終是亂源的未知大陸。這樣大膽的脈絡，或許可以成為歐洲史的研究內容，雖然陳述上顯得浮誇，但不論如何，比任何關於鴻溝的迷思都更生動、切實描繪出歐洲與亞洲的連結關係。

哈濟生在一九六三年時寫道，假如一個人想要把歐亞大陸分割成兩大部分，最無用的分割方式就是讓歐洲成為一大部分，亞洲則是剩下的另一部分。根據史載，區隔我們所謂的「歐洲」與它眾多鄰國的依據，細微得叫人分辨不出。最明顯的就是希臘哲學是中東傳統文化裡的必要元素；相對來說，來自中東的宗教——基督教——卻是歐洲生活的重心。最明顯的分割線，是介於中國與歐亞大陸之間的那條線，但在那裡，鴻溝最終也瓦解了；佛教起源於印度、傳到中國、再一路拓展到日本，就是一種連續性的最佳例證。哈濟生的結論是：

「所有宗教一起形成一個文化發展的歷史綜合體。」[30] 歐亞不僅只是獨立政權之間互相借用又互相影響的框架，它本身就是個真貨真價實的整體。

假如像以前「歐洲」的概念那樣發展，當我們最後相信這個歐亞超級大陸的新概念是過去歷史的延伸，也不足為奇，因為它始終存在。

29. 作者註：參見引自〈歷史的地理樞紐〉（The Geographical Pivot of History），《地理學季刊》（Geographical Journal），第二十三期（一九〇四），第四二一至三七頁，第四二三頁。

30. 作者註：參見引自〈Rethinking World History〉，第十頁。

第二章　暗藏競爭的整合

第三條路

阿蕾菲．阿拉德（Arefe Arad）是德黑蘭的藝術家。她將不同織品織綴在一起創作成「身體」，作品看起來像各種人形大小的異形生物及怪物，她這麼做是故意的，因為她希望能引發更多反思。她告訴我，她想創作妖怪、一種近似神話角色的織品模型、沒有身分認同或個性。停留在德黑蘭的數週，我和她相約在德黑蘭城北的艾特馬畫廊（Etemad Gallery）見面，大多數的時間都在會晤當代藝術家和藝廊老闆。她的雕塑品很靈活，卻帶有黏滯感，拼貼在一起形成了畸醜的形狀。她說這是一種反映——反映了伊朗婦女的日常生活。駐足在塔吉許廣場（Tajrish Square）時，我立刻明白了阿拉德的意思。我看見一名年輕女性頭戴黑色頭巾——一種非常合乎體統的伊斯蘭頭巾（hijab）[1]，但極少德黑蘭城北的婦女喜歡戴。她包住所有頭髮，搭著人行步橋上的電扶梯上樓，可是腳上卻穿著一雙粉紅細高跟靴子。整個廣場的人都轉頭側目，看著她走路。

這並不是有創意的文化混合體，而是變形的嵌合體（chimeras）。[2] 伊朗政府想要製造一個服從的標記，於是命令伊朗的每一位婦女，不論身分，都必須配戴自己的頭巾，向大眾宣示女性終究沒選擇的權利。對某些女性來說，這是相當權威且蓄意的屈辱。同時，她們也反擊回去，用盡所能、想方設法，詆毀神職人員為伊朗發展出來的美學理想。雖然結果看起來並不特別有創意，但還是具備了破壞力，就像德黑蘭城北的人們並不太大張旗鼓，反而以一種扭曲的方式來宣示對威權體制的不滿。

在沙阿（Shah）[3] 當權的最後幾年，當代藝術傳入德黑蘭，為西方價值與品味敞開了大門。一九七九年，德黑蘭當代藝術博物館（Tehran Museum of Contemporary Art）創建者兼開館館長說，由於伊朗早已輸入了西方的科技與科學，那麼也應該是時候引進西方藝術了。但向西方效法的計畫功敗垂成，因為沙阿遭到罷黜，沒有人想再重蹈覆轍。如今，藝術現場依舊表現著擺脫傳統的企圖——它想要現代化。然而，它更像一股具有破壞性的原始力量，因為再也沒有前例可循。想要現代化，不等同於想變得「西方」。

1. 穆斯林女性在公共場合用來遮住頭部和下巴的布，也泛指遮住臉部、身體等處的布，對女性有控管與貶低的意味。伊朗依法要求女性在公共場所必須配戴頭巾遮住頭髮。
2. 又譯作「喀邁拉現象」，是動物學名詞，意指兩顆受精卵融合發育成一個個體。
3. 波斯語古代君主頭銜，此指伊朗末代沙阿，巴勒維（Mohammad Reza Pahlavi）。

我和數名年輕的伊朗藝術家交談後，學到了一堂重要的課，雖然他們在德黑蘭反抗著生活空間上的限制，但他們也同時堅持不要再遵循歐洲人或美國人曾走過的途徑。

當代藝術已教會他們看待事物時，永遠都要有不同的角度。藝術必須要有先見之明，好看見不同的景象或其他世界。西方的現代化對他們而言只不過是另一種傳統形式，應該加以革除並挑戰它。

今天當我們討論世界政治時，通常都會提到以下兩種模式。其中之一是美國政治學家法蘭西斯．福山（Francis Fukuyama）大力鼓吹的，他認為整個世界將在歐洲或西方的政治框架下逐漸融合，之後就再無新的歷史發展了；我們評價任何國家、地區的方式，都以它未來需要花多久時間才能到達目標來丈量，但不管如何，關於我們到底要往何處去的疑慮和爭辯，基本都已獲得解決。另外則是美國保守派政治學家杭亭頓（Samuel Huntington）的主張，他不相信這種持續線性的前進；他認為世界上各種文明不斷衝突，彼此之間幾乎沒有什麼共通點，而西方的政治文化未來將特別局限在地理的某個區塊上。但本書採納第三種觀點；我同意福山說的——整個世界正步向現代化社會的道路上，不過，途徑卻有無數種，且其面貌也應該是五花八門的。

如今，人人都很「現代化」，可是現代化社會卻存在各種模式。因此，新的世界秩序最核心的部分，基本上遵循這樣的現實；現代與傳統之間嚴格的劃分線已然瓦解，被一個緊密結為一體的世界秩序所取代。不過，在這樣的世界裡，或許最突出的是，各種思想之間在組織世界網路的問題上永無止盡的辯證，期望脫穎而出。

在前一章，我們梳理了歐洲與亞洲產生鴻溝的邏輯與歷史。那道鴻溝和近代史深深結合在一起，跟著歷史的發展節奏起起伏伏。其實在漫長的歲月裡，它早就不存在了，甚至當我們在歷史上發現某些事件和這道鴻溝很雷同時，結果往往只是一種對過往的投射。然而，卻少有學者或政治人物會去問那些很可能挑戰他們的假設與作為的問題：到底歐洲與亞洲之間有何不同？還有，洲界從哪裡開始、又到哪裡結束？

由於日本、中國，甚至還有整個東亞與南亞絕大多數的國家都熱情接納現代科技與資本主義，我們幾乎難以找到其中的差異性，又或根本不存在差異。「歐洲接納新事物而亞洲卻固守傳統」這樣的例子當然不會再有。如今，常見的例子正好是相反的。即便是家族的角色或性道德這類的問題上，也沒有人能成功界定出歐亞的差異性。

本章我們要轉向當下的情況：此時此刻，歐亞這個超級大陸進入了世界舞臺。由於不同的文化接受了現代化的思想與鑑賞力，它們所留下的不會只是一套簡單的規章，而是許多可能互相牴觸的規則，並存在同一層面上，既現代化又具備差異性——一種多元的現代性。我們不應該再那麼無知地相信只有那麼一套規章和機構可以真的中立又普世。我們現在生活在一個動亂的年代、一個對世界秩序的看法充滿衝突與矛盾的劇烈年代。這一點，再無別處比歐亞大陸更顯而易見。

觀點的衝突

若說有哪個時刻讓大家都明顯感受到局勢的動盪，那非二〇一三年十一月在維爾紐斯（Vilnius）舉辦的「東部夥伴高峰會」（Eastern Partnership Summit）[4]莫屬。歐盟耗費了十年光陰，努力想將觸角延伸到東歐、南歐鄰國，他們認為在歐盟固有的疆域以外，其規則與組織仍能發揮動力與效力。歐盟的做法是，先研擬優先事項，在底下加上詳盡的行動計畫，當付諸實行後，再以金錢、市場開放或公民自由移居等作為獎勵。在一些例子裡，歐盟甚至和有興趣的國家野心勃勃地協商政治合約與自由貿易條件。烏克蘭——有鑑於國家規模與地緣政治的重要性——是其中最顯著的成績。二〇一三年十一月在維爾紐斯原本要簽署的協議，幾乎可以確定將這個後蘇聯國家帶入歐洲的發展軌道上。誰知，就在高峰會舉行的前一週，一切破滅了。

十一月二十八日晚上，各國政府巨頭們聯袂出席的官方晚宴延遲了兩個鐘頭，因為當時歐盟執委會主席（Commission President）荷西・曼努埃爾・巴洛索（José Manuel Barroso）與歐盟高峰會（European Council）主席赫爾曼・范龍佩（Herman Van Rompuy）還在奮力一搏，希望說服烏克蘭總統維克托・亞努科維奇（Viktor Yanukovych）改變心意，跟歐盟簽署聯合協定。各國領袖耐心等候，小口啜飲喬治亞的美酒[5]——這瓶酒本身就是勝負關頭的象徵，代表了歐盟東疆的紛紛擾擾。當時的英國首相大衛・卡麥隆（David Cameron）才剛剛公布了一份意見書，說明他對移民的看法，卻遭到羅馬尼亞總統特萊揚・伯塞斯庫（Traian Băsescu）駁斥；匈牙利總理維克多・奧班（Viktor Orbán）和他的幾位中歐同事們正在閒聊，說著無關緊要的笑話；不過對數公尺外、正在交談的荷蘭首相馬克・呂特（Mark Rutte）與三位來自北歐的首相們來說，可能覺得這些玩笑很是冒犯。歐盟內部始終有隔閡。說時遲那時快，巴洛索和范龍佩結束了談判，卻一無所獲。亞努科維奇總統宣布：「我們與莫斯科當局[6]存在種種巨大的問題。三年來，你們任我孤軍奮鬥面對俄羅斯。這問題很大。」當晚，烏克蘭總統返回基輔，遇到上任以來首次的街頭抗議。兩天之後，一

4. 當年這場高峰會在立陶宛首都舉辦，這是第三屆隸屬歐盟旗下的國際性會議。原本會議準備讓烏克蘭加入歐盟，但烏克蘭總統拒簽後引發了國內外局勢緊張。
5. 喬治亞是葡萄酒的起源國，擁有八千年的釀酒史。
6. 本書的「莫斯科當局」或「克里姆林宮當局」都指稱俄羅斯。

大群民眾聚結在獨立廣場（Maidan Square）。世界拳擊大賽、同時是傑出的反對黨代表人物維塔利・克利奇科（Vitali Klitschko）告訴群眾：「他們偷走了我們的夢想、我們想在一個正常國度裡安居樂業的夢想。」在不到三個月的時間內，亞努科維奇總統被迫流亡俄羅斯，而俄羅斯也跟新政權展開一場漫長又破壞力十足的戰爭。

在葡萄牙外交部擔任歐洲事務處首長任內，我參與了這場高峰會的籌備工作，甚至代表我的國家出席會議。對於那一刻的誤判和輕忽，對歷史影響如此之大，我至今無法忘懷。在籌辦會議期間，大家都認為烏克蘭總統最後會點頭簽約，讓烏克蘭向歐盟靠攏。因此，當他突如其來下令暫停簽約，仍有許多國家相信那只是談判到後來的虛張聲勢。一切的延宕與猶豫被當作是磋商的戰術，烏克蘭就是要設法從布魯塞爾當局[7]那裡盡可能獲取改革所必要的最大談判空間。布魯塞爾的政府官員對世界局勢的理論相當簡單：各國被特定的利益俘虜，但只要外界一施壓，便有可能改善。而且，若果真有所改善，他們勢必會變得更繁榮。

如今回顧這段歷史，我們可以看到此局勢有著截然不同的歷史意義。其一，它代表歐盟往東推進的意圖，現在它拓展到整個歐洲邊境了。其二，歐盟東進的意圖必定會跟俄國產生衝突；而俄國，人盡皆知，也在拓展它的勢力，它還有堅定不移的決心。

讓我們從維爾紐斯那天退回幾年，以便更能了解那一晚發生了什麼事，究竟為什麼此事件既無法避免、又出乎大家意料。二〇〇九年六月，莫斯科當局宣布了一項協定，要與哈薩克和白俄羅斯兩個友邦成立一個關稅聯盟，協定將在二〇一〇年元月份生效。俄羅斯與歐盟的高層官員才在數日前見過面，可即便在那場會議中，俄方也並未作任何表示，說明他們即將針對一項改變雙邊與區域性關係的協定做出重大決定。突然間，烏克蘭和其他在此區域內的國家一樣，面臨到一個不得不然的選擇。俄羅斯明顯期待著鄰國應該加入這個新的經濟計畫，但這項計畫也會排除與布魯塞爾發展自由貿易的協定，因為一旦加入俄羅斯，未來簽署貿易條件的單位將會是關稅聯盟，而非烏克蘭這樣個別的國家。因此作為加入關稅聯盟的代價，烏克蘭不得不放棄跟歐盟自二〇〇七年以來便已進展順利、充滿願景的聯合經濟協定，最終在二〇〇九年加入了以俄羅斯為主的關稅聯盟。

在二〇一三年裡數次的歐盟部長級貿易會議中，針對俄羅斯對烏克蘭和摩爾多瓦（Moldova）的所作所為，我們必須一致做出恰當的回應，以便向俄羅斯施壓，譴責俄羅斯讓兩國背棄跟布魯塞爾的協商。俄羅斯對這兩國實施禁運，或將貨物擋在關口，造成兩國國內巨大的經濟損失。歐盟的回應則是祭出獎勵，同意兩國可以更快進入歐洲市場，然而，

7. 此指歐盟。由於歐盟行政中樞位在比利時布魯塞爾，因此用以代指歐盟當局，接下來的章節會大量使用布魯塞爾來代稱。

這一點顯然未能迅速執行並即時彌補對方的經濟損失。一個例子可以說明。當時我正在造訪摩爾多瓦，當地人向我解釋，出口到歐洲的水果並沒有辦法跟上調升的配額，因為冷凍與包裝設備根本不夠。更有甚之，莫斯科當局所採取的措施，重點並不在經濟上，而是進一步上綱到非勝即敗的意氣之爭。但在那些會議中，無人明瞭這一點。

一如歐盟，俄國總統普丁也只憑著兩到三個非常簡單的觀點來看待這個世界，只不過普丁的觀點，跟那些深植於歐洲人的想法幾乎相反。首先，俄國的領導人不相信有所謂中立、普遍的規章。在他們的觀點裡，保持中立只是一個藉口，目的是為了矇騙其他人。權力始終來自個人，但你可以輕易把你的權力藏在所謂的中立規章和組織的背後。可能經歷過蘇維埃烏托邦，俄國人特別擅長看穿一些全球化下的絢麗幻影。俄國人會說，很好，商品、知識與文化的交流，全都是好事，可是沒有必要假裝我們達到了「四海之內人皆兄弟」的情誼。全球化的好處分配得並不平均，因為規章是由那些手握權柄的人在制定的。因此，普丁相信，國際政治是一個持續處在敵對與競爭的競技場。曾出任普丁智庫的弗拉季斯拉夫．蘇爾科夫（Vladislav Surkov）說過這樣的比喻：統治權的同義詞乃經濟競爭。假如你相信這個說法的邏輯，你將會得到一個相當於今日莫斯科政府普遍通行的看法：這是一個諸國爭逐統治權的世界，幾乎就等於全球經濟中競逐市場占有率的大企業一樣。在我們處的這年代，統治權不再是那座堅不可摧的堡壘；它願意向全世界開放，懷抱一種開放的態度，加入全球的交換體系；但核心未必是開放的——套句蘇爾科夫的話，這更是「公開的拼搏戰」[8]。

最後一點——或許也是最重要的一點——普丁並不按照國際慣例思考。他用大型集團的思路思考，最後以此去考量世界秩序。這一點，說不定就是他長久以來逐漸改變觀點的原因。他慢慢得出這樣的結論：如果俄國想保有它自己的政治秩序，那麼此秩序需要向全球投射出去。你無法抵抗來自世界秩序的壓力。因此，要不是世界秩序仿效當代俄國政權的某些元素，要不就是俄國仿效西方自由主義的政治秩序。

早在二〇〇五年——時值歐盟實施「歐洲睦鄰政策」（Neighbourhood Policy）[9]隔年，此政策最終促成了維爾紐斯「東部夥伴高峰會」——普丁就曾把蘇聯的解體形容成一場「浩大的地緣政治災難」。俄國的領導階層和政治菁英都不樂見一個前超級強國被貶為區域小角色。莫斯科當局更進一步認為，俄國的地位突然陡降和西方日益的傲慢有直接關係，這一點導致了武裝或精心謀畫的革命活動蠢蠢欲動，試圖改革不合國際局勢的內政。克里姆林宮因此得出這麼一個結論，認為有必要運用同等強而有力的手段來終結西方的擴張主義，並且將

8. 引自蘇爾科夫在二〇〇六年二月七日對俄羅斯聯邦共和國的演講。
9. 這是歐盟的一項外交政策。主要是與歐盟以東和以南的開發中國家結盟。

俄羅斯的國力提升到一種全球性規模。

維爾紐斯「東部夥伴高峰會」正是這兩大集團的世界願景互相碰撞的時刻。實際上，不管是俄羅斯還歐洲，都不應該輕忽即將到來、足以涵蓋整個歐亞大陸的政治組織。如今，這兩方都應該充分了解到，塑造這個共有空間所需的依存聯繫有多大。全球化是一種始於基層的過程，源自不同集團之間的矛盾，而非一套普世的規章。自由與主權，它們競爭又合作，開創出規章，我稱此為「競爭整合」（competitive integration）。但在這點之上，也有兩極的差異。布魯塞爾當局把依存聯繫視作一個契機，並創造一個共同機構來管理；但莫斯科當局則把依存關係看作是一連串可以被占便宜的弱點。下面我們會看到普丁對電信、網路與相互依存的連結如何被「武器化」非常感興趣。

同時在這個新世紀頭幾年，中國彷彿成為典範轉移的最佳成果，從幾乎只從國外得到直接投資的國度，搖身變成一個對外投資快速成長的金主。這樣一個進程如今達到了它的高峰，且引發許多問題：中國資本的終極角色是什麼？這些憂慮包括交出戰略科技的控制權，取得天然資源引發更多競爭，還有中國的經濟勢力可能會轉變成政治影響力——已有許多例子足以證明其可能性。二〇〇八年十二月，當法國總統薩科奇會見達賴喇嘛之後，北京政府表達強烈不滿。兩個中國貿易代表團很快就在行程中刪除了法國，同時中國總理溫家寶在一次訪歐之旅前還公開宣稱：「我在飛機上看著一份歐洲地圖。我的旅行繞過了法國。我們都知道原因何在。」這使得法國發表一份聲明承認西藏是中國的一部分，以換取中國貿易代表團願意前往巴黎。[10]

中國運用經濟權勢作為一種戰略來追求外交政策上的目標，可以獲得許多好處。首先，中國非常依賴與世界經濟融為一體，因此所有會造成分裂的可能性都必須降到最低。若更直接、武斷地運用國家機器，將會造成龐大的政治危機，甚至切斷支持中國經濟成長與穩定的外在關係。反之，經濟權勢被包含在世界經濟的架構裡，中國能以極為模糊又推諉的方式實行權力。其二，以經濟治國的方針特別適合中國。從一方面來說，中國的市場規模給它莫大的政治影響力；從另一方面來說，國家掌控經濟發展因素，使中國得以集中管理私營部門，作為自己的戰略目標。[11] 我們將在下一個單元看到歐盟並沒有這樣的能力，因此它必須以更難以察覺的方式來執行政經方略。

10. 作者註：引自詹姆斯．萊利（James Reilly），〈中國經濟的治國之道：將財富轉化為力量〉（China's Economic Statecraft: Turning Wealth into Power），收錄於「羅伊研究院分析報告」（Lowry Institute Analysis），二〇一三年十一月號，第五頁。

11. 作者註：威廉．諾里斯（William J. Norris），《中國經濟治國方略》（*Chinese Economic Statecraft*），康乃爾大學出版社（Cornell University Press），二〇一六年，第六二至六三頁。

監管帝國主義[12]

我們都耳聞過硬實力與軟實力之間存在很多差別，其中硬實力通常被界定為軍事武力；但有某些力量卻是單方面的，和軍事武力也毫無關係——它們可能被人們稱之為硬實力，因為它們不考慮對立另一方的意願。每當論及可適用於某個既有管轄權或管轄機構的規章時，各國顯然會透過國際協定或條約去操縱它國的所作所為，在這當中，各國自身的利益就可能作為一種談判與交涉標的。這是一種手段。還有一種手段如同歐盟施展出來的力量，完全不顧及另一方想做什麼，更耐人尋味的是，它甚至獨立於任何人事物，宛如一個充滿「歐洲意識」的計畫。

法律學者阿奴·布萊德福特（Anu Bradford）是這麼評價這種做法的：不容置疑，一切肇因於歐盟擁有全球最大的內部市場，並受到相當嚴格的規範所控制。[13]如果外國公司想要在那裡做生意，那麼它必須依照歐盟的規範，調整自己的作為或生產流程；那些規範是由歐洲法律和規定所制定的，並由歐洲的管理機構來執行。若敢不從，就只能徹底放棄歐盟單一市場。幾乎每一家重要的跨國企業都只好心不甘情不願地遵守。

接下來會發生什麼事，也就不難猜到。很顯然，雖然歐盟只控制自己的內部市場，但絕大多數大型企業寧可標準化一套自己的生產流程，也不願意為不同的管轄機構制定不同的版本。這一點或許是因為跟單一全球生產流程下的「規模經濟」（scale economies）有關，又或在許多個案裡，它們的營運具有法律或技術上的不可分割性。舉例來說，兩大企業之間進行全球合併，若要在所有管轄機構下都生效的話，這表示當中最嚴格的反托拉斯（antitrust）[14]管轄機構——通常即歐盟，握有併購交易最終的生殺大權。由於歐洲的規範大多時候都是最嚴苛的，因此標準化就代表著要遵守歐盟的規則與法條。在這樣的情況下，歐盟的規章已是實際上規範那些跨國企業的規章，可是接下來發生的事，我們卻不能視而不見。相較於那些不在歐盟裡營運、不必遵守歐盟規範的公司來說，這些遵照歐盟規章的企業，在它們自己的國內市場裡居於劣勢；因此，這些企業便有動機去遊說它們的政府採用同於歐盟的標準，來創造公平的遊戲平臺。這時，歐洲的法律與法條就會被偷偷摸摸置入到某個異國的司法體系內。真的是太聰明了，或許還聰明過了頭。

當然，歐洲規範的力量就算跨越了大西洋也很有效，即使律師團永遠理不清它引起的問

12. 監管帝國主義（Regulatory Imperialism）是指發達國家的金融監管機構，單方面把它的監管政策強加在其他國家，或要求對方採納。
13. 作者註：引自布萊德福特（Anu Bradford），〈布魯塞爾效應〉（The Brussels Effect），收錄於《西北大學法律評論》（Northwestern University Law Review），二〇一二年號。
14. 也譯作反壟斷。

題，然而在這層關係裡把許多因素考慮進來，基本上還是非關政治的。在某些部分，管轄規範的狀況已經非常雷同，如果歐洲和美國的跨大西洋貿易協定還能針對特定的管轄權進行一致性的協商，彼此還會更相似。在一些案例中，美國或加拿大的規範實際上更嚴苛，在這樣的個案中，歐洲也會感受到被規範的力量。而在一些特別的案例中，美國的企業可以只留在美國本土原就是非常大的市場內，不必擔心外國的規則與規範。

但當我們去審視中國、俄羅斯與印度時，我們才明瞭這一切對它們來說充滿風險。如今，我們有三大經濟體和歐洲建立與日俱增的緊密關係。這在世界各地都是如此，專業化成了一股強而有力的推動力：歐盟是個非常龐大的消費市場，擁有高比例的富裕消費者，促使它成為亞洲經濟快速成長下出口商青睞的目標。此外，彼此的規章和標準，差異性相當大，而要採行哪些規章，也很難避免背後的政治性問題。因此，上述的運作機制，對包含中國在內的各國來說，都是個強而有力的誘因，而它們會採用必要的大量法規，以便能進入歐盟市場，並向歐洲居民和執政者保證，整個超級大陸都能在一些根本的做法上及時仿效歐盟。

當歐盟將航空業納入它的「（歐盟）排放交易體系」（European Union Emission Trading Scheme，簡稱 EU-ETS）之後，所有從歐洲機場起飛或降落的航空公司，都必須購買溫室氣體排放許可。如果外籍航空公司拒不遵守，就會遭到罰款，甚至禁止飛越歐洲領空；若想避免購買排放許可的唯一辦法，就是讓它們的母國管轄機關祭出「對價」措施。結果，各國政府顧慮到航空公司的競爭力，還是會受到市場的強烈驅使，進而改變它們的能源和氣候政策。中國已經起步發展嚴格的減排機制，並請求歐盟考慮它們的對價措施。原先，航空業的碳排放交易體系遭到了中國當局的強烈反對，中國政府甚至凍結了空中巴士訂單作為報復，可是卻碰了壁，習近平在訪問法國總統時很快消除了障礙。

這讓人想起了所謂的「航空戰爭」所發生的故事。當時，俄國的航空運輸機，要不是訊息有誤、不然就是被它們自己的管制當局誤導了，導致它們沒辦法在十年過渡期內完成新的歐盟指令，以符合飛機噪音的新規定。結果截止期限一到，俄國的航空業立刻陷入恐慌局面，唯恐被踢出對營運至關重要的一個市場，於是在完全無力的立場下，不得不提出展延過渡期。這一切就發生在普丁總統就任後不久，據說對他而言，是道當頭棒喝，從那時起他體會到俄羅斯險些就成為歐洲的附庸。突然之間，對俄國人而言，歐洲單一市場不再是塊大餅，反而是一個盲目的機構，威脅著俄羅斯的一切，並逐漸侵犯到俄國人生活的每一項元素，還以它想要的形象重新塑造俄國。[15]

近期，歐洲的管制擴張，已經對快速發展的印度資料處理業務造成棘手的政治問題。歐洲的消費者天經地義期認為當資料送到印度的後勤辦公室處理後，就像在自己的管轄機構下一樣，資料會安全無虞。如果印度的企業想要接觸這些外國客戶，那麼印度的法規也必須遵照歐洲的標準，以提供某種程度上的隱私保護。在這個例子中，最終目標很明確表示外國管轄機構的作業標準要和歐洲一致：相關的指令認為，若想把某個人資料轉移給第三國或某個國際機構，得要歐盟執委會（European Commission）認定此第三國或國際機構也能充分保障隱私程度才可行。

理論上是這樣。時間和歷史的正常進程會解決不同規範之間的矛盾。想要建構一個放諸四海皆準的自由主義秩序，就是放手讓這些程序自行運作。當然，這得在對的外部環境下運作才行。如果說這個理論有什麼缺點，那就是認為最終的結果會在所需要的一定條件下完成；只要它們是在一個受自由主義規範的環境下運作，自由主義的統治將會打敗一切。可是，就如同我們在本書後半段看到的，其結果絕非任何人能預料。

一個不存在的國家

若想一探不同政治模式之間的衝突，不妨檢視看看外聶斯特里亞（Transnistria）[16]這塊分離地區，它是摩爾多瓦以東的一塊狹長地段，介於烏克蘭邊界和聶斯特河（Dniester）之間。只要一渡河，好戲連臺。在你周遭的男男女女忙著日常工作，故弄玄虛地笑著，彷彿知道權力不過是人類發明的產物，最好的選擇就是用足夠的反諷和才華來娛樂，扮演好自己的角色。典型的夜總會裡，女人在我耳邊呢喃著：「這裡是外聶斯特里亞。別相信任何人說的任何事。」

外聶斯特里亞這個國家不被任何人承認，就連俄國也不承認它，但它擁有充分的自主權，也能提供公共服務——雖然這需要莫斯科政府給予不成比例的支援。它發行自己的貨幣，舉行競爭性十足的選舉活動，還養活自己的警察、情治單位和軍隊。國家結構與商業利益串得天衣無縫，乃至於新任總統自然而然被認為是某壟斷性企業的保安官人選，而這個部門的組成不是卸任警察就是情報員。外聶斯特里亞在摩爾多瓦和烏克蘭都設有邊防，發放移民卡的效率既快速又卓著。二〇一六年十二月，在我造訪的時候，當地的貨幣已經無法換匯了，更加重了在這裡的人們活在自己世界的感覺。當地有些硬幣是塑膠製的，上面的肖像是葉卡捷琳娜大帝（Catherine the Great）[17]、彼得・魯緬采夫伯爵（Count Pyotr Rumyantsev）[18]、亞

15. 作者註：馬克・恩廷（Mark Entin）和葉卡捷琳娜・安提那（Ekaterina Entina）合著，〈歐洲部分的俄羅斯地緣政治計畫：糾正錯誤〉，第二部，收錄於《俄羅斯國際事務理事會》（Russian International Affairs Council），二〇一六年四月二十九日。

16. Transnistria 是羅馬尼亞語，意指聶斯特河東岸地區，一般都認為這個區域屬於摩爾多瓦共和國。事實上這塊區域早在蘇聯解體時就已宣布獨立，成立聶斯特河沿岸摩爾達維亞共和國。也譯作「德涅斯特河沿岸摩爾達維亞共和國」（Transnistria，簡稱「德涅」）。

歷山大・蘇沃洛夫（Alexander Suvorov）[19]——全都是俄羅斯帝國在十八世紀攻城掠地的大英雄。讓這種感覺超現實的治國實驗得以奏效，必須仰賴俄羅斯軍隊——大約兩千人——他們在新近獨立的摩爾多瓦和這塊分離地區間的暴力衝突停火之後，留了下來。二十五年來一切如舊，俄國持續把這塊土地當作地緣政治的「玩具」。它的結局應該是被莫斯科政府合併，變成第二塊沿著歐亞地峽北上延伸至加里寧格勒（Kaliningrad）[20]的飛地。

跨越聶斯特河的鐵道橋、前往首都提拉斯浦（Tiraspol）的沿路上，你會注意到鐵欄杆上塗著俄國和外聶斯特里亞的國旗。俄國的士兵駐防在附近古老的本德（Bender）堡壘斜坡上。堡壘是由蘇萊曼一世（Ottoman Sultan Suleiman the Magnificent）在一五三八年占領這座城市之後所建，他把它變成對抗基督教世界的一個邊界軍事基地。後來，在被俄羅斯帝國強行併吞之後，它佇立在俄國與鄂圖曼帝國之間的邊界上。我向普里斯內斯特洛夫州立大學（Pridnestrovian State University）社科院學者尼古拉・巴比倫加（Nikolay Babilunga）教授請教，鄂圖曼帝國的統治，是否也成為了外聶斯特里亞身分認同的元素之一，結果他捋了好一會兒鬍鬚。過去，他曾主張羅馬尼亞人、東斯拉夫人和突厥民族在外聶斯特里亞混雜在一起，可是現在他卻持另一種看法，主張在蘇萊曼一世統治之前，聶斯特河曾是介於歐洲與歐亞大草原的邊界，這是一道從這裡一直連貫到中國邊界的地理空間。

巴比倫加教授是個大忙人。他畢生的任務是要發展外聶斯特里亞的身分認同，激發當地人力爭獨立或被俄國合併（有些在兩者之間搖擺不定的人向我解釋，這正是為什麼過去的歷史有時會被改寫）。他寫過插圖豐富的教科書，都是外聶斯特里亞高中的必修課程；我在當地小餐館遇見的幾位年輕人告訴我，他們就是從裡頭學歷史。每次我問到城裡建築物上面的雕像或畫作人物是誰的時候，所得到的答案又快又有把握，這點應該讓巴比倫加教授與有榮焉。會晤期間，他強調，外聶斯特里亞的人民覺得自己像哥薩克人（Cossacks），是天高皇帝遠的邊境衛兵，因此很可能起心動念來組織符合他們自己的現實生活。「十九世紀時，詩人巴蒂烏什科夫（Batyushkov）來到這裡，說我們曾是他所見過最生機蓬勃的民族。」但最大的問題永遠都是政治的，而不是民族。我曾期待能在這所大學不大不小的建築裡找到一間貯藏室，裡面收藏著古老的傳說與神話，據此創造一個新的國家和身分認同。但若沒有權力，神話傳說難以為繼。巴比倫加教授沉迷於政治哲學，尤其相信誰擁有權力、誰就能構築社會現實，創造強而有力的統治神話。在外聶斯特里亞，政治權力的中心就是俄羅斯——俄語圈

17. 亦即凱薩琳二世，俄羅斯帝國史上在位最久的女皇。
18. 俄羅斯帝國名將。
19. 俄羅斯帝國名將。
20. 舊稱哥尼斯堡（Königsberg）。

的世界被莫斯科政府宰制。

你對世界的第一印象，取決於你身在何處。即使是假想的共和國名稱也遵照這個邏輯。對歐洲人而言，這塊土地座落在聶斯特河「以外」，因此是「外聶斯特里亞」；可是對俄羅斯人來說，這裡恰恰就位於聶斯特河之前，因此他們稱它為「聶斯特河沿岸」（Pridnestrovie，這個字來自俄文的前綴詞，意謂「靠前」）。當我和「自己任命自己」的外交部長談過後，事情豁然開朗；政治的取向不僅和語言有關，還具有實際與迫切性的考量。聶斯特河沿岸共和國的外交部長維塔利・伊格納季耶夫（Vitaly Ignatyev）告訴我，這裡正是兩種不同模式——歐洲人與歐亞經濟聯盟——交會並產生衝突之地。他認為，聶斯特河沿岸共和國可以扮演「櫥窗」角色。如果它加入歐亞經濟聯盟——由俄國、白俄羅斯和哈薩克之間的關稅聯盟所發展出來的計畫——並搖身一變成為成功國家，那麼它便能把摩爾多瓦從歐洲的發展軌道上拉走。「我們有的，」他告訴我：「是一堆互相矛盾的想法與模式，而無論哪一種模式，只要誰更有吸引力，誰就會勝出。這裡的人都支持俄羅斯的思想與生活方式。終究，大家並不關心物質的東西。重要的是模式。」那些生氣勃勃、想像力最活躍的人，將會是贏家。

回到摩爾多瓦的首都奇西瑙（Chisinau），我在喬利阿龍酒店（Jolly Alon hotel）包厢，和摩爾多瓦共和國首任總統米爾恰・斯涅古爾（Mircea Snegur）共進午餐。他遞給我厚厚一本他的回憶錄，裡頭記錄著該國獨立後的關鍵頭兩年，包括在外聶斯特里亞所發生的武裝衝突。他並小心翼翼地告訴我，俄羅斯對這塊分離地區所抱持的最終目標。斯涅古爾把它看作是面鏡子，映照出所有道德或政治腐敗中無所不在的俄羅斯精神。外聶斯特里亞這個地方，清晰可見當代俄羅斯政權的兩個面向：一個是依靠洗錢致富的寡頭政治體系，還計畫一個足以面對更大型戰事的永久性軍事組織，而這個占領區可充作前線。斯涅古爾一直希望摩爾多瓦能在歐洲找到前途，可是在權力的真空帶下歐洲根本不存在，但這個選擇卻是面對俄羅斯侵略切實又危險的唯一方案。「即使是中國的萬里長城，」在我準備離去時他告訴我：「也不如俄羅斯攻不可破的意識高牆。」

二〇〇三年，普丁的得力助手德米特里・科扎克（Dmitry Kozak），草擬了一份「摩爾多瓦聯邦共和國」（Federal Republic of Moldova）憲法，企圖解決外聶斯特里亞的問題，然而事實上，俄國想確保自己能控制摩爾多瓦的政局。新的聯邦體制由聯邦直屬疆域與兩個聯邦共和國組成：外聶斯特里亞和加告茲（Gagauzia）；加告茲是摩爾多瓦共和國的一個自治區，其民族截然不同，以講突厥語系的加告茲人為主。至關重要的是，這份提案在聯邦與兩個聯邦共和國之間，製造出大量的共有管轄權。所有的法律都必須經由一個更高層的立法議會或參議院核准，其投票席次高度不均衡地偏袒外聶斯特里亞和加告茲，這兩國可以選出占席次總數一半的議員。想要加入歐盟，將輕易遭到外聶斯特里亞否決——其背後就是莫斯科當局的阻攔。

摩爾多瓦的總統沃羅寧（Vladimir Voronin）一開始是支持這項議案的，可是舉國四起、特別是在奇西瑙的示威活動，加上美國和歐盟的公然反對，使他裹足不前，並在最終改變了心意。普丁預計要在十二月底拜訪摩爾多瓦，大家都認為科扎克的提案會在當時簽約。結果普丁之行取消了。情勢相當膠著，在這情況下並不清楚俄國的軍事部署是否應該繼續，這一點不是俄羅斯與外聶斯特里亞能討價還價的，不過對摩爾多瓦的輿論而言，問題好像也沒有獲得解決。當時，斯涅古爾公開表示，這項兩元制的議案，會導致摩爾多瓦滅亡。

科扎克的提議意義特別重大，因為它給後來發生的事——正如火如荼的烏克蘭衝突——提供了參考。二〇一五年二月烏克蘭雖然停火，但局勢十分不穩定且效果有限，政黨在最後的協商內容裡，討論到兩個分離地區未來在東烏克蘭的特殊地位；俄國的情治單位和正規部隊一直駐防在那裡。這份「明斯克議定書」（Minsk protocol）[21]的第十一點規定，烏克蘭應該通過一項法案，給予俄國占領的疆域一個特殊的地位。摩爾多瓦與烏克蘭兩地的局勢，最明顯的差異在於烏克蘭之後週週發生衝突，通常都在白天造成傷亡，還可能演變得更激烈的戰事，包括沿著衝突戰線爆發的各種活動，但鮮少人或根本沒有人注意到。在政府單位任職的數年內，我注意到以下的模式：威脅要重啟戰火、敦促克里姆林宮向柏林、巴黎和布魯塞爾喊話，傳遞訊息要基輔當局保證給占領區政治自主權，否則後果自負。這些呼籲會被呈報給烏克蘭總統，增加他的壓力，好讓他對相關要求讓步。

介於歐洲與俄羅斯之間的邊境地帶，越來越像是晦暗混亂的區域，但這並非巧合。這些地方都位於兩大政治秩序思想間的天秤上，而要維持真正的平衡，就無法和那兩大思想的任何一方合作，因此只能維持政治上的曖昧不明。俄國當然在這些事務上看到它的任務，也努力想創造一塊「空白的畫布」當作計畫重繪的第一步。然而一個政治秩序思想，若想聯繫另一個不同的政治秩序思想，就一定得經過一個混亂的階段。

新的戰爭

歷史的規律已蕩然無存。對峙與衝突原有非常明確的指標，它來自國與國的戰爭或和平

21. 此是頓巴斯戰爭（War in Donbass，二〇一四年二月在烏克蘭東部和南部所爆發的戰爭，交戰兩方是烏克蘭政府軍，與俄羅斯在烏克蘭東部和南部所操控的俄語區親俄勢力）爆發後，烏克蘭政府與烏克蘭東部的頓涅茨克人民共和國、盧甘斯克人民共和國兩個政權之代表，在二〇一四年九月五日於白俄羅斯首都明斯克簽訂的停火協議。

的狀態。如今在我們的時代，衝突卻始於深度的融合裡。相異的各方在政治、經濟與科技連結上緊密相連，乃至於劃不出彼此清楚的界線，每一方都在某種程度上身處在敵營之中，想從內部削弱敵人的力量。衝突的景象不再有驍勇善戰的勇士，而是類似物種競爭那般，在同一個生態系統下爭奪，敵對的力量當然也同屬於單一的生態體系內。在這樣的背景下，武器的選擇一如物種競爭一樣，充斥著陰險。例如：發出錯誤的信號、模仿、誆騙、毒害，以及物競天擇的好把戲，直搗要害或破壞對方的神經系統。若幾個單位都同屬於一個運作體系，它們不僅存在依存關係，還相互影響，那麼比起正面公然衝突、使其兩敗俱傷，倒不如操縱並削弱他人，使他們按照某種特定的方式做出行動，好處多太多了。

為了達到政治或戰略目標，非軍事手段變得越來越普遍，且在很多例子裡，我們看到它們實際上比武力更有效。這些手段大多經過測試且行之有年，而在經濟全球化和全球網路深度發展的情況下，它們成效更佳，重要性也大幅提升。如今，資訊戰可以借助網路之便開闢新的衝突前線，譬如網路攻擊或駭客入侵，在資訊系統內蒐集或宣揚訊息。其他的非軍事戰略，還包括在其他國家購買當地基礎建設、買通或勒索外交人員，以及操縱能源流（energy flows）[22]或能源價格，這一切都因為一體化的全球經濟下被放大了。二〇一六年，在一場罕見的演講裡，「英國祕密情報局」（British Secret Intelligence Service，通稱ＭＩ６「軍情六處」）局長提出了這個很基本的論點，主張「連接性作為全球化的核心，無可避免將會遭到不懷好意的國家濫用，並進一步實現它們的目標。它們透過一些手段，諸如網路攻擊或宣傳等等來顛覆民主政治。」

剛好數個月之前，當歐洲難民危機達到最高峰時，北約的歐洲最高司令官菲利普．布里德洛夫（Philip Breedlove）就破例宣稱，俄國正在煽動一群來自敘利亞的大量難民，當作攻擊歐盟的武器。他在二〇一六年三月出席美國參議院的會議中表示，俄國處心積慮將難民武器化，企圖壓垮歐洲的結構。這項指控之前早在檯面下傳了將近一年。之所以公開指控，似乎是要提出一個訊號，全球化已經侵蝕了國與國之間固定的疆界，我們應該深思國安問題。還有幾項因素結合在一起：通訊速度讓難民流急速上升、歐盟提倡的普世人權、俄國重新發現如何將它的軍事力量往國外擴展。在一個全球化世界裡，隨著互動的層次逐漸提高，若要從內部削弱對手的力量，已變得易如反掌又更加有效。因此在這個例子裡，即使參與敘利亞內戰只是次要目標，俄國也能利用大量轟炸敘利亞平民區所增加的難民流，促使歐洲國家之間造成歧見，進而削弱德國的領導力。當然，重點是要讓歐洲人更難以阻擋俄國在邊界勢力

22. 主要是指生態學裡地球食物鏈內熱能的流動，也可以用來稱中國氣功裡氣的流動。但此處是指實體能源的移動。

的拓展，最迫切的問題就在烏克蘭。歐洲人這才恍然大悟，原來，撼動歐盟體系的危機，竟可能由其他國家挑起。過去我們習慣兩種模式：一種是國家之間的衝突，另一種則是發展出深度的融合。但現在我們知道，這兩種模式正逐漸合而為一。融合是無可避免的，但這能以不同的互動模式產生；在本質上，融合本身就充滿競爭，我們必須接受它就是這樣。

不只歐洲被困在孤立主義與普世主義兩種極端之間；這是一種自然傾向，也適用於俄羅斯或中國。畢竟，若不能依照我們的想像來形塑我們的世界，人們就會劃定範圍以求自保。然而不管是孤立或普世主義，都不可能單純地實現，它們都與政治現實牴觸。認為整個世界可以被單一模式組織起來的想法，現在即便對歐洲人來說都難以置信，而他們曾一度相信那是必然的。從另一方面來看，對外界閉關自守、主張孤立的模式，對俄國和中國來說也不再感興趣，即便它們曾在共產主義時期努力追求過那樣的狀態。這也是「歐亞」之所以不再是地理名詞，而是政治名詞的原因，它提供一條擺脫窘境的途徑，提供兩造或兩種結構之間的一個妥協之道。世界的兩個半球各自表述，而當兩者結合時，則創造一個它們必須採取行動的客觀環境，讓它們持續以自己的想像，致力去塑造共有的架構。

在發展各自龐大的新一統計畫時，俄國與中國都有同一個基本目標：要向歐洲人展現它們準備數十年之久的統一大業。和眾多計畫一樣一開始並沒有任何特殊目標，但到最後卻因追求普世價值而充滿活力。不過，即便這個基本目標非常樂觀地超乎預期並大獲成功，那也是因為歐盟早已主動撤離了邊界的活動。歐洲難民危機或許就是這種撤退行為的絕佳指標。它不只迫使歐洲人向內審視自己，全副精神專注於改革歐盟的規則與組織，還大大削弱了歐洲的威望與軟實力——而這一直建立在歐洲是個經濟繁榮、有效率的協調者與執政者上。

因此，不論是俄國或中國都已經在為下一個發展舞臺大做盤算了。其目標現在不再只是歐洲不可一世的普世主張，還要為自己的計畫打造類似的榮耀。來看看俄國的例子。若有機會在莫斯科與執政者交談，他們會告訴你，了解世界政治如何運作的人是俄羅斯，不是歐洲。歐洲人住在一個他們自己幻想出來的世界，而俄國人則住在真實的世界裡。歐洲人是偏狹的，俄國人大致上信守著強權爭奪的普遍原則。

現在北京對普世價值的追求也同樣驚人。執政者告訴我，中國想要把過去三十年來所收到的養分還諸世界；我還聽到大學教授們說，中國正積極發展能吸引全人類的價值——一種能被地球上的每一個民族迅速理解、吸收的發展模式和人類福祉。其手段是民主政治與人權所望塵莫及的。

原則上，歐盟以全球棋手自居，而且特別擅長處理全球化難題；歐盟把多邊主義與國際規範的正統性，當成外交政策的支配工具。由於它代表著戰後第一個、也是最具野心的整合計畫，因而也往往包藏一個最危險的誤解：以為國際間只有一種融合模式，且世上任何地方的這類計畫基本上都追求同一個目標。透過這套國際一統的語言表達歐盟對地緣政治的倡議，並預期俄國與中國一定會作出應有的回應。對歐盟本身的融合邏輯而言，這些倡議在全世界被看作是一致的，甚至是完全相同的。因此，它從來不會和地緣政治的利益發生衝突。近期有一篇研究歐亞融合的論文提出，歐洲應該要汲取他國的倡議，並放入自己的市場發展和專業技能基礎裡。「只要著手於廣泛、多邊的融合就好，畢竟中國人和俄國人已經選擇要在歐盟的範圍內進行競爭了。歐洲的執政者不必害怕和這些倡議合作。」[23] 這個信念根據的是只有歐洲才玩得起玩整合遊戲。

還有另一種截然不同的傾向，雖然一樣充滿誤解卻叫人深信不疑。歐洲人逐漸認為，外面的世界是造成他們一切問題的原因。因此，唯有將歐盟政治和這些外在干擾隔離開來，才能確保長久的穩定。以金融危機為例，其被許多歐洲人視為僅存在美國的現象之一。事實上，中國的貿易順差和相應的儲蓄過剩（Savings Glut）[24] 或許扮演更重要的角色——中國增長的生產力，創造了巨大的貿易來往與「經常帳赤字」（Current Account Deficit），以致於美國必須透過信貸泡沫（credit bubble）來維持經濟成長。大西洋兩岸的金融整合程度如此之深，乃至於信貸泡沫破滅時，歐洲不可避免地飽受折磨。倘若歐盟能對全球金流善加管制，是否就能避免危機升級到最糟糕的情況？烏克蘭的例子也一再重複同樣的模式，歐洲多國都認為野心勃勃的歐盟外交政策捲入這個問題太深了。還有更顯而易見的問題是敘利亞難民急遽上升，歐盟被怪罪沒有能力管制好自己的邊防。後面這兩個例子足以證明，卸下傳統歐亞之間牢固的屏障是非常愚蠢的——特別在基層百姓中，面對難民移動，如同數千年來一樣的問題，只會帶給歐洲劇烈的動盪與混亂。

關於這一點，有一些顯而易見的事實擺在眼前，或許並不是我們一開始能看得到的。假如你的目標是管理邊防的流動，那麼你不可以把邊境當成封閉性的限制。邊防應該是轉運點，所以唯有往回找到源頭，亦即在自己的領土外展開行動時，你才能管制絕大多數的難民潮。在這樣的狀況下，外國與國內政治會有一個短暫交會的關係，未解的危機與難題藉由積極的外交政策，緊接著在國內政局裡產生作用。要是歐盟未能審慎、稱職地扮演這個角色，就有可能在近期從輸出穩定的出口國，搖身變為不穩定的進口國——那是極可能發生的事。

---

23. 作者註：〈汲取和征服：面對俄羅斯和中國在歐亞大陸歐盟整合該有的態度〉（Absorb and Conquer: An EU Approach to Russian and Chinese Integration in Eurasia），歐洲對外關係委員會（European Council on Foreign Relations），二〇一六年六月。

24. 二〇〇五年由美國聯準會（Fed）前主席柏南克（Ben Bernanke）提出的名詞，意指東亞採出口導向的經濟成長策略，會干預外匯市場以維持出口競爭力，因此累積巨額外匯存底。

即使歐洲想要再次施展冷戰的壓抑模式，如今也不再適用於這個逐漸連結在一起的世界了，因為世界的疆界不再對國家的行動造成阻礙，而且成功的國家都相當有能力在地球上發揮它們幾乎無所不在的勢力。

第三章　歐亞超級新大陸

一種俯瞰的觀點

在「歐亞棋盤」上，有三位主要的玩家，他們坐落在棋盤上的西邊、東邊與正中央。這些重要的玩家能個別獨立理解嗎？答案當然是：不行。讓我們從正中間的玩家俄羅斯開始。要討論俄羅斯，就不能不涉及在歐亞兩端之間的勢力震盪，就像俄羅斯國家象徵物「雙頭鷹」一樣，同時注視著兩個不同的方向。俄羅斯能否被劃入擴張中的歐洲軌道呢？蘇聯解體後，這一點一度看似無可避免。現在，卻變得毫無可能。政治學家謝爾蓋・卡拉加諾夫（Sergey Karaganov）談到有可能發生的文明轉移：「亞洲，始終在俄羅斯人心目中跟落後、貧窮與無政府狀態有關，現在卻變成富強的象徵。」[1] 相較於這個觀點，一八五六至一

1. 作者註：參見卡拉加諾夫〈擺脫歐洲危機的歐亞途徑〉（Eurasian Way Out of the European Crisis），《全球事務中的俄國》（Russia in Global Affairs），二〇一五年六月，第十六頁，下載自 eng.globalaffairs.ru/ pubcol/ Eurasian-Way-Out-of-the-European-Crisis-17505。

八六二年擔任高加索總督的亞歷山大・巴里亞欽斯基（Aleksandr Baryatinsky）[2]曾因傳達給沙皇這個訊息而名聞遐邇：「俄羅斯是亞洲的窗口，一如歐洲是俄羅斯的窗口那般為引進文明發光發熱的泉源。」[3]但在今日莫斯科當局的眼中，這個想法卻會引來訕笑。

因此，棋子開始攻城掠地。由於莫斯科當局在政治上比較親近北京政府，而非目前以德國政府為首的歐盟，讓中國獲得龐大的戰略優勢。中國能取得俄國的資源，也能部署武力擴及至中亞與俄國本土。中國是否會成為大一統的一個歐亞霸權，端賴於俄國最後怎麼解決一個問題：俄國人認為他們自己是歐洲的一分子，還是歸屬於本質上截然不同的世界與文化？[4]

在眾多論點當中，莫斯科政府認為，威脅著俄國與歐洲政局的動亂弧線，不再是歐洲本土，而是從阿富汗延伸到北非。這片土地長達數十年動盪不安，又飽受一觸即發的國安危機所折磨，亟須建立一座新的關防建築，它不能只位於歐洲或亞洲，而要跨越兩大洲。如同卡拉加諾夫所指出的：「倘若問題不能在原有的背景裡獲得解決，你就必須跳脫這個背景。」[5]

這道弧形疆域同時跟伊斯蘭世界的核心地帶重疊。十八至十九世紀，當地政權衰退，鑄下了英國與俄國爭奪亞洲最高主導權的長年爭執。政治上的無政府狀態，加上富藏能源，這裡變成了歐亞大陸上錯綜交織的動盪根源。這裡的能源管線供給歐亞超級大陸西岸與東岸的重工業區，引發地緣政治的對手們激烈爭奪使用權和掌控權。極具毀滅性的內戰和外國干預已迫使數百萬新的難民湧入約旦、黎巴嫩、土耳其和歐盟諸國。最終，勢力強大的伊斯蘭各方政權會看到它們自己深陷於全球的大災難中，而這個大災難不被國界限制，只想把歐洲當作首要目標。「歐亞棋盤」因此由三大玩家，加上一大區塊的「大陸流」（continental flows）[6]所組成；這個大陸流被玩家們用來增強它們的勢力根基，並扳倒其他玩家。雖然如此，歐亞大陸的統一對中國、俄國和歐盟而言卻各有一番意義。我們會看到中國視整個超級大陸是它理所當然的擴張範圍。俄國甚至更明確楬櫫對大歐亞區域的各項計畫。二〇一六年六月，普丁重提那些計畫。他在俄羅斯的一場經濟會議上勾勒了一統亞洲諸國的「大歐亞」願景，還公開歡迎歐洲的加入。俄國相信，它最大的戰略挑戰，就是如何避免成為地緣政治思想家和前美國外交家茲比格涅夫·布里辛斯基（Zbigniew Brzezinski）所謂的「介於歐洲與中國之間的『黑洞』」。[7] 當雙方一次次努力想為彼此有形或無形的意識型態搭建橋樑時，都會讓它們不得不往俄羅斯靠攏。能在未來削弱歐洲堅定價值的一切人事物，莫斯科當局都特別

2. 巴里亞欽斯基是俄羅斯帝國親王元帥，因在高加索總督任內滅了高加索伊瑪目國，成功穩定了該地的政局。
3. 作者註：參見阿爾弗雷德·李伯（Alfred J. Rieber），《歐洲邊疆的鬥爭》（*The Struggle for the Eurasian Borderlands*），劍橋大學出版社（Cambridge University Press），二〇一四年，第一〇三頁。
4. 作者註：參見迪米特里·特里寧（Dmitri Trenin），〈從大歐洲到大亞洲？：中俄協議〉（From Greater Europe to Greater Asia? The Sino-Russian Entente），卡內基莫斯科中心（Carnegie Moscow Center），二〇一五年四月，第十六頁。
5. 作者註：參見卡拉加諾夫〈擺脫歐洲危機的歐亞途徑〉，第十九頁。
6. 指這個陸塊上的能源流。

感興趣，而且他們相信，只要讓歐盟無助地暴露在來自東方的政治與思想下，就能如願以償打擊歐洲。同時，如果布魯塞爾當局、包括那些非歐盟會員的歐洲各國，不願加入歐亞統一的未來大計，這項計畫依然能往前邁進。

一牽涉到歐洲，事情就可能變得棘手。畢竟，歐洲各國數十年以來一直都致力於它們自己的統一大業。然而，這是否意味著歐洲政治本質上就只是為了歐洲本身來打算？

並不是這樣的。

每一次我們採取歐洲本有的嚴格態度來面對歐盟，這項大業就會面對強大壓力；不同國家之間的差異性這時會變得很大，而對於共業的需求則會變得很薄弱。必須這樣說，唯有當我們自己擴大格局，歐洲的大業才會成功。不正是蘇聯的威脅，才讓歐洲人人自危，為了種種瑣事刁鑽爭吵嗎？那我們為什麼非得要在最後創造一個政經共同體，來取代古老的歐洲小國傳統呢？因為，民族國家無法和其他主要玩家一樣，在規模遠遠超出它們本身的歐亞棋盤上彼此較量。我們越是往一個由大型強國所組成的「多極化世界」靠近，就會有越多歐洲國家必須承認它們就是無法在平等的條件下，應付中國和印度這類國家。歐洲都是由小國組成，這些國家當中有些對此知之甚詳，有些則尚未完全接受這個事實。法國社會學家雷蒙・阿隆（Raymond Aron）在二戰一結束就寫道，假如西歐想要在二十世紀巨人的環伺下，以同樣規格生存下去，那麼它必須也成為一個巨人才行——至少西起大西洋、東到易北河的規模。[8] 阿隆同時強調，納粹德國才剛主張過「越大越好」該如何運用。他坦承，這個主張包含了一個真理要素，納粹事實上轉型成了一個跨歐亞的地緣政治體，促使他們有殖民浩瀚俄羅斯土地與歐亞大草原的夢想。或許他們在當下深信著唯有在超級大陸的規格上建立大型帝國，才能在科技時代下存活；然而在恐怖的實驗與最終的失敗後，顯示出這類雄心壯志不應該、也不可以用民族或種族的基礎來規畫。[9]

無疑地，歐亞這個空間正在以一個一體之姿浮現，其主要理由之一是因為新興強國崛起，它們雄心萬丈的野心，遠遠超出它們的疆界，並且以越來越複雜的型態交錯貫穿。這當中是中國勢力的興起、俄國野心的膨脹，伴隨著歐洲政治聯盟的停滯。在這個複雜體系中，我們必須加上印度這個本世紀後期以強國之姿現身的國家，這位從南方來的重要玩家；同時，也不要忽略了日本的角色，還有伊朗向外擴張的茁壯勢力。現在，在超級大陸一端所發

7. 作者註：參見布里辛斯基，《大棋盤》（*The Grand Chessboard*），Basic Books，一九九七年，第八十七頁。
8. 作者註：參見阿隆（Raymond Aron），《環球史的曙光》（*The Dawn of Universal History: Selected Essays from a Witness to the Twentieth Century*），Basic Books，二〇〇二年，第四十六頁。
9. 作者註：參見科傑夫（Alexandre Kojeve），〈法國政策學說綱要〉（Outline of a Doctrine of French Policy），《政策評論》（Policy Review），二〇〇四年。

生的事，對另一端具也有直接的影響力。舉例來說，烏克蘭危機一爆發，不久後就有一位中國將領注意到，烏克蘭額外買通了中國十年之久，以備能與美國進行全球性的對抗。在這樣的概念下，烏克蘭衝突已經重新燃起了俄國與美國之間的歷史性對峙，迫使美國分散注意力在較小的對手上。當俄國與西方之間緊張狀態攀升的同時，俄國可以成為中國既有保障又可靠的後勤供應基地——如加拿大之於美國一樣。有時候，我們會聽到這類說法在北京的政府高層裡津津樂道地流傳著。

今天，如果俄國與歐洲只能透過對整個歐亞的關係來定位，那換作中國也是一樣的，雖然採用的方式不同，也更微妙。由於中國持續壯大——即便大多數中國人寧可說這是「復甦」——它必然會認為自己在地緣政治上和美國平起平坐，未來兩國的國際勢力也會各方面都趨於對等，並分攤管理全球秩序的責任。如果一個世界受到中國與美國的共同統治，這樣的景象有個必然的結果：中國將成為歐亞大陸的統治權力中心，在整個超級大陸上發揮軟性霸權，以便與美國匹敵，甚至有朝一日取代美國的影響力；你可以形容中國的終極目標是要稀釋美國在整座歐亞大陸的影響力。若從圍棋的觀點來看，你可以看到中國採取的一種戰略：針對對手最明顯孤立的棋子，直逼它的要塞。[10] 這個戰略，假使不會導致俄國或歐洲更強大的話，那麼實務上，中國將可以和美國平起平坐。美國每次刪減相關經費時都讓中國越來越靠近這個目標，這不管發生在中東、南中國海或烏克蘭都無所謂。在這樣的情況下，有一點值得注意，「海灣阿拉伯國家合作委員會」（Gulf Co-operation Council）的各會員國如今對日本、韓國、印度與中國市場的出口量，是對歐盟與美國加總起來的三倍半之多。印度與中國的綜合性大集團也參與了當地主要的基礎建設，譬如沙烏地阿拉伯連接麥加（Mecca）與麥地那（Medina）兩聖城的高速鐵路，以及首都利雅德（Riyadh）的兩條捷運工程。

在這二十年內，總是把歐洲與亞洲當作兩個個別實體的習慣，將會被新的現實、由單一政治與經濟一體的歐亞空間所取代。然而，我無法預測的是這個歐亞超級大陸未來將會是什麼面貌，這仍有待政治決策與行動來決定。這股整合為一的風潮，將會由東、抑或由西吹來呢？它會不會在某些基礎上，形成一個比歐盟更大的組織？還是歐盟會因為需要適應新的政治藍圖與環球價值——如今俄國與中國皆積極發展且廣為宣傳的——而發生劇烈的改變？歐洲人應該留神不要掉入舊的陷阱，以為歷史站在他們這一邊，就像鄂圖曼帝國當年的座右銘「永垂不朽的國家」，人們卻只取其表面意義而深信不移，結果無法認知到現代歐洲社會挾著優越的活力而崛起。此時此刻至關重要，地殼的板塊已經開始移動了。我們需要所有資源來

10. 作者註：參見彼得．費迪南德（Peter Ferdinand），〈往西進啊：中國夢與一帶一路〉（Westward Ho: The China Dream and One Belt, One Road），《國際關係》（International Affairs）期刊第九十二期，二〇一六年七月，第九四一至九五七頁、第九五四頁。

平衡這項轉移，並讓這些板塊盡可能緊密相依卻又相安無事。

此外，這三大關鍵的玩家，每一個都受到各自特殊的抽象政治概念所驅策，尋求其最廣泛的應用。誠然，這股新興的普世精神並不是哲學家、作家或藝術家追求的那種，但這並不重要，如今從里斯本到上海，它已經廣泛被採納。這是一種追求經濟、科學和技術進步的精神，它將我們推向一個範圍越來越大、個人因素越來越少，幾乎消滅了所有事物的實體距離。

在世界新秩序出現的同時，這些要角們各個都扮演某種特定的角色。俄羅斯的知識體系，面對分割歐洲與亞洲的舊觀念，以及如何解決的方法上，有悠久的反省傳統，故能蒙受其利。中國則無疑會在縮減或消除實體的屏障上，做出最大貢獻，以促進歐亞大陸更大程度的融合。至於歐洲，它的角色仍維持曖昧不明。一方面，數世紀以來，它一直掌控並駕馭著全球化的方向盤。另一方面，它致力於實現一種世界觀，令歐洲大陸因享有特權而獲利甚深；因此，它非常抗拒那道將它跟超級大陸隔開的鴻溝被淡化，即便這道鴻溝如之前提到的，雖然歷史悠久，卻充滿刻意。

在二〇一〇年的一場會議中，時任俄國總理的普丁，呼籲從里斯本到海參崴[11]成立一個經濟共同體——兩大經濟體間一個真正和諧一體的組織，包括細部規畫的整合形式，以及共同的產業策略。這個想法毫不意外立刻讓布魯塞爾當局誤解。時至今日，我們仍可以在眾多歐盟理事會的會議上，聽到有人重申這個大陸自由貿易區的舊提案，這是普丁被認為最靠近歐盟理想的主張、方法與目標。在布魯塞爾眼中，這個想法是對歐洲價值的一種微妙的歸附。

當然，事實根本完全相反。畢竟，普丁在這場講演中做的驚人主張，跟他宣稱要從俄羅斯輸送天然氣有關，不管是北線還南線管線[12]，將允許歐洲「取得更有彈性、更多樣化的天然氣供應系統」。歐洲許多國家早在數年前就知道，由俄國輸出的天然氣既不安全也不多元，而新的管線、還特別是南北兩條加在一起，看起來就像是一對巨大的鉗子，好整以暇要壓榨歐洲。藉著捍衛從里斯本延伸到海參崴的經濟共同體，我們看到普丁僅端出了一個俄羅斯傳統地緣政治的形式和其偏好的理論，而這個理論的前提是，唯有當兩大陸合而為一時，俄國方能擴張影響力到整個歐亞超級大陸。俄國對亞洲而言永遠太歐洲，而對歐洲而言太亞洲；不過，在「歐亞大陸」之上，俄國就會適得其所；起碼，克里姆林宮政府是這麼想的。

---

11. 俄文名是符拉迪沃斯托克。關於海參崴更名一事，請參見第六章。
12. 也譯作北流、南流。俄國原本輸往歐洲有十一條天然氣管線，有八條必須透過中轉國，其中四條位於白俄羅斯，另外四條在烏克蘭。但烏克蘭危機爆發前後，俄羅斯開始分散風險，最後挑中了土耳其。在俄羅斯的天然氣管線計畫中，土耳其與德國分別是通往歐洲的南北兩個中轉站，而俄羅斯藉著對歐輸出能源，一方面推動經濟成長，另一方面則可操縱能源議題瓦解歐盟。於是歐盟插手，不發放保加利亞的許可，導致俄國南線計畫胎死腹中，在二〇一四年十二月初宣布改以土耳其線與藍線取道土耳其。

近期，俄國的外交部長想稍微做一點改變。在它的戰略計畫和官方聲明裡，經過深思熟慮後，他們想以上海、甚至雅加達來取代海參崴，作為這個新超級大陸的極東境。中國本身已經逐漸採納歐亞一體的想法，主要是透過復甦古代絲路來實現大膽計畫。對北京政府而言，這項計畫非同小可。唯有確保原物料取得無虞，資本投資能找到新的出路，並促進內陸與西部地帶的各省發展，那麼中國的經濟增長才能有穩定的基礎。這三大戰略目標將仰賴中國通往中亞與歐洲的經濟發展來達成，而這個過程才剛剛起步而已。

在這個浩瀚的陸塊上，歐洲只不過是個邊緣的半島。這個事實無疑地都包含在俄國與中國算計的核心。兩國都做對了一件事：歐洲與亞洲之間的人為分界，難以在全球化世界裡繼續生存。現代地緣政治之父哈爾福德．麥金德（Halford Mackinder）在一九一九年指出，想讓亞洲與歐洲合而為一，這並不困難，畢竟兩大洲之間並沒有像撒哈拉沙漠或喜馬拉雅山那般雄壯的天然屏障。相當有趣的是，他同時提出，我們之所以從不認為亞洲和歐洲是單一的大陸，是因為「水手沒辦法繞著它航行」。[13]

兩個大洋的故事

麥金德曾說，冰封的北冰洋海水有助於重塑我們某些最基本的地理知識；他絕對是對的。現代歐洲與亞洲之間的貿易與文化關係，是透過環繞非洲南端所建立起來的，這助長了這兩大陸之間的心理隔閡，同時，還有個很重要的事實，繞行地球比繞著歐亞航行來得容易多了。如今，我們不得不重新評估，因為這個明確的地理現實可能即將改變。

雖然世上絕大多數人都認為，全球暖化是對生存最嚴重的威脅，可是面對北極地區，大家卻公認這是一個將冰封海水轉化為活躍新海路，並連接歐亞的新契機。幾乎沒有其他變化能如此徹底又龐大。想像一下，從今往後五十年造訪北極區時，你會發現一連串新城市，它們人口密集，並且與世上最繁忙的海路商務運輸線相依；說不定還到處散布著新的濱海渡假村或避暑海灘，好讓遊客全天做日光浴。比起取道南方的蘇伊士運河航道，北方航道縮短了百分之三十七的距離，也就是七千四百公里。從理論上，對支配全球貿易的船運公司來說會是個極具吸引力的替代方案。

二〇一七年，史無前例的液化天然氣破冰運輸船（簡稱LNG船）「馬哲睿號」（Christophe de Margerie），不需要輔助工具，以船身本身的設計打碎了厚達兩公尺的冰，從亞馬爾半島（俄羅斯西伯利亞西北部）運輸液化天然氣，沿著北部海路，穿過白令海峽南下

13. 作者註：參見麥金德（Halford Mackinder），《民主理想與現實：重建政治研究》（*Democratic Ideals and Reality*），Henry Holt，一九一九年，第七十九頁。

到達日本與中國。早在二〇一〇年，「蒙切戈爾斯克號」（Monchegorsk）就成為第一艘不需要破冰船協助，就能暢行整條海路的貨櫃船。我們終究會來到一個轉折點，那就是投資商船破冰能力的成本，將比提供破冰船導航來得更低。到那時，運輸將成為全球暖化所開創的新商機之一。突然間，北極區的中心地帶——沒有任何國家擁有主權的兩百六千萬平方公尺海域——將變成地球上最大的未開發漁場。

二〇一一年，在白海[14]的海港阿爾漢格爾斯克（Arkhangelsk）[15]的一場會議中，普丁告訴與會者，俄國將投入巨額資金在北極地區，大膽挑戰傳統的貿易路線。說不定，不同的國家和城市很會就會開始競相吸引資金與群眾來到這條貿易新路線。北極地區未來會不會成立首府？帕拉格・科納（Parag Khanna）在他的著作《連通性：繪製全球文明的未來》（*Connectography*）中，提議挪威的希爾克內斯（Kirkenes）是最佳角逐者。不過，就在其東南僅兩百公里處，創建於一九一六年的俄羅斯城市莫曼斯克（Murmansk）也具有相當優勢。莫曼斯克是迄今為止北極圈內最大的定居點，而在二〇一六年，其碼頭處理了超過三千萬公噸的貨物，比二〇一五年成長了百分之五十。

二〇一七年七月在莫斯科的會談中，中國國家主席習近平和俄羅斯總理梅德韋傑夫（Dmitry Medvedev）宣布他們打算開發「冰上絲路」（Ice Silk Road）。習近平極力主張兩國在北極區打造一帶一路的新途徑，他呼應國內頗具影響力的戰略思想家所說，投資一條繞過馬六甲海峽的航道，因為一旦發生衝突，馬六甲海峽可能遭到敵方海軍艦隊封鎖。中國國營企業「保利集團」（Poly Group）當時就定下投資計畫，要在阿爾漢格爾斯克建造一座深水港。在俄國取得聖彼得堡之前，阿爾漢格爾斯克自中世紀至近現代前，一直都是俄羅斯重要的港口。

當然，目前連接歐亞超級大陸的大洋，還是印度洋。在我們這個時代，最重要的幾個問題，答案都在這道人口密集、航線繁忙的海岸弧線上。一是伊斯蘭與歐亞鄰居之間的關係；再來是全球貿易的增長和能源安全的爭鬥；最後是印度與中國如何爭奪本世紀最偉大經濟成就的寶座。印度洋西邊的蘇伊士運河，傳統上一直被視為通往歐洲的海上門戶；印度洋東邊的麻六甲海峽，則掌控著通往中國與日本的海路。雖然隨著印度洋快速躍升為世界上最重要的水域，不同強權也越來越將印度洋視為競爭焦點，但沒有一個能成為稱霸的角色。

以海洋勢力來分析，印度可因此成為超級新大陸兩端之間的中節點。鑑於中國與印度的國家規模與鄰居關係，它們勢必會發展出全球最大的貿易體系，而這必須仰賴沿著印度洋海

14. 俄羅斯境內，巴倫支海的延伸部分。
15. 俄羅斯重要港口，位於俄羅斯北部北德維納河（The Northern Dvina）河口附近。

岸線所打造的龐大基礎建設作為根基。同樣的，如果未來數十年內，中國與美國海軍爆發衝突，那麼衝突很可能會發生在印度洋，而非太平洋，這多虧了印度洋逐漸擴大的戰略重要性。如果成真的話，印度和印度海軍將會成為關鍵因素。

不同於大西洋或太平洋橫亙南北，有如廣闊的開放大道，印度洋正好相反，它被周邊三面的陸地邊緣包圍，形成數不清的咽喉要塞，對國際貿易與能源安全非常重要。印度的海事學說體認到，這些咽喉要塞都是潛在的混亂根源，但也同時是操控的籌碼。它的東邊，有麻六甲海峽、巽他海峽（Sunda）[16]和龍目島（Lombok）的天然屏障阻絕了中國的海上勢力。它的西邊，荷莫茲海峽（Strait of Hormuz）[17]是世界上最繁忙的海路，也是進入波斯灣與其臨海地區的唯一水道，印度需要的石油與天然氣絕大部分來自於此，而且約莫有七百萬印度移民居住在這裡。有中國分析家形容，構成安達曼群島（Andaman Islands）和尼科巴群島（Nicobar）的兩百四十四個島嶼像是「鐵鍊」，可以鎖住麻六甲海峽西邊的出口。放大來看，中國的觀察家預測到，會有個強大的競爭者試圖掌控印度洋，宛如北方歐亞超級大陸的鏡中倒影。對中國而言，印度正在大力發展他的海上實力，「東進」到南中國海與太平洋，並借道紅海與蘇伊士運河「西出」地中海，「南下」直逼好望角（Good Hope）與大西洋。[18]二〇一六年，新聞報導指出，印度正與日本暗中籌畫，要在尼科巴群島最南端英迪拉岬（Indira Point）和印尼蘇門答臘（Sumatra）島北端班達亞齊（Banda Aceh）之間設置一道海底聲納長城，目的在偵測海面下的動靜，並有效防堵中國潛艦進入印度洋。

我們到底要多認真看待印度洋被視作歐亞超級新大陸的鏡中倒影？羅柏・卡普蘭（Robert Kaplan）出版了一本書，在書裡描述到拜西南季風帶來的快速海路所賜，印度儼然是超級大陸一統前的初期徵兆，它的文化影響力傳播得又遠又廣，甚至到達最出乎意料的地方。比方說，在阿曼（Oman）首都馬斯喀特（Muscat）的露天市場上，人潮洶湧，觸目所及有許多拉賈斯坦邦（Rajasthan）和海德拉巴（Hyderabad）來的印度社群。那裡還有葡萄牙人當年稱霸海洋時所留下的兩座古老堡壘。人們戴著刺繡無邊帽，上頭留有桑吉巴島（Zanzibar）和巴基斯坦俾路支省（Baluchistan）的遺風。中國瓷器無所不在，而麵包師傅則來自葉門或伊朗。沙灘上穿著罩袍（burqas）的婦女放著風箏，猶如身在阿富汗。如同卡普蘭所說的：「這片海洋由一張貿易路線網構成。馬斯喀特大致呈現出我們今日世界的樣貌，正逐漸因商貿與文化而連結在一起。」[19] 這個連接起來的印度洋世界，最可能的樣貌必

16. 位於蘇門答臘與爪哇島之間的海峽。
17. 進入波斯灣的唯一水道。
18. 作者註：參見詹姆士・福爾摩斯（James R. Holmes）、吉原俊（Toshi Yoshihara），〈中國與美國在印度洋〉（China and the United States in the Indian Ocean）《海軍戰爭學院評論》（Naval War College Review），第六十一期（二〇〇八年夏季號），第五十三至五十四頁。

然跟蒙古帝國統治下的港口一樣，有從紅海來的獨桅三角帆船揚著三角帆，從馬來西亞與印尼來的雙層東南亞帆船（prahus），以及巨大的中國平底帆船，它們艘艘相連。隨後，葡萄牙的卡拉維爾帆船（caravels，三桅帆船）也到了。

西元九世紀，波斯灣與中國廣東之間的貿易途徑已聲譽卓著。在葡萄牙人的地理大發現之前，它是最長的一條海路且使用頻繁。阿拉伯商人渡過海洋前往馬拉巴爾（Malabar）[20]海岸的奎隆港（Quilon）[21]，再繞過印度次大陸的南端，穿越麻六甲海峽並北上中國。基於地理分布，我們大約可以猜到，南印度海岸曾是兩大迥異世界的連接點。位於印度西部的馬拉巴爾與中東關係特別密切。穆斯林的影響力很強，當地許多商人都接受了阿拉伯的文化和語言。位於東岸的卡魯滿德海岸（Coromandel）主要則是印度教徒，並強烈受到佛教與中國的影響。奎隆雖然一直都是阿拉伯船隻停靠的港口，但從九世紀起，它也逐漸成為中國商人很重要的一個目的地。大清真寺固然建築宏偉，但中國社群也舉足輕重，偶有機會還能協助遭遇船難的中國朝廷使節返鄉。在距離奎隆北端不遠的科澤科德（Calicut，中國古名是古里），一直有個傳聞，據說當地的水手是來自中國的移民，被稱為「中國之子」。[22]

自十五世紀開始，我們看到一種特殊的趨勢——如今我們稱之為全球化——當時歐洲、伊斯蘭與中國開始認為自己是這個世界的一員。

「正如大草原上的騎士，內心始終謹記著無邊無際大草原的地圖；沙漠趕駱駝的人，知道綠洲與綠洲之間最安全的路線；而航海人也會記得風吹的方向、至關重要的海標，還有其他對安全回航非常重要的許多細節。」[23]

事實上，比起試圖一統的文化或民族，這些交流的路線才更基本。假如超級大陸上那些各據一方的文化在不同時刻崛起，它們高度開發又發展完善，那是因為透過地理上的關聯性所進行了文化交流、競爭與仿效的結果。有三個地理要件：在南方，是海洋與季風；在北方，是大草原——連接中國東北到匈牙利平原，將近一萬公里長，連綿無際可以騎馬馳騁的天然通道。第三個則是在其中蜿蜒的道路，翻山越嶺或穿過沙漠，不時穿插著專供行旅使用的驛站與補給站，建立了許多小鎮與貿易大都會，如訛答剌（Otrar）[24]或撒馬爾罕（Samarkand）[25]。

19. 作者註：參見卡普蘭，《季風》（*Monsoon*），美國蘭燈書屋（Random House），二〇一一年，第三十頁。
20. 印度西南海岸，英國東印度公司當年所控制的一個地方。
21. 中國古名「故臨」、「俱蘭」，是古代阿拉伯與中國的中轉地。
22. 作者註：參見查德胡里（K. N. Chaudhuri），《印度洋的貿易與文明》（*Trade and Civilisation in the Indian Ocean*），劍橋大學出版社（Cambridge University Press），二〇一四年，第九十九頁，第一五四至五五頁。
23. 作者註：參見貝瑞．康利夫（Barry Cunliffe），《由草原、沙漠和海洋：歐亞大陸的誕生》（*By Steppe, Desert, and Ocean: The Birth of Eurasia*），牛津大學出版社（Oxford University Press），二〇一五年，第二十五頁。
24. 古代花剌子模王國的東方重鎮，今在哈薩克。

地圖與領土

概念是相對的：只有在提到局部時，整體才成形；唯有提到整體時，才會產生局部。這意味著當我們討論世界政治時，我們對整體的看法，將會不斷影響我們對局部的理解。如果你對全球秩序的觀點是把歐洲擺中央，那麼你將認為世界的其他部分是從中央以同心圓距離排列出去的。在此情況下，遊客甚至會發現，他們所看到的一切都只不過是和出發地遙相呼應的仿效而已，完全不可能對不同地區的種種文化有真正的理解。我們的目標，不應該從某一觀點來看待整體，而是要在整體的觀點下來檢視每個部分。我們已從研究地圖當中學到這種心理機制。在地圖上，每一個點都是參考所有其他的點來界定位置的，因此我們看地圖時，都必須採取一種局外的、更超然也更客觀的視角。同時，只有當我們從地圖所描繪的地方回家時，才可以根據我們記憶的圖像，進一步解釋每一個細節背後的意義，並將這些觀察投射到地圖平面上，一切才完整。

從歷史上來看，組織世界各個部分的方式並沒有理所當然的途徑。這個體系既不會偏向靜止不動，各部也不會以某種特定的模式穩定下來。過去有很多次，權力的鐘擺就在體系裡的兩端不偏不移地保持平衡，而且歷史上也沒有延續的傳統指示一定要有人取得霸主地位。歐洲在十六世紀脫穎而出，取代中東成為世界體系的核心，但這個事實無法用來主張只有歐洲的文化與機構才是富強的條件。事實上，有歷史學家認為，歐洲甚至不需要發明這套體系，因為重要的基礎已經在十三世紀之前就到位了，而當時歐洲人還生活在遙不可及的邊陲地帶。[26]現在，是時候改變這套規矩了，我們必須重新整編這些分散的區塊。最終，里斯本、阿姆斯特丹和倫敦將成為這套新體制的基石，但只不過是一小部分。埃及的開羅、伊朗的大不利茲（Tabriz）[27]或中國杭州都有可能是一分子。

在本書的第二篇裡，將會就個別主題來探討超級新大陸重要的政治棋子或區塊。這種更集中的觀察，有助於我們了解本書第一部所提到的普遍性論點，但若沒有以上這些討論和俯瞰的觀點，那麼就難以建立由下往上的驗證。每一趟旅行都向外盤旋出去。你從已知的知識出發，用它來闡釋一路所見，但過程中也同樣開放心胸，修訂既有的知識。因此，每一趟旅行都向外盤旋而出；這樣來看每一趟旅行也都無窮無盡。

讀者或許會疑惑，當今世界是否真如本書所揭示那樣，充滿矛盾與差異，令人憂心忡忡呢？我認為是。如果你往回追溯來審視的話，那麼這個世界確實是歷史與事件的總和，每一

25. 中亞古城，今烏茲別克的舊都。
26. 作者註：參見珍妮特．阿布—盧戈德（Janet L. Abu-Lughod），《歐洲霸權之前》（*Before European Hegemony*），牛津大學出版社（Qxpord University Press），一九九一年，第三五四至六一頁。
27. 伊朗西北城市，是東亞塞拜然省首府，中國古名桃里寺。

次情節的推移，一如眾多各自獨立的小說或史詩鉅作，都依據自己的邏輯來發展。若你從未來的視角來看這個問題，情況也一樣。沒有哪個社會文化會認為自己是複製品。如果有充分的自由這麼做，我們都渴望全力以赴，在這個地球上走出自己的路，這一點既適用於個人，也適用政治組織。那些不存在差異性、或者失去了差異性的地方，總會重新編織或製造出新的差異。事實上，我們有的是理由，認為天差地遠的地中海與中國古文明，最早都起源於美索不達米亞，而這個歷史上明顯的分歧，足以反駁我們對未來將會趨同的主張。或許有朝一日，人類將會實驗每一種可能性，知識會變得更完整，但那一天恐遙遙無期。

讓我們踏上旅程吧！在旅途中，我們有機會檢視本書第一部所討論過的許多想法。但我們的起點不是在歐洲或亞洲，也不在超級大陸的任何一端；最好盡可能在中間，攔腰直搗正當中；[28]從正在發生的事情中開始。

28. 原文使用古典拉丁文「*In medias res*」一詞，有雙關意思，意指在事件中或從中間開始。在文學敘事上稱為攔腰法。

第二部

大陸壯遊

第四章　何處是中心

消失的亞塞拜然族

我在巴庫的朋友魯斯達姆（Rustam），二十年前曾在卡拉巴赫（Karabakh）[1]打過仗，當時是亞塞拜然與亞美尼亞公開衝突的倒數最後幾個月，兩國正在爭奪該地的統治權。包括史達林在內，都認為這個地區屬於亞塞拜然蘇維埃社會主義共和國，但其人口多數是亞美尼亞人。兩國都對卡拉巴赫虎視眈眈，視此地為他們民族史爭鬥的核心。當蘇聯勢力開始衰微，亞美尼亞人發現有機會可以擺脫亞塞拜然政府的統治後，戰爭就勢在必發了。

停留在亞塞拜然首都的那幾個禮拜，魯斯達姆就住在我隔壁的公寓裡。近日他一直收到昔日軍中同袍不斷召喚，如今在敘利亞為阿薩德政權作戰，可以拿到一筆豐厚的薪俸。剛娶了一名來自卡爾可夫（Kharkiv）的烏克蘭太太、女兒又才降生的魯斯達姆，覺得他太熱愛生命，因此根本不考慮這份工作。有一晚，或許是受到這些徵召的催化，恐懼——某場爆發在一片美麗但凶險山區的近距離戰爭——慢慢襲上他心頭；在告訴我故事之前，他肯定思前想後才將當時種種驚駭總結給我聽。當年他們在山區擄獲了三名亞美尼亞士兵——一個父親帶著兩個兒子。他的指揮官告訴他，可以對他們為所欲為，於是他提出要放走其中一人，而對方可以自行決定讓誰走。兩個兒子選擇了父親，可是父親難以挑選任何一個兒子，更別提要救他自己。

「你覺得我當時怎麼做？」

我猜想，魯斯達姆想要對我表達即使處境艱難，人性依舊存在。因此，我回答他說他肯定想讓三人統統被釋放。

魯斯達姆看著我好一會兒，結果笑了。

「我的朋友，等你旅行結束後，得去看醫生。亞美尼亞人殺害了我的兄弟和朋友，我會想放他們走？」

一九九三年底，由於軍事上連連挫敗，新當選的亞塞拜然總統蓋達爾．阿利耶夫（Heydar Aliyev）踉蹌蹣跚，於是他下令徵召了一萬名毫無作戰經驗的青少年，魯斯達姆就是其中之一。一九九三年十二月至次年五月停火之前，上萬人死於非命。直到今日，時而

1. 全名納戈爾諾—卡拉巴赫（Nagorno-Karabakh），位於南高加索地區，亞塞拜然的一部分，今屬卡拉巴赫共和國。

仍有軍事上的小衝突造成傷亡，最近還有種種重起戰火的徵兆。例如二〇一六年的衝突就導致陣亡人數超過兩百人，是一九九四年停戰以來最慘烈的一次戰事。

「所以你放走了兩個兒子？」

「不，我把三個人統統殺了。我給他們選出一人的機會，但他們放棄了。」

這就是亞塞拜然，這個地方充斥著那些說或說不出口的令人消沉的恐怖事蹟，或者是集體迫害亞美尼亞少數民族的記憶，以及來自亞美尼亞的亞塞拜然難民所帶來的謀害、性侵等痛苦故事。這個國家也會用歌曲與詩文將以上的恐怖驚懼昇華，擴及到各個社會階層的日常生活，其豐富程度遠勝於我所知道的其他地方。在那個夜晚，我看到暴力與詩歌結合成一場爵士樂演唱會，愛力卡柏莎蒂（Sevda Elekberzade）淒然唱著一首歌，緬懷在拉欽（Lachin）[2]的一段逝去的戀情。確實，從歌詞來講這或許是一首浪漫的歌，不過，拉欽同時也是一九九二年遭亞美尼亞占領的城市，因此，當她提到她的心遺落在拉欽時，真的觸痛了聽眾，不管是個人的或者政治上的。惆悵的失戀是否意味著喪失領土，抑或是這份對失落城市的情懷意味著更危險又禁忌的情感？那一夜我在巴庫最好的朋友對我解釋，所有亞塞拜然的歌曲都牽涉到兩件事：愛與土地。

讀一段亞塞拜然的簡史，你會認為此地是世界史的重要舞臺。在這裡，每個民族和每個文化都曾短暫登臺，卻也迅速退場，包括：米底亞人（Medes）、波斯人、馬其頓人、羅馬人、薩珊人（Sassanids）、塞爾柱人（Seljuks）、蒙古人、薩法維人（Safavids）[3]、鄂圖曼人、俄羅斯人。他們都是亞塞拜然歷史的一部分，抑或亞塞拜然人也是他們的一部分？在亞塞拜然，每一個人都是某個失落世界的遠房繼承人，被交付要好好保存其淡去的面貌。整個國家像是一座博物館，裡面的每一件藏品都代表著一個本身被遺忘的國家。

一日早晨，我搭著麵包車去位於北邊的庫巴（Quba）。大多數的乘客都是要去邊防關卡薩穆爾（Samur）的，接著再前進俄羅斯的達吉斯坦共和國（Dagestan），看起來庫巴是個一點都不重要的小鎮。在小小的巴士站裡，我招來了最靠近我的計程車，說出簡直可媲美通關密語的兩個字：紅城（Qirmizi Qesebe）[4]。計程車司機會意地笑了笑，駕車通過跨越在庫達給河（Qudiyalçay River）上的現代化橋樑。數分鐘後，他讓我在村裡的猶太會堂門前下車。

關於紅城，值得注意的不是它擁有一座仍在運作的猶太會堂。首都巴庫有三座這樣的猶太會堂，而亞塞拜然人很引以為傲，他們能在什葉派為主的穆斯林國家裡包容猶太族裔。不

2. 亞塞拜然西南地區地名。
3. 來自薩法維耶教團（Safaviyya），是一個十四至十五世紀由庫爾德人在伊朗西北成立的蘇菲派教團，它最後導致伊朗薩法維王朝成立。
4. 號稱以色列與美國之外，唯一一個全猶太人聚落。

過，紅城大概是以色列以外唯一一個猶太人社區。這裡的每一個人都是猶太裔。在蘇聯鬆綁移民法規之後，有些原村民決定移居以色列，這才又搬進一些少數例外的亞塞拜然家族。村裡沒有清真寺，且幾乎每一幢房屋都驕傲地展示著大衛之星。就如同昔日的「猶太隔離屯墾帶」（the Pale of Settlement）裡數以百計或數千個村莊一樣，在俄羅斯帝國時期，這個區域內的猶太人得以依法生存下來，因而形成一座猶太村落。其他民族統統消失了，但紅城卻挺過一切留了下來。

攀上可以俯視全村的陡峭山坡後，在上方的猶太公墓裡你可以清楚了解紅城完整無損的歷史。長眠在此的男男女女，有些很長壽活過整個二十世紀，有些則是沒有年代、又更古老的墓塚。我問村裡人，猶太人是什麼時候來到紅城的，得到的答案大概是三或四世紀以前。「起初來到山區，後來我們下山來。」

這裡的猶太人是山中民族，就像附近所有人都曾經是。他們腰間配戴刀劍和手槍，胸前掛著彈匣鏈。山林培養的習慣比起文化融合或許更能解釋為什麼在踏進猶太會堂時，我一瞬間有身在清真寺裡的感覺，因為裡頭鋪著地毯，意謂著進入前依規定必須脫鞋。稍後，巴庫的高加索猶太會堂（Gorsky synagogue）[5]的拉比向我解釋，當然誰都不想穿著沾滿泥巴的靴子進教堂。不過在巴庫，禁令早廢除了，但地毯還鋪著，被當成是一種恩賜。

我在安息日來到紅城，因此得以看到婦女們盛裝穿著傳統的高加索服飾：襯裙外罩上稱為「goba」的華麗藍袍，腰部服貼，袖子在手肘以下開岔。她們即使在平日也照樣配戴頭巾。

男士們聚集在村裡的茶館，玩著稱為「Nard」的變體波斯雙陸棋。牆上張貼的拼貼圖展示著過往城裡的拉比們，最古老的是兩世紀前，一旁是第一座橋施工的老相片，建造於一八五四年，連接了兩個社區。當穆斯林和猶太人不再被曾經波濤洶湧的庫達給河一分為二時，必定是一件大事。

然而，這座村子幾乎空蕩蕩的，不出我預料。有些人在一九七〇年代布里茲涅夫（Brezhnev）[6]掌政時期求去，並在一九九一年亞塞拜然獨立建國時外移加劇，大多數年輕人前往莫斯科或以色列，希望謀得更好的工作。有些人確實在海外致富，在紅城建造了奢華的豪宅，夏季返鄉時住一兩個月。錢潮從以色列湧入，使得最老的猶太會堂得以改建，未來還將變成博物館，此外還興建了一座寬廣的猶太教屠宰場。我在那裡遇見了一群蹺課的少年想躲開村裡的長輩，不過通常很難、或根本不可能遇得到青年。沐浴在清晨的陽光下，村子看起

5. Gorsky synagogue 也稱為 Mountain Jews、Caucasus Jews 或 Kavkazi Jews。
6. 前蘇聯主席，曾掌權十八年。

來寧靜美麗，說不定隨著錢潮不斷從海外湧入，未來幾年可期待村子仕紳化，只不過，眼下正是暴風雨過後，過往的能量被耗盡，人們終於能重新振作起來。在蘇聯時代之前，村裡有運轉的猶太會堂不下於十三座。如今只剩兩座，不過這兩座比過往所有的會堂更大更富裕。

亞塞拜然恰恰是現代石油工業的故鄉，也是個埋著財寶的國家，但因為不受矚目，以致於某些東西或許更有機會被保存下來。這些祕密多數在漫不經心的交談間洩漏出來。有一晚，在巴庫舊城裡的一家酒吧，有人告訴我有另一個失落的部落。從重要的省會城市蓋貝萊（Qabala）開車不遠，小小的尼克村（Nij），住著世上獨一無二的烏迪族（Udi ）。才關上車門，我就已經被邀去茶館裡和一群男人共飲。即使用高加索地區的標準來看，他們的殷勤好客也是極佳的。也許是因為我來自古老的基督教國家使然，而烏迪族也是基督徒。大仲馬（Alexandre Dumas）[7]曾在十九世紀時造訪這裡，他稱烏迪人是地球上最神祕的民族。他們居住在這裡已經至少有三千年了。這數百年來，他們的人口數總是維持在三千人左右。就和在紅城一樣，這裡也沒有時光停在過去的感覺。大概是因為房屋都散置在數英里的距離，包括三座基督教教堂。烏迪族忙於養牛養豬（豬是當地屠戶用很大的招牌公告出來的），還有園藝。他們釀葡萄酒——烏迪語為「fi」——也釀黑醋栗酒。當然，他們擁有自己的語言。在高加索地區的個別村子擁有獨特的語言並不稀奇，可是烏迪族的語言，似乎是高加索唯一和其他現存語言關係都很遠的，因此，它的種種全都和過去有關。

三座教堂我全部都去了。猶太利（Jotari）教堂已經被重建得富麗堂皇，裝飾著許多宗教圖畫與書籍。布崙（Bulun）就位於墓地旁，雖然一片荒廢，但仍給人深刻印象，其建築宏偉，正當中有高聳的穹頂。當我回到村裡的茶館展示我所拍的相片時，一名老者指出原來米迦勒（Archangel Michael）[8]壁畫所在之處，只不過外人再也察覺不出來了。祭壇的右側有一小塊濕壁畫的碎片，繪著一名蓄鬍的先知。大門上方有塊匾額寫著古老的亞美尼亞手寫字，以及一個亞美尼亞式的十字架，令人想起亞美尼亞教堂是當年俄羅斯東正教宗教會議（Russian Orthodox Synod）指定來統轄所有烏迪教堂的。最後我參觀了赫耶爾（Gey）教堂，距離村中心最遠。教堂旁的學校為當地孩童教授烏迪語和烏迪文化。

牛經常在布崙教堂的院子裡吃草。通往教堂的門關著卻沒有上鎖，你可以走進去。在原本是祭壇的地方，現在放著兩口小沙盒。沙盒之間有蠟燭和一些火柴。沙盒上寫著俄文，表示這裡是點蠟燭的地方。左邊的那口盒子寫著「願生者安康」，右邊的寫著「願逝者安息」。

7. 十九世紀法國浪漫主義文豪，《基度山恩仇記》作者。曾寫《高加索故事集》（*Tales of the Caucasus*）描繪烏迪族的活動、語言和文化。

8. 《聖經》裡的大天使，天主指定的伊甸園守護者。

亞塞拜然國土的形狀往往被描繪成一隻老鷹，阿普歇倫半島（Absheron Peninsula）[9]突出伸入裏海，是老鷹的喙。阿普歇倫半島為首都巴庫的所在地，這裡比任何地方都容易看到宗教羊皮紙。在半島上的旅行中，我的嚮導是兩位大學生。她們是姊妹花，可是，一論及信仰的事，兩人簡直天差地別。一個是虔誠的什葉派，對伊瑪目的事蹟倒背如流。另一個自稱無神論，曾經讀過宗教學校但沒培養出半點虔誠的心或任何教誨。我們從半島東端的布佐夫納（Buzovna）啟程。這裡有亞塞拜然最時髦漂亮的幾處海灘，以及最傳統虔誠的社區，譬如納達朗（Nardaran），婦女要穿罩袍（chadors）[10]，且伊朗的影響力在這些地方越來越大。夏季時，當地寡頭政治集團成員的年輕女兒們，得在穿著比基尼時提高警覺，千萬不要走到太靠西邊的沙灘。再過去的內陸就是蘇姆蓋特（Sumgayit），不久前遜尼派薩拉菲（Salafists）極端保守分子才在那裡嶄露頭角。

若往布佐夫納海濱的方向走，當經過一座迷宮般的窄巷後，你就進入了所謂的拿撒勒季度（Nyazaranly），亦即拿撒勒區。拿撒勒人是猶太人和早期基督徒的連結，追隨耶穌的同時仍非常親近猶太教。我的嚮導領著我進入一座古老的教堂，它只剩下兩座拱門。村民依舊提及這裡曾發現一副基督教十字架的故事，十字架被藏在一片很普通的灰泥底裡面。這是一座非常早期的基督教神殿，當時猶太人與基督徒在某種程度上還相當重疊。正當我們靠近這座寺院——人們稱它為「Tarsa Pir」（聖地），我注意到地板上鋪著從瓶子敲碎的玻璃。牆壁上扎滿釘子，掛著朝聖者遺留的衣服。由兩名老婦人和一位茫然少女組成的朝聖團正依循傳統上的教條，繞行教堂七圈。所有這些儀式據說可以讓懷有至深恐懼的人得到療癒。我在別處也見過類似的儀式，可是將許多儀式層層疊疊堆積在一起，我相信僅有在亞塞拜然才看得到。亞塞拜然在眾多交戰敵對的大帝國之中失去了很多，他們早就學會不要追求線性漸進的歷史，一切都應該留給之後來到這裡的人。絕對不要想從歷史中學到超過歷史本身承載的教訓。由此，失落的一切終將復原。舉例來說，在拿撒勒區裡，經過多次戰火、征服、石油探勘、都市開發與劇烈的宗教政治動盪，這座始建於一三〇一年的要塞，至今完好無缺，被遺棄在角落，無人聞問。在亞塞拜然，這個破碎的地帶，每一瞬間都還在持續著，每一瞬間都留了下來。

負責管理「聖地」教堂的婦女遞給我一隻玻璃瓶。我應該要在這座破碎教堂中央的石柱上砸碎瓶子，結果比我預期得難一點。第一次扔出去後，因為太過小心，我砸不破結實的汽水瓶；扔二次時只和石柱擦身而過，我聽到充當教士的婦女用亞塞拜然語說，我一定是太過

9. 位於亞塞拜然東部，深入裏海。
10. 一種大型方披肩，把整個頭部到小腿全包住，通常只露出眼睛或臉部。

害怕了。確實沒錯。我投出第三次把瓶子砸了個粉碎，它如今已經成了聖地教堂的碎玻璃山的一分子。

在歐洲，歷史和進步已經同行了五百年了，現在與過去之間的軌跡——如果有的話——都非常明確俐落。在亞洲，直到近年之前，它都置身在所有歷史事件之外。歷史的概念還非常新，以致於他們似乎現在才要開始建立自己的歷史，而矛盾的是這一切又絕大多數屬於未來。然而，在高加索地區，過去是現在的一部分。新的種族、宗教和思想接二連三而來，開創出非常類似於地質史的人文景觀，較底層的東西有時候會突然出乎意料地跑上表面，你也永遠難以確定是否到達了最基底。

當地建築師皮魯茲．甘勞（Pirouz Khanlou）認為：「巴庫可能是世界地圖上唯一真正的歐亞城市，不僅在地理上，同時也展現在它融會貫通歐亞建築風格的獨特能力上，這一點也顯示出在文化與社會領域之思想的融合。」[11] 沿著曾被稱為波斯大街的穆赫塔羅夫街（Murtuza Mukhtarov Street）漫步，你會了解他話中的意思。街道的一端可以看到建造於一八九九年的古利耶夫之屋。古利耶夫（Agha Bala Guliyev）是巴庫麵粉大王，坐擁麵粉工廠和全球第一條石油輸送管，卻終身對歐洲風格不感興趣。當年他指示波蘭裔建築師斯吉賓斯基（Eugeniusz Skibinski）設計的物件是東方風格，建物的門面裝飾著鐘乳石圖案，還有一座華麗豪奢的樓梯，繪著東方生活的圖畫，有市集、院子、清真寺宣禮塔、圓錐形的清真寺穹頂、駱駝，還有波斯與阿拉伯詩歌裡的場景。若走到大街的另一頭，你會看到幸福宮（Palace of Happiness），起造人是石油大亨穆赫塔羅夫；一九一一年建造的幸福宮百分之百複製了法國的哥德式教堂，這是他的妻子在兩人一趟歐洲旅行中所見並從此愛上的風格。幸福宮竣工時，穆赫塔羅夫以四輪馬車載著妻子來到這裡，告訴她這是兩人的新居。

接著還有一座非常特殊的豪宅，是石油巨頭塔吉耶夫（Haji Zeynalabdin Taghiyev）男爵所建的，在裏海岸邊占據了一整條街區。豪宅的兩端佇立著兩幢巍峨的舞廳，裝飾著彩繪玻璃的大片落地窗和宏偉的水晶吊燈。其中一座舞廳稱為「東方」，另一座稱為「歐洲」。兩廳皆裝潢得富麗堂皇，一如其名稱所示，兩個不同的世界被凍結在永恆的對立兩端。

亞塞拜然最具諷刺意味的事，就是它雖然地處歐亞超級大陸的中心點，但也因此距離所有大城都極遠。正因為身為不同文明的十字路口，因此這個被歐亞分割的交會點——亞塞拜然——將永遠被來自外界的多重力量所影響，無法塑造屬於自己包羅萬象的故事或顯赫的歷

11. 作者註：甘勞（Pirouz Khanlou），〈亞塞拜然建築與城市發展的蛻變〉（The Metamorphosis of Architecture and Urban Development in Azerbaijan），收錄於《亞塞拜然國際雜誌》（Azerbaijan International），一九九八年冬季號，二十四至八，第二十四頁。

史論述。這也是為什麼這裡的歷史形式異於常態，迴異的歷史片段共存，也難以將之拋諸腦後。這一點跟新德里（New Delhi）很類似，那也是個被大國撕碎的城市；作家威廉・達爾林普（William Dalrymple）形容這個城市「住著各種不同來自不同時代的人」，而且「各世紀一眾共存」。12

高加索的魅力

「歐洲的天然疆界北有北極海，西有大西洋，南有地中海。歐洲的東界經俄羅斯帝國，沿著烏拉山脈，直通裏海，接壤南高加索（Transcaucasia）。有些學者認為高加索山脈以南的這塊區域屬於亞洲，而有些學者從南高加索的文化演進來看，認為該國應該被視為歐洲的一部分。因此，可以說，我的孩子們，該認定我們的城市屬於進步的歐洲，還是屬於落後的亞洲，部分責任在於你們。」

這是《高加索玫瑰》（*Ali and Nino*）開宗明義第一段；這部小說由庫邦・薩伊德（Kurban Said）寫於一九三七年，作者用的是筆名，真實身分仍成謎。第一個場景帶著我們來到隸屬俄國南高加索行政區的巴庫帝俄人文高中，四十名男學生正在上課，學習他們所在城市不尋常的地理位置。老師告訴他們，他們不只住在兩大洲之間，同時也因為文化轉型，他們得以越過高加索的高山屏障，加入令人垂涎的歐洲。接著，一位男學生舉手說：

「老師，我們最好留在亞洲。」他沒有能力解釋原因，可是小說的敘事者和主人翁阿里汗．施爾旺席爾（Ali Khan Shirvanshir）上前來助他一臂之力。他喜歡亞洲，正與「世上最美的女孩」妮諾．吉比雅尼（Nino Kipiani）熱戀中，而且當他告訴她自己與老邁的地理老師舌戰的事情，妮諾不太高興：

「阿里汗，你真笨。要謝天謝地我們是在歐洲。假如我們是在亞洲，他們老早叫我蒙上頭紗，你也就看不到我了。」

妮諾說到了重點。

小說延續著這種頑皮的口吻，描繪在意想不到的地方所出現的各種諷刺情節。這是部關於歐洲與亞洲的小說，阿里汗和妮諾的愛情故事象徵著兩大洲的統一；一個是巴庫的穆斯林，一個是喬治亞王朝的基督徒，他們的分歧和隔閡之深簡直深植於靈魂。

12. 作者註：達勒普爾（William Dalrymple），《精靈之城：德里一年》（*City of Djinns: A Year in Delhi*），HarperCollins，一九九三年，第九頁。中文版由馬可孛羅出版，一九九九年。

夾在歐亞兩極的婚後生活突然轉了彎。俄羅斯在擊敗南方的兩大穆斯林帝國之後，現在就能徹底擁有高加索。阿里汗和妮諾逃去了德黑蘭（Tehran），不過妮諾在那裡境況悲慘，隱居在後宮被一名太監所管。若沒有包上頭紗，她就不能外出上街或跟外國人交談。他們又回到巴庫，那裡剛剛重獲自由，成為新建國家的首都。俄羅斯造成的危害再度降臨，他們有個機會可以到巴黎重新展開新生活，可是，阿里汗卻說，那樣他會像妮諾在波斯般不快樂；在巴黎，他會是那個被惡勢力持續包圍的人，一如妮諾在德黑蘭。因此，看來最恰當的是他們待在亞洲與歐洲交會的巴庫，這是他們出生地，也是他們相愛的起點。小說的結局是，蘇聯因覬覦石油而入侵了這座城市。阿里汗遇害，剛成立的亞塞拜然共和國很快便滅亡了。

在高加索這塊介於黑海與裏海之間的地區，每一段民族史和每一個人種，都被壓縮在最小的空間裡。高山上沒有門牌號碼，住在峽谷裡的各個種族往往是毫不相干的人種，使用的語言與歐洲引以為傲的語言天差地別。高山、溝壑、積雪的山頭，還有懸掛在峭壁上的城堡與村落。遊客的眼睛難辨遠近，你會覺得起碼得跟最偏遠村子裡最老的居民住上好幾年，才有可能了解擺在眼前的一切。一部分原因是，山勢起伏層層疊疊，村落與峽谷為山頭所分隔，更增添距離。同時，高加索地區數百年來都是三大帝國——或者說，三大文明——的交會點，因而得利於這三者，四面八方都能盡收好處。現代的高加索從未真正成為俄羅斯、伊朗或土耳其的領土，卻深受三者影響。儘管這些偉大強權已數次更迭，山區依舊是文明世界和野蠻習俗之間的屏障。

高加索是個童話王國。記得我走進弗拉季高加索（Vladikavkaz）——座落在往喬治亞共和國路上的山區——亞歷山德羅夫斯基飯店（Hotel Alexandrovsky）對街的一家書店，看到一本書上有一些關於位於大甲斯（Dargavs）山谷裡的「死者之鄉」（Village of the Dead）的資料。我的司機似乎對這個地區很熟，所以我就把握機會出發，直上城南的山區。山路蜿蜒狹小，在元月初更顯難行，可是一旦繞到另一邊下到狹長河谷，眼前景象就改變了。那裡的房舍屈指可數。司機停下車，問可有人知道「死者之鄉」。有個男人指著東邊，但其實你已經能看見它在遠處了。小小的黃色墓穴有山形屋頂蓋住一邊的山坡，看起就像個村子，只不過居民都是遺骸，保存完好，是很久以前的訪客，而我們幾乎對他們一無所知。回程路上，經過覆雪的峭壁和中世紀的塔樓廢墟，那些骸骨的影像逐漸變得越來越不真實。高加索究竟還隱藏著多少這樣的地方？

對於那些從俄國來的人而言，高加索是個不折不扣的邊疆：異國風、非比尋常、永遠無法完全被馴服或掌握、既是北與南也是東與西的分界。從弗拉季高加索來到克拉斯諾達爾（Krasnodar），我頭一次感覺到自己已不在俄羅斯了。氣候比較溫和，溫暖的天氣令每樣東西都有了變化。突然之間，街道是為行人所設，而廣場是真正的公共空間。來自里斯本到伊斯坦堡的人，把他們已成文化儀式的夜晚漫步搬到眼前。假如俄羅斯想把黑海轉型為國際觀光聖地，那麼克拉斯諾達爾可以成為落腳的重要據點，重現邊關檢查哨的某些特質，但某種意義上又與最初劃歸黑海哥薩克（Black Sea Cossacks）設哨時有所不同。對於一個夢想在南方擁有一座新首都、沐浴在暖洋洋的大海裡的國家，一個曾建立敖得薩（Odessa）並且命中注定要征服君士坦丁堡的國家而言，克拉斯諾達爾或許是實現那個南方夢的最後一步。

時髦的卡拉斯拉婭街（Krasnaya Street）上，服飾店、生氣蓬勃的咖啡館和世界各國餐館，競相使出渾身解數來吸引街上來來往往的開心年輕人。在其中一家店鋪裡，時尚設計師蘇珊娜．麥克蘿芙（Susanna Makerova）正在發表她的新系列服裝秀。一小群人鬧哄哄聚在一起。三位高挑俄羅斯模特兒展示著該系列裡面幾件最出色的作品。她們踩著高到難以置信的高跟鞋，幾乎寸步難行，而且對普羅賽克（Prosecco，義大利氣泡酒）敬謝不敏。

「這些服飾是新民族風，絕大多數是切爾克斯（Circassian）。」麥克蘿芙告訴我。

麥克蘿芙在工作上力圖結合傳統民族服裝和當代最流行趨勢。驚人的是，她一炮而紅，起碼對我而言是這樣。她採用的是一種極簡主義。新系列作品既沒有明顯的民族色彩，也沒有顯著的當代風格。原版方程式的兩端，都不會質疑這裡面有某個異國元素。麥克蘿芙告訴我，女性美不屬於東方或西方，而是結合兩者形成一種共同的特質。新系列作品嘗試把傳統的切爾克斯主題——切爾克斯的直桶連身長裙，讓婦女總是看起來好像在地板上滑來滑去——結合俄羅斯古典芭蕾美學，以及當代美國藝術家吉巴・卡嘎多（Ja'bagh Kaghado）的攝影作品。

你可聽說過切爾克斯？在十九世紀中葉左右，這是一個經常被歐洲與美洲呼喊的名詞，當時高加索西北地區的原住民族曾力拚進犯北境的俄國軍隊。歐美一些首都地區曾發生過一些外交與示威活動，儘管有時更多是出於地緣政治考量，憂慮俄羅斯勢力茁壯，以及後來對英屬印度開始造成的直接威脅。這些都不能阻擋俄國，因俄國認為，比起多山的東部地區，占領黑海沿岸可以更迅速且持久。在法國與鄂圖曼帝國雙雙同意庫班河（Kuban River）以南歸屬俄羅斯之後，切爾克斯最終被徹底摧毀，此事應該視為現代第一宗種族滅絕案例。切爾克斯人被取而代之，被迫遷居，驅逐到鄂圖曼帝國，而且很多時候遭到屠殺或活活餓死。從那時開始，他們便散居在十多個國家，而他們在土耳其的人口數很可能比在俄國多。許多流離失所的群體都還保有他們的傳統生活方式，絲毫未加改變，不過切爾克斯人也會與外族通婚。

大批的移民過去留下的古老文化，如今已支離破碎，和根源斷絕了關係，並做好了被奇怪的新方式加以挪用的準備。我觀察那些高挑的俄羅斯模特兒時，這類想法不可避免地縈繞我心頭；她們身著像是戰利品的現代化切爾克斯連身裙，而且一旁吊著的服飾掛著售價標籤，若是在俄國以外的地區，價錢將會高得驚人。

在新品發表會之後，麥克蘿芙就必須立刻返回她的家鄉邁科普（Maykop），留下我和她的經理兼經紀人塞妲．潘妮旭（Saida Panesh）閒聊。她擁有語言學博士學位，所以不在俄國和歐洲做時裝秀的時候，她就在巴庫省立大學教授語言學、歷史和神話學。

我問她名字的來由。

「我是切爾克斯人。」

「麥克蘿芙也是切爾克斯人嗎？」當然她是。

我們在附近的學生咖啡廳喝著咖啡，激烈辯論起歐洲和亞洲各種意義迴異的事物，還有兩者之間的分歧。

潘妮旭認為分歧真正存在。她用短短數語這樣告訴我，切爾克斯人在種族上非常接近歐洲民族，甚至可說是歐洲民族的一支，但他們的生活方式卻更近似亞洲人：固守傳統、遵守順服法規、男女有別，並且最重要的是，對家庭的義務勝於一切。當我提及切爾克斯人大遷移最後淪落在諸如敘利亞或巴爾幹半島等受盡戰火蹂躪的地區十分不幸時，她卻解釋，這並非出於偶然。切爾克斯的男人都是武士，哪裡重視他們的價值，那裡就是他們永遠的駐足處。潘妮旭顯然很感興趣的是，他們族人的這些武士特質是否恆久常在，以及他們能否與現代世界兼容共存。

我寧可持相反態度來看待這件事，所以就重複我的論點，主張這類差別一定是視社會有多麼現代化或傳統保守而定，和隸屬歐洲民族或亞洲民族無關。我在餐巾上畫了兩條演化線做圖解。當兩個社會都徹底現代化時，這兩條線會不會交叉？它們的分歧是因為在兩條線上的不同點上所造成的嗎？這個問題不在於位於不同線上的兩點差異，而是在於兩條線本身是否分歧，因為我們永遠都能找到不同線上的兩個差異點。

我的對談人開始變得非常嚴肅。她低頭看圖解，再看著我。我猜她了解我說的重點，可是有個概念立即令她反感。我怎麼能說「演化線」，意指一個現代化社會，比一個較傳統的社會更為進步？從她的觀點來看，歐洲社會絕非較為進步。最重要的是，它們沒有靈魂，歐洲人空虛、不熱情、沒有深度。潘妮旭胸有成竹指出一般而言義大利人和南歐人是例外，她認為這些人可能是切爾克斯的直系後裔，只不過今日歐洲的統治思想已淪落到缺乏生命力與精神的地步，成了一副僵化骨架。我該問的問題是：何以這些概念既貶抑豐富性又讓世界文化枯竭，卻又如此強大？

「歐洲人，」她解釋道：「只會告訴我，我不是誰。他們可以告訴我，我不是切爾克斯人，也不是女人，還有只做切爾克斯女人我應該永遠都不會快樂，而且說不定有一天他們甚至還會告訴我，我不是活著的也沒有在呼吸，我應該永遠不會因為只做個活生生的生物就會滿意。所以他們告訴我，我誰都不是，可是他們永遠不能告訴我『我是誰』。」

潘妮旭說的對，我的演化線條理論到頭來是荒謬的。為了了解某個文明或某個國家是否比另一個更進步，為了了解一個已知的文化被放在哪個點上，我們必須知道人類文化發展的起點和終點。可是，如果沒有已經畫好的現成演化線條在眼前，根本沒有辦法知道起點和終點。邏輯的循環論證不能被打破。

當逝去的時光突然喚醒你也不知道自己能記得的東西，有那麼一時片刻，你會清晰看到過去種種，彷彿就在你眼前。當你是頭一回記得某些歷史情節時，如果記憶還很新，效果就會更強烈。當然，有也會有一時片刻，當你看似帶著信心期待著未來時，幾乎就好像你是自己在創造它一樣。對我而言，所有這些經驗都有明確的圖解，這一點我在克拉斯諾達爾的談話已經表露無遺。潘妮旭代表著這一切的發展。她渴望生活在現代化社會裡，在那裡人可以選擇成為誰，可以一次過著許多種人生。但她卻已經看見那個夢想在實現的每一刻都會掏空自己，因為那些可以成為任何人的人們根本誰都不是。因此她早就緬懷起她過去的種種，即使她渴望將那種生活拋諸腦後。歐洲和亞洲的世界被壓縮，合而為一。

世界的中心

我難以入眠，所以天一亮我就離開冷冰冰的船艙，走到上層甲板那邊，還沒來得及去廚房取一整條麵包。我們大概在裏海中央，靠近爭議不休的卡巴茲（Kapaz）油田。從阿利亞特（Alyat）[13]啟航時是暴風雨，但現在天氣很好，晴空萬里，晨曦映照在平靜的海水上發出不同尋常的五顏六色，非常不同於我印象中傑爾賓特（Derbent）[14]和布佐夫納（Buzovna）[15]的驚濤駭浪。裏海現在是個湖，它曾是個海，所以還保有在這個轉變過程裡許多不同的地質記憶。想像一下，一個寬闊的大海，四面八方看不見陸地，可是它的海水卻不像大海那樣清澈無色，根據光線和雲朵的角度，無邊無際變換著水面的色彩。

若看地圖，你會以為裏海是個重要的樞紐，是中亞往東和歐洲往西之間的十字路口，座落在北邊的俄國和南邊的伊朗及中東之間。但其實它比較像是個屏障，而不是橋樑。我環

13. 亞塞拜然位於首都巴庫南方的一個港口城市。
14. 達吉斯坦共和國第二大城市，是俄國最南的城市。
15. 亞塞拜然的城市。

顧著包圍我們的空曠大海，孤伶伶置身在地球上最大陸塊上面最大的湖中央，浩瀚的空間只填滿古籍裡的紛紛思緒。我想起斯切潘・拉辛（Stepan Razin），那位不可能卻偏偏做了宛如加勒比海盜的哥薩克人，他在裏海亡命搶劫，無止盡地折磨著北岸的俄羅斯人和南岸的波斯人，直到一六七一年他在莫斯科紅場遭可怕的處決為止。在最惡名昭彰的一場劫掠裡，他擄獲了兩艘商船，上面滿載純種的波斯馬，是波斯王餽贈給沙皇阿列克謝（Czar Alexis）的禮物。我望向東邊，想起了花剌子模王國（Khwarezm）的君主穆罕默德，他處死了成吉思汗的使者，改變了歷史，激發了偉大的征服者將注意力轉西，結果徹底摧毀了撒馬爾罕（Samarkand）、布哈拉（Bukhara）[16]、訛答剌（Otrar）[17]，還有在未來數個月裡我將一一造訪的其他歷史古城。穆罕默德生前數日疲於奔命想逃離緊追逼近的軍隊，最後在裏海的一個島上死於肋膜炎。

往來裏海並沒有客船，唯一選擇就是買一張票去搭貨輪。大多數的貨輪願意載送少數乘客賺一點外快，但沒有固定航班，你必須等到某艘船裝滿貨運準備啟航時才知曉。謝天謝地，有位在貨運公司上班的俄國女士伸出援手，給了我一個電話號碼。不過我每次打電話去，得到的答覆總是一成不變：今天沒船，明天可能也沒有。就算有，它們是要載送石油的，乘客不准上船。

這就是亞塞拜然的國營企業。土庫曼共和國（Turkmenistan）也有一艘船航行同樣的路線，名叫「貝卡拉」（Berkarar），有人告訴我它比較現代化，對乘客更便利，可是沒人知道在哪裡搭乘，也不知道出航時間，而船公司在巴庫並沒有設辦公室。

我開始對渡海感到絕望。然後，出乎意料地，我收到熱心助人的俄國女士維卡（Vika）傳來簡訊：剛剛送來一些貨櫃，所以有艘船在兩、三個小時之後會離港。我衝到售票的巴庫碼頭，可是這艘船事實上是要往南開到阿利亞特的，航程一小時，會經過科布斯坦（Gobustan）[18]，那裡有年代久遠數萬年前留下的石刻畫。另一名乘客讓我搭他的順風車。他們是要返鄉的土庫曼青年，恰恰好想起來要在超市臨停一下買好充足的酒。期待那晚與船上水手享受一頓豐盛大餐的我，只挑了一包葡萄乾當點心。

如果貨櫃是要透過鐵道轉運站送往歐洲、中亞和中國的目的地，那麼它們就會以船運方式直接運來，接著送到阿利亞特的新碼頭而不是送到巴庫的舊終站。等到這座碼頭兩三年後的擴建工程完成，所有的綜合運輸作業將會在這裡實現。阿利亞特地點得天獨厚，成了裏海

16. 位於烏茲別克西南部。
17. 花剌子模王國東方重鎮。
18. 位於巴庫西南方，是世界文化遺產保留地。

地區最大也最現代化的碼頭。

通過海關安檢時意外得順利，出航前我們早就在船艙裡安頓好。你可以想見這些船艙有多寒傖：上下鋪、床墊破舊、沒有毯子。由於氣溫很快驟降至冰點以下，船上又沒有暖氣，這一夜勢必漫長無眠。水手都不見蹤影，所以什麼熱騰騰的大餐也別想了。日落前不久，船身開始搖晃，我們出發了。

從阿利亞特啟程後一、兩個小時，我就能看見「油岩」（Neft Dashlari）[19]鑽油平臺的燈火。這是裏海首座虛構的城市，不真實到讓人難以置信。「油岩」是一座完整的海上城市，在一堆垃圾填海的海上新生地之上打造了數百公里長的道路，連接起各個鑽油平臺，載浮載沉的公寓建築裡住著數千名員工，還有學校、電影院和旅館，甚至還有一座綠樹成蔭的公園。它是第一座離岸的鑽油平臺，其核心結構是建築在由七艘沉船所構成的地基上，包括一八七八年在巴庫下水的全球第一艘油輪「瑣羅亞斯德號」（Zoroaster）。有一枚蘇聯的老郵票上面畫著這個鑽油平臺，作為人類征服大自然的象徵，圖中一條建造在海面的道路一路蜿蜒通往地平面上鮮紅的太陽。

我喜歡這裡當初如何挖到石油的故事。以前並沒有在離岸探勘油田的科技，可是數十年來，甚至數百年來，水手們早都知道這樣一項知識，那就是相信你的嗅覺，就能避開這個區域裡的危險淺灘和礁石；在暴風雨中聞到石油的氣味，就是危險的警訊。駛過「油岩」後，又看到更新近設置的鑽油平臺發出新的燈光，亞塞拜然的石油企業貿易中心，閃閃發亮地包圍著我們：齊拉格（Chirag）、東亞塞拜然（East Azeri）、深水久涅什利（Deepwater Gunashli）、沙赫德尼茲（Shah Deniz）[20]。

我們從巴庫到土庫曼所航行的直線航程，有朝一日可能會變成從中亞到歐洲的能源路線，輸送石油與天然氣。剛剛好在二十年前，就有人提議興建一條「跨裏海」管線，連接東西兩岸。雖然除了一般的可行性研究和初步協商之外，什麼也沒發生，但歐盟不斷視它為自己的重要戰略利益之一，且最近在二〇一六年，還發表了「南方天然氣走廊」（Southern Gas Corridor）的更新計畫。[21]

倘若亞塞拜然不甘只成為能源製造商，也想做全球能源中心，那麼它需要這個關鍵性的基礎建設。對土庫曼而言，連接到西方的供應鍊不失為能源多樣化的一條受歡迎的途徑，因為它目前完全依賴中國。目前有兩條輸送管道：一條通往中國，現階段容量是每年五十五億

19. Neft Dashlari 是石油公司的名稱。
20. Shah Deniz 是個天然氣田。
21. 根據新聞報導，這條管道已經在二〇一八年六月開通。

立方公尺[22]；另一條通往俄國，每年容量高達八十億立方公尺。土庫曼連接中國的天然氣管線在厄魯特（Olot）進入烏茲別克（Uzbekistan），通過烏茲別克中部和哈薩克南部，到達中國邊境新疆的霍爾果斯市（Khorgas）[23]。根據英國石油公司的說法，土庫曼的天然氣貯量排名全球第四。不過，這個國家卻面臨種種阻礙，干擾它的天然氣進入世界市場。自二〇一六年初起，由於對價格的分歧，俄國已經全面停止進口土庫曼的天然氣。同年，土庫曼又跟伊朗在價格上起了爭執，使中國成了該國唯一的出口市場。

不出所料，伊朗和俄國始終批評跨裏海計畫，因為該計畫會削弱他們在歐洲的影響力。舉例來說，在二〇一一年，一提到要更認真推動管線興建工程，俄國就說該計畫簡直是「多管閒事」，會增加該地區的緊張程度。到了二〇一二年，伊朗警告說，如果推動管線建設，那麼裏海的別稱——和平與友誼之海——就要改名了。這條管線自土庫曼巴希（Turkmenbashi）[24]到巴庫，再連接到南高加索管線，接著連上跨安納托利亞管線（Trans-Anatolian），然後跟希臘和歐洲的天然氣網路連接起來。這可能是歐洲唯一能在不依賴伊朗或俄國的狀況下，確保在中亞取得能源的方式。

裏海的地質史，變化起伏宛如雲霄飛車。它遠離大海被孤立在內陸盆地裡，像鹹海（Aral）和黑海（Black Sea）一樣，從古地中海被解體成小型的內陸海。它的地緣政治史同樣磨難連連。在蘇聯解體之前，只有兩大國分享裏海，蘇聯和伊朗。百年前，它基本上是個俄羅斯的湖泊，因為波斯的北部幾乎全掌控在俄羅斯的勢力下。如今，這兩個國家難掩恥辱看著它們的三個新鄰居——亞塞拜然、土庫曼和哈薩克——因為這三個國家每一年都更獨立一點，增添這個地區的地緣政治複雜性。

確實，歐亞管線政治學是一門玄妙的學問。計畫宣布了又取消、取消了又重啟，這樣來回好幾次。以最近的「土溪」（TurkStream）個案為例，該管線要從黑海底下連接俄國與土耳其，按理說能取代跨裏海管線。土溪管線是在歐盟阻擋「南流」計畫的開發後，首度被提出；南流管線預計將俄羅斯天然氣從克拉斯諾達爾（Krasnodar）地區，越過黑海輸往保加利亞，還有中歐與南歐。當時，土耳其展現了高度的外交敏銳度與常識：一面努力和俄國磋商取得諒解，同時又小心翼翼慫恿它放棄南流管線，因而也大獲歐盟的好評。之後，土溪計畫陷入困境，並在二〇一五年因土耳其空軍擊落一架俄國戰鬥機之後遭到放棄，兩國關係當時正交惡。更近期一點，協議重新浮上檯面，二〇一六年十月在伊斯坦堡會談中，由總統艾

22. 如果是水，一立方公尺就等於一公噸，但石油和天然氣的密度與水不同，體積也不同於水。
23. 清代伊犁九城之一，是新疆的中國城，也稱為拱宸城。
24. 土庫曼的重要海港。

爾多安（Recep Tayyip Erdoğan）與普丁簽訂合約。

無疑的是科技和金融難題依舊。二〇一五年我在訪問保加利亞外交部長期間，聽說俄國在歐洲及美國無法取得用來抽送黑海海床天然氣的壓縮機，因為俄國正受到歐美經濟制裁，只有日本可以賣，但對方似乎意願缺缺。更普遍的說法是，如果沒有企業保證天然氣能在歐洲和土耳其販售的話，針對這項新路線的投資案可想而知不會成功。由於在這場競賽中，歐盟抵制南流管線的態勢仍強烈，上述計畫就像緣木求魚。儘管如此，也不要以為這些計畫沒有半個會完成。這個世界需要石油與天然氣，只要各國政府和跨國公司以投資信心作為鋒利的武器，用來衝撞彼此或對未來計畫施展影響力，終會有人脫穎而出。從另一個角度來看，管線是戰爭的延伸。

沒有一個足以象徵世界相互依存又彼此競爭的符號，比這個內陸海更貼切的；這裡有舉世最豐富的石化能源貯量，卻也是個政治遊戲規則最曖昧不明的所在。身居世界中心既是福也是禍：裏海的能源令歐洲、中國與俄國都垂涎三尺，不過如何運送能源到它們各自的目的地，甚至是公海，卻依舊是個十分棘手的問題。我把裏海看作是競合的絕佳例子。一方面，它把沿岸的五國盤根錯節攪和在一起，製造了數不清、相互依存的變數，迫使它們要合作，同時卻又把競爭意識逼到最高點，甚至彼此架設了平臺增添升溫中的爭奪戰。裏海同時扮演著連橫合縱與離間分裂的角色。

不意外的是，這五國都在強化它們的裏海海軍艦隊，寄望著一旦能源爭奪戰激化時能派上用場，甚至模擬電腦遊戲的程式錯誤一般，迫使玩家們聚集越來越多船艦，從四面八方湧進這個內陸海。二〇一五年十月，俄國裏海艦隊有一艘護航艦和三艘驅逐艦，向敘利亞的十一個目標點發射了「神劍級」Kaliber-NK[25]系統3M14T巡弋飛彈。飛彈飛越了一千六百公里，經過伊朗後通過伊拉克領空，最後擊中拉卡（Raqqa）[26]、阿勒坡（Aleppo）[27]和伊德利卜（Idlib）[28]三個行政區。這個鮮明的例子足證裏海事實上占有一個中心戰略位置。它同時也凸顯了一件事，那就是現代化海軍艦隊的作戰範圍，未必局限在它的活動領域內。最後，這也等於向其他裏海諸國宣告，俄國在這個區域享有相當大的優勢，有能力任意挑選目標而且不受懲罰。這件事是俄國插手敘利亞政治的開端，而裏海艦隊一直以來不斷在衝突中扮演戰略角色。配備神劍級飛彈的船艦進入裏海戰鬥位置來協助俄羅斯航太防衛軍，這種事已經發生好幾次了。

25. Kaliber原意是口徑，但一般軍事專家都譯為「神劍」。
26. 敘利亞北部城市。
27. 敘利亞北部城市，也是該國最大城市。
28. 敘利亞西北部城市。目前為反對派與沙姆解放組織所控制。

我們看見第二座虛構城市時，應該已近中午。一開始，阿瓦薩（Avaza）看似一座島，因為高聳的白色大理石建築仍被地平線上的海水重重包圍。這會是座什麼樣的島？建築物看起來太過淨白無瑕，不像工業鑽油平臺，和黑濛濛的「油岩」鑽油平臺形成強烈對比。我們的亞塞拜然號——一九八五年建造於前南斯拉夫的普拉造船廠，一艘赭紅色尤物——突然在航程的最後一段朝南轉向，白色島嶼不見了，而我幾乎要說服自己相信那是某種海市蜃樓，大概是裏海周遭沙漠造成的外海錯覺。

當白色建築物再度映入眼簾時，我們正航近土庫曼巴希；阿瓦薩不再是個島，而是城外的半島，其上的建築物依然讓市區裡的建築相形見絀，包括我即將入住的大飯店在內。土庫曼巴希是個景色如畫的美妙城市，依偎在海洋與低矮的岩石山丘間，仍舊保存著往昔身為俄羅斯殖民前哨基地的風貌。它是跨裏海鐵路的首站，這條鐵路沿著古代絲路一路通往座落在費爾干納盆地（Fergana Valley）的安集延（Andijan）[29]，那裡是蒙兀兒帝國的開國君主巴布爾的出生地。去一趟當地的博物館，你會聽到一連串結合了遠近時空的各種故事，諸如土庫曼工人從土庫曼巴希划著獨木舟去阿斯特拉罕（Astrakhan）又北上窩瓦河（Volga）的傳說，抑或昔日沙漠部族總是在他們的蒙古包旁種一棵樹，好讓下一代能有木材可以建造自己的蒙古包。兩天後，我預計搭夜車到首都阿什哈巴德（Ashgabat），而眼下的任務是要通過移民海關檢查，可能要花三、四個鐘頭，儘管我是當天、更可能是當月唯一來到土庫曼巴希的外國人。我也很努力地想看一下載送我們的那艘貨櫃輪：水手們處理完油管，終於現身，告訴我他們其實是喬治亞共和國的人。

在阿什哈巴德以外的地區，外國人必須由法定的導遊陪同。那樣有好處，因為我很快就能打聽到他們對北方的觀點。

隔日，我們去了白色之城、城外的半島，阿瓦薩。阿瓦薩是世上最難以置信的觀光渡假村。它有三十至四十家旅館，一家遊艇俱樂部，還有一座議會廳，全都是用純白無瑕的大理石蓋成。放眼不見遊艇，議會廳也當然不會有議程。那一天，整座渡假村裡沒有半個人。土庫曼每年只發不到一千份簽證，而當地人口貧窮無比。我的導遊指出，在旺季時，有些旅館會住滿，因為這個國家的勤奮公務員可以得到免費住宿。其他旅館充作病患療養院。說不定遲早有一天，遊艇俱樂部會對上層人士開放，而這個國家禁止那種人離開。總統別爾德穆哈梅多夫（Gurbanguly Berdymukhamedov）偶爾會來阿瓦薩，在遊艇上招搖炫耀，遊艇的名字取自龐大的南約洛坦氣田（Galkynysh）。二〇一五年俄國和埃及、土耳其斷絕往來時，有

29. 烏茲別克斯坦東部城市。

傳聞阿瓦薩可能取代沙姆沙伊赫（Sharm El Sheikh）[30]和馬爾馬里斯港（Marmaris）[31]，成為俄國觀光客的旅遊景點。有人告訴我——更讓人摸不著頭緒的是——這裡光是一間小木屋每晚就開價五百歐元。

那麼，阿瓦薩是作為何用？如果沒人想來又何必蓋呢？無疑的，它是為了炫耀土庫曼也有世界級海邊渡假村。如果裏海是一汪石油，它也可以變成一汪有遊艇俱樂部的海，來自西岸的遊客就會覺得他根本沒有離開歐洲。此外，要在掌權階層之間再次分配石油收益，畢竟把錢弄出國，也是複雜無比的事情。最重要的是，阿瓦薩是一座新奇事物的紀念館。

為什麼在土庫曼所有重要的新建築，都要以大理石來蓋？在阿什哈巴德，已經有近一千座宛如現代理想國的實體機構，唯一不是白色大理石製的東西是前任與現任總統的金雕像。我的導遊告訴我，大理石是用來界定一個年代的。在大理石之前是某個年代，之後又是另一個。二十年前，那些建築物代表了一個純淨繁榮的新年代。在古代，會有一個蒙古包在煮飯和燒壁爐的煙燻下變黑，但人們同時保留另一個蒙古包完全不用，維持原本的白淨，供賓客或新婚者使用，那裡會一直被稱為「白屋」，即使毛氈已經不再潔白如新，直到新婚夫妻產下兒子為止。[32]在烏古斯人的史詩《科爾庫特之書》（*Book of Dede Korkut*）[33]的故事裡，有一則記載著烏古斯人統治中亞時的輝煌成就，當時「諸汗之汗」（Khan of Khans）巴顏圖可汗（Bayindir Khan）擺下盛宴款待貴族，並在一處蓋了一座白色帳棚，又在另一處蓋了一座紅色帳棚，還在他處蓋了一座黑色帳棚。黑色帳棚是留給那些既沒有子嗣又沒有女兒的貴族。帳棚裡鋪著黑色毛氈，而這些貴族可以吃黑色山羊做成的燉羊肉。「把生了子嗣的人請到白色帳棚裡，生有女兒的人請到紅色帳棚裡。若兩者皆無，至高無上的神會蒙羞，我們應該也要讓他蒙羞。」

越南北部的礦場供應了這座嶄新白色之城內絕大部分大理石。土庫曼的建設部門每年要消費一百萬平方公尺的大理石，光是大理石板一年就花費該國大約一億兩千萬元美元。據報載，一平方公尺越南大理石在土庫曼的售價在五十至七十元之間。因此，平均來說，一幢二十層樓高的建築，外牆面積大約一萬四千平方公尺，單單是表層用的石板可能就要花掉政府七十萬至九十八萬元。高價的義大利大理石多數用在該國最重要的公家建築上。其他的供貨地則來自西班牙、土耳其和中國。白色大理石匯聚在阿什哈巴德，這裡是大理石新馬路的

30. 埃及西奈半島上的海岸城市。
31. 土耳其西南部城市，地中海沿岸的觀光景點。
32. 作者註：參見路易思．麥基（Louise Mackie）和瓊．湯普森（Jon Thompson）合著，《土庫曼人：部落地毯和傳統》（*Turkmen: Tribal Carpets and Traditions*），University of Washington Press，一九八〇年，第四十三頁。
33. 烏古斯人是突厥人的一支，和土耳其、亞塞拜然、土庫曼斯坦、哈薩克斯坦和吉爾吉斯斯坦是同源。

交會點。看樣子全球經濟已經滿足了傳統土庫曼人想把黑色變成白色、石油變成大理石的美夢——或許，最簡單、最顯而易見的類似轉變正在各處上演。

可能有人認為，當我在那日早晨跨越裏海正中央，也等於從歐洲跨越到了亞洲。有那樣的感受情有可原，可是我並沒有要尋求跨越疆界的興奮感。我深信根本沒有這樣的疆界存在，然而，勾起我好奇心的是比較不虛幻的探索。舊世界的中心在何處？你在何處會覺得既靠近歐洲又靠近亞洲？更重要的是，哪裡是那神奇的地點，同時屬於每一個文明又不完全歸屬於任何一個？在《絲綢之路》（*The Silk Roads*）一書中，歷史學家彼得．法蘭科潘（Peter Frankopan）提醒我們，根據古老神話，眾神之父宙斯在世界的兩個盡頭，放出了兩隻鷹，命令牠們飛向對方，牠們相會的地點會放上一塊聖石。法蘭科潘坦承，他經常花數小時出神凝視掛在他臥室牆上的地圖，想計算出那個可能點在哪裡。[34]我懂那股難以自拔的心情。

我猜想自己若找到中心點，我就再也不會沉迷於每一個特殊地理學上失真的問題。中心點給不了我任何觀點，既非歐洲的也不是亞洲的，因為我已經知道，歐洲和亞洲本身存在著一個很大的矛盾：兩大世界被一個共同的地理環境分割開來。東方和西方必須交會在某處。一切任務就只剩下要找到那個點。

從這裡，就在裏海正當中，你可以望向西邊，指著亞塞拜然和喬治亞共和國，這是我最近從土耳其特拉布宗（Trabzon）一路走過的路線。在北岸，你很容易找到航線去窩瓦河，再一路直奔波羅的海，這是數千年前就被數不清的商人和征戰者所發現並利用過的路線。往東邊，離開土庫曼巴希之後，火車載我沿著沙漠邊緣行駛，駱駝很喜歡在軌道旁覓食，一路上在固定間隔處都有倒塌的泥狀建物，這些都是古代絲路上的瞭望塔遺跡。出了阿什哈巴德，我要去塞伊特・賈邁勒丁清真寺（Seyit Jamal-ad-Din），雖有部分毀於一九四八年地震，不過入口處馬賽克雙龍守著的拱門仍然完好。當地有一則關於雙龍的傳說，然而真相是，你想的沒錯，這受到了中國文化的薰陶。我們的地緣政治欺瞞了我們，從裏海到中國邊界的距離，或甚至到喀什（Kashgar），其實不及喀什到上海的一半，因此這段路程同屬一個烏古斯世界——當代突厥、高加索和中亞民族的祖先——仍在數世代當中傳誦不已，就像後來寫進《科爾庫特之書》的古老傳說那樣。要是我們南下的話，就會在伊朗現代化的海灘城鎮上岸，很短的車程就能載我們去德黑蘭，再前進伊斯法罕（Isfahan）[35]，抵達印度洋。裏海就像是羅盤，上面的四個主要方位可以帶你去舊世界的四個角落。

34. 作者註：參見彼得・法蘭科潘（Peter Frankopan），《絲綢之路：一部新的世界史》（*The Silk Roads: A New History of the World*），Bloomsbury，二〇一五年，自序。

35. 伊朗第三大城。

古代的地理學家和天文學家托勒密（Ptolemy）[36]在討論世界的縱向空間時，提到在歐洲與中國之間的貿易路線有一個中間點，他稱之為「石塔」（Stone Tower）。他表示，某個希臘商人，很有冒險精神，一路來到了石塔，在那裡他所遇到的商人要不是來自中國，就是要派遣代理人去中國首都——「絲綢之國的大都市」。[37]根據他的說法，顯然沒有人能走完整趟路程，不過他仍然可以核對不同的距離，計算出一些東西，比方說在已知的世界裡從大西洋走到中國的總距離；而在某個便利的中間點，來自相反方向的商人就可以在此會合交易貨品。

我們所能做的剩餘部分，就是找出石塔的位置。我到處找它。在烏茲別克和阿富汗的邊界上，一名農夫帶我去看一座宏偉的佛寺，那裡有個佛塔裡面藏著一個小型舍利塔，塔身寫滿了神祕的碑文。從塔什干（Tashkent）到費爾干納盆地（Fergana Valley）的路上，有一片肥沃的平原就隱身在世上最高的山區裡，要通過卡爾米契克（Kalmchik）這個戒備森嚴、區隔兩個世界的閘口。在邊界另一端的奧什（Osh），有一座名喚「蘇萊曼」（Sulaiman）的聖山，是個很容易辨識的永久性陸標，有些人認為它很符合必要條件，作為商人會合的據點。但也有人覺得——包括最初持此番言論的旅行家兼考古學家斯坦因（Aurel Stein）——托勒密的石塔應該座落在吉爾吉斯共和國阿拉河谷（The Alay Valley）的達拉特—科爾貢（Daroot-Korgon），那裡幅員遼闊、水草豐美，可供放牧，是得天獨厚的絕佳商隊交通線。

若與塔什庫爾干（Tashkurgan）相比，這些可能性沒有一個對我有特別的說服力。目前道路條件不佳。那一點未來是會改善的，因為中國持續在發展它的戰略計畫，想把它連接到巴基斯坦和瓜達爾（Gwadar）港，只不過以目前來說，開車上喀喇崑崙公路（Karakoram，也稱中巴公路）前往邊關上的紅其拉甫陸運口岸（Khunjerab），仍相當累人，現在又因為中國那一邊的巨石長城竣工，更顯困難重重。快到邊境前兩、三個小時，有一座小城叫塔什庫爾干，依偎在豐沛的河谷間，許多遊客會在此過夜，這樣便能在白天跨境到巴基斯坦。古老的堡壘建築在峭壁上，在周遭險峻的重嶺山勢下顯得極為小巧，從峭壁可走下去到河谷，谷地碧草如蔭，當地人稱為金草灘，他們在這裡放牧犛牛和黃牛，水量充沛到得在上面蓋起如迷宮般複雜的木棧道。從這裡有一條路可直達巴基斯坦的罕薩山谷（Hunza Valley）[38]，同時還有一條路位於塔什庫爾干鎮前面，可以帶你通過瓦罕走廊（Wakhan corridor）[39]——古

36. 托勒密也以數學家著稱，並精通占星術。
37. 作者註：參見托勒密，《地理學》（*Geographia*），一之十一。
38. 罕薩位於巴基斯坦東北部，據說是英國小說《消失的地平線》（*Lost Horizon*）的背景原型，以及宮崎駿《風之谷》靈感來源。

代介於英屬印度領土與俄羅斯領土之間的緩衝帶，也是馬可波羅（Marco Polo）所取道的路線，一路直達知名的貿易大城巴爾赫（Balkh）[40]。即使是在國家邊防嚴密的年代，這裡仍給人一種山路喧囂的感覺，又可以遇到印度、中亞和中國商隊來此休憩。

第一個取道陸地從印度到中國旅行的歐洲人，是來自亞速群島（Azores Islands）的葡萄牙耶穌會教士鄂本篤（Bento de Góis）。從他的敘述我們可以知道，他在一六〇三年一路從拉合爾（Lahore）來到塔什庫爾干。他注意到，這裡的居民容貌類似「低地諸國的民族」（Low Countries）[41]。塔什庫爾干的人不大可能是混血種族。在參觀堡壘時我遇到一對姊妹花——白皮膚、深色金髮配綠眼睛——她們自稱是中國的塔吉克族。至少，根據眾所皆知的傳說故事說他們是亞歷山大大帝（Alexander the Great）的直系後裔。

攀登帕米爾高原的心得，是無窮無盡的小，而不是無窮無盡的大。一路上望向下一個轉彎處時，已知的一切便漸漸消逝在未知裡，而地球上最遙遠的距離就是你我的心。歐洲和亞洲這類概念想來荒唐，因為圍繞你的一切都是由小小的逐漸變化所形成的。在這裡旅行是一項慢速運動，你依舊得騎著馬走在世上最為險阻的山路上。但若以為兩大陸會有個層級更高的統一實體出現在這裡，那是大錯特錯了。實際上不會是那些為了行走在古老絲路上、沿途做買賣的商人，他們從不離開他們的家超過數週。帕米爾高原的生活要素，是山區的泥土和塔吉克及吉爾吉斯蒙古包內的熊熊柴火。在歐洲與亞洲的鴻溝不復存在的一個世界裡，你只會感受到空蕩蕩的一片，一如我最初尋找中心點的裏海中央一樣。

歐亞豪華大飯店

北京盛行著一個看法，認為中國之所以關注它的海岸區域，是因為歐美和日本等海洋大國強迫建立此類關係模式。如果跟著中國自己的固有傾向和愛好，它的注意力該朝向西方，希望把自己的影響力拓展到文明交會的超級大陸中央，落在舊有絲路的軌跡上。王緝思教授的說法是，西方有個問題，就是硬要將中國定位成一個東亞國家，「那很容易使中國局限了它自己的看法。」[42]

我在這一章裡寫了尋找中心點一事。中國對這件事也不能免疫。它聽到了中心點十分劇烈地召喚著，所以一直想要解除阻礙通往中心點路上的手鐐腳銬。中國想要成為一個真正的

39. 也稱為阿富汗走廊，古絲綢之路其中一段。
40. 古代大夏國的首都薄知，唐玄奘《大唐西域記》作縛喝國，明朝稱為過八剌黑。
41. 對歐洲西北沿海地區的通稱，廣義包括荷蘭、比利時、盧森堡，以及法國北部與德國西部。
42. 作者註：王緝思，〈向西進軍：中國地緣戰略的再平衡〉（Marching Westwards: The rebalancing of China's geostrategy），收錄於《二〇二〇年世界根據中國：中國外交政策精英討論》（The World in 2020 According to China），ed. Shao Binhong，Brill Online，二〇一四年，第一三四頁。

「中」國，把西方與東方、南方與北方都連接起來。說不定現在就有人對新疆的描述做一種追溯式的辯護，這個「西部地區」，歐文・拉鐵摩爾（Owen Lattimore）曾說「是世界的一個新的重力中心」。十八世紀時，俄國與英國發動侵略進犯中亞，中國也做出相同舉動，當時的滿州清朝入侵了新疆。「這個三部曲程序，」拉鐵摩爾寫道：「凸顯了現代世界史的交會點。」[43] 所有的主要強國會合在重力的中心。十九世紀末當新疆淪陷之後，北京開始爭論衰弱的、苟延殘喘的帝國，是否應該投注已相當有限資源，從叛亂者阿古柏和他的黨羽手上收復失土。對某些人來說，新疆是一塊荒蕪的不毛之地，需要中央預算每年補助，但又缺乏戰略或軍事價值。知名的將領左宗棠卻持反對態度，他主張捍衛新疆對中國至關重要，比建造更多船艦或在沿海地區對抗歐美或日本的各種侵略更有意義。左宗棠認為，要是英國和俄國從歐亞核心處入侵中國，更加危險萬分。他的意見占了上風。[44]

今天，新疆提供了「一帶一路」最驚人的初期願景。如果你駕車從吐魯番前往烏魯木齊，走在博格達山（Bogda）裡的陡坡，與公路平行的是一條供子彈列車行駛的高架橋，再更靠近山邊的是貨車鐵道。如果你懷疑這個計畫，那麼周遊新疆你也會滿懷疑竇。近年來數百名新疆人在動亂中遇害，北京當局怪罪伊斯蘭武裝分子，並施加越來越多的保安與監控措施。問題其實跟在這個省分裡很難維持的國安情勢沒有太大關係。維安確實很難，但其實是中國被拉到了另一個方向來。

我遊歷新疆期間被路障攔下來數十次，街上遭穿著制服的警察和軍人盤查的次數也不相上下。一離開烏魯木齊和喀什等大城市，監視盯梢就是在考驗你的耐性。停留在新疆阿克蘇（Aksu）的某個夜晚，在塔克拉瑪干沙漠（Taklamakan）北部邊境閒逛，我在每個街角都被攔下盤查，足足連續七次。沒有哪個幹員覺得這太過分，因為每個人都只攔下我一次而已，起碼這是他們的說法。還有一次，在阿克蘇前往伊犁的巴士上，入山口的路障強迫我們要等一整天，沒有吃的也不准上廁所。若沒了新疆，一帶一路就沒有陸路段了，可是也很難看出，在關閉邊界和每個人永遠都在接受監視的同時，中國會有辦法解決貿易的渴望和政治改革之間的矛盾。你必然想問，如果社會與政治現實承擔不起，倡議一帶一路是否行不通。從這個角度來看，這口號是烏托邦。

跨過了邊界，在哈薩克，這個議題同樣也在低聲細語著。二〇一六年我拜訪此地時，政府正因為近期一項土地改革法案而引發的熾熱示威活動在戒備。當歐美的傳媒抨擊缺乏公民

43. 作者註：拉鐵摩爾（Owen Lattimore），《亞洲樞紐：新疆和中國和俄羅斯的亞洲內陸邊界》（*Pivot of Asia: Sinkiang and the Inner Asian Frontiers of China and Russia*），AMS Press，一九七五年，第十六頁。

44. 作者註：詹姆斯．米爾沃德（James Millward），《歐亞十字路口：新疆史》（*Eurasian Crossroads: A History of Xinjiang*），Columbia University Press，二〇一七年，第一二六頁。

權與參政權的同時，很顯然的，每個熟悉示威運動的人都知道動盪的根源其實是在別處，也就是說，是越來越恐懼讓外商企業在哈薩克擁有土地，這個作法簡直是把國家未來交給中國掌控一樣。其實，改革法案所要做的事，無非只是要將租約期限從目前的十年，延長至二十五年，但這也無疑反映出中國想要開發哈薩克的農耕地，在哈薩克設置合資企業來銷售農產品。哈薩克擁有廣大的農耕地，這個想法當然合情合理。那將會吸引可觀的外資，為長期因能源價格低迷所造成的疲軟經濟，立即打上一針強心劑，同時又能使經濟發展在石油與天然氣之外，變得多樣化。如果大眾難以接受延長租約上限，那麼這個雄心大計又有什麼指望能在一帶一路下，確保在跨越邊境時，發展出新的「價值鍊」呢？大眾普遍恐懼將會有越來越多中國移民遷徙到哈薩克，誇大的數字引發混亂，而本地工人與中國移民兩者的工資差距——尤其是石油工業——不斷激發不滿，甚至造成公然的衝突與騷亂。對中國人負面的刻板印象，還有反華，在哈薩克報紙上處處可見。[45] 有消息透露，幾乎是一人獨裁的哈薩克總統納扎爾巴耶夫（Nursultan Nazarbayev），受到示威活動所迫，同意要擱置土地改革法案。

作為歷史上知名的遊牧民族，哈薩克看待土地有如摯友，和土地有一種私密的關係。布里茲涅夫（Leonid Brezhnev）在一本冊子裡回憶道，在二戰期間，哈薩克官兵常悲悽歌唱，不是想念家中妻子或女友，而是家鄉的大草原，和烏克蘭人大異其趨。十年後，升任哈薩克蘇聯共和國共產黨總書記時，布里茲涅夫掌管浩瀚農耕地，確保肥沃豐收。簡直令人難以置信，他竟沿用軍中同袍喚起的回憶，宣稱「本地人擁有智慧與膽識能積極英勇地開墾處女地。哈薩克民族奮起承擔歷史的重任。他們了解整個國家的需要，展現出他們的革命、國際主義特質。」一位於阿拉木圖（Almaty）的中央黨部辦公室，他在牆上掛著一幅哈薩克地圖。「恰如昔時在前線，我常常標出陸軍部隊的位置、它們的作戰區域，還有攻擊線，現在我在地圖上標出數百座農田和農作中心的位置。圓圈代表主要基地，是發動主要攻擊的地方，它們是最靠近農場的城鎮、車站，以及被浩瀚無邊的大草原吞沒的屯墾區。」[46]

在傳統的遊牧文化中，每個「阿烏爾」（aul），亦即部落，都會掌管他們夏季定居的一塊地，還有冬季的另一塊地。讀一讀沙亞庫博夫（Mukhamet Shayakhmetov）所寫的哈薩克經典小說[47]《沉默的大草原》（*The Silent Steppe*），裡面完全沒寫到土地如何被使用。土地是遊牧民族生活的世界，自呱呱墜地開始便自四面八方包圍著你，並延伸回到你的祖輩們留下

45. 作者註：參見阿齊茲・布爾卡諾夫（Aziz Burkhanov）and 陳茱莉（Yu-Wen Chen），〈哈薩克斯坦人對中國、中國人和中國移民的看法〉（Kazakh perspective on China, the Chinese, and Chinese migration），Ethnic and Racial Studies，39. 12，2016，doi. 10.1080/ 01419870.2016.1139155.
46. 作者註：布里茲涅夫，《處女地》（*The Virgin Lands*），Progress Publishers，一九七八年，第十四至十七頁。
47. 作者說這是一部小說，但該書應該是回憶錄。

的蹤跡；祖輩們在牧草地之間遊牧遷徙，還有他們對那些流血擊退入侵者的勇士們的緬懷。農田幾乎是蘇聯發明的產物，是意圖從遊牧民族強索穀物之用，他們看待土地的觀點不同：「來到夏季棲息地，眼前牧場碧綠如毯綿延，野花香味永難忘懷，四處綻放豔麗似錦，積雪的山頭涼爽清新的和風徐徐吹來。」[48] 在這些段落裡，我們難以根據在別處所知道的參考點來丈量距離。我們無法抗拒不去目不轉睛地望著頭上的穹蒼，在沒有山陵或樹木把我們固著在地球上的大草原裡，天空顯得深邃無垠。

有時候我們會去找通往久遠以前文化宇宙的後門，就像過去的黑洞：或許，遊牧與現代生活就是這樣一個情況，現代文化顯然也具有我們久遠遊牧祖輩的那種無根性。哈薩克人的生活充滿遊牧的稟性，而一旦和現代生活相結合後，其結果就是他們極力抗拒生活受到局限。自太古洪荒以來，對自由生活、對空曠大地上清新的空氣習以為常，哈薩克人對清楚的地理身分認同不感興趣，或許不令人意外。歐亞之所以充滿魅力，是因為它被看作是不同文化的結合體。歐亞兩字在首都阿斯塔納和阿拉木圖無處不在：歐亞銀行、歐亞豪華大飯店、國立歐亞大學。就好像遊牧文化是開啟人類古老史前史的鑰匙，而恢復古老人類史，可以讓一切文化都被視為自原始時代以來就息息相關。

兩個朋友

索忍尼辛（Alexander Solzhenitsyn）在一九九〇首刷的一本書裡主張，土庫曼、烏茲別克、吉爾吉斯、塔吉克這四個中亞共和國遭到不清不楚永遠地「分割」開來，不過哈薩克就完全是另一回事。「它目前的遼闊領土，」他寫道：「是共產黨以全然雜亂無章的方式拼在一起的。舉凡候鳥群每年飛過的路徑都被稱為哈薩克。」哈薩克人集中在他們祖傳的領域，一塊弧狀的南方土地，從中國邊界幾乎綿延到裏海。「這裡的主要人口確實都是哈薩克人。」他們一旦分裂，他們仍會「待在這領域內」，索忍尼辛的結論提到。[49] 目前的俄國領導階層呼應了這份感受，普丁就不時主張，在蘇聯垮臺之前，哈薩克從來都不是個國家。

「哈薩克已經獨立了幾乎三十年。我們好得很。我們想獨立。我們幹嘛不獨立？」名叫瑪麗亞的哈薩克青年告訴我，解釋著她對哈薩克是否應該成為獨立國家等問題的想法。

我和瑪麗亞．沃羅尼娜（Maria Voronina），還有她的朋友萊拉．圖留巴耶瓦（Leila Tyulebayeva），相約在阿拉木圖市中心一家時尚咖啡店碰面，就在古典歌劇院後方。登時被

---

48. 作者註：沙亞庫博夫（Mukhamet Shayakhmetov），《沉默的大草原》（*The Silent Steppe*），英譯者巴特勒（Jan Butler），Stacey International，二〇〇六年，第三十一頁。

49. 作者註：索忍尼辛（Alexander Solzhenitsyn），《重建俄羅斯：反思和初步建議》（*Rebuilding Russia: Reflections and Tentative Proposals*），Farrar, Straus and Giroux，一九九一年，第七至八頁。

強烈的對比嚇到。瑪麗亞是斯拉夫人，三、四代之前，她的家庭才從烏克蘭移居到哈薩克南部城市肯套（Kentau）。萊拉是哈薩克與韃靼人混血，出生在阿拉木圖。兩人都是二十好幾，瑪麗亞稍大些。

肯套距離古城突厥斯坦（Turkistan）僅二十分鐘車程，那裡是伊斯蘭偉大的精神領袖霍賈・亞薩維（Qoja Ahmet Yasawi）陵墓所在地；帖木兒（Timur）在陵墓上起造令人流連忘返的聖殿，但尚未完工。即使到今天，中亞人都相信參觀這座聖殿三次，相當於到麥加朝聖一次。我以前就造訪過突厥斯坦，對它的莊嚴肅穆和城裡的傳統生活方式印象深刻，可如今肯套與突厥斯坦相比變得很不一樣了。肯套是個新城鎮，住著國外移民和流放人士。建造這座城鎮的是二次大戰黑海沿岸遭到驅逐的希臘人。它的早期人口摻雜了希臘人、烏克蘭人、韓國人、德國人和猶太人，很多都是被蘇聯壓迫民族。韓國人是一九三七年才首度移居到哈薩克的，他們被史達林從海參崴驅逐出境，因為史達林認為他們會危害國家安全。這些韓國人講的是早已消失在朝鮮半島上的一種朝鮮方言，混雜了一些俄文；他們有些人曾教導仍舊是遊牧生活的哈薩克本地人如何耕種。至於德國人，首批移民在十八世紀下半葉時來到肥沃的窩瓦河大草原，當時俄國境內總數將近有兩百萬德國人，但一九四一年德國襲擊蘇聯，史達林遂決定將德國人驅逐到北極或西伯利亞，而走運一點的則是到哈薩克。

肯套座落在卡拉套山脈（Karatau Mountains）腳下，是許多傳奇故事和據說可以讓人長生不老或多子多孫的神祕所在發源地，不過這個小城摩登得很，是個工業與礦產中心，專門為現代世界所興建的。在昔日的蘇聯境內，遍布著許多像肯套這樣的地方，唯有在人煙稀少的哈薩克，人們才得以塑造更深刻的民族文化。

「在突厥斯坦每個人都講哈薩克語，」瑪麗亞解釋：「即使是俄國人。但肯套很不一樣。在突厥斯坦，大家會希望你講哈薩克語，突厥斯坦猶如信仰上的麥加。陵墓是神聖之地。但肯套不一樣。它是個工業城，住著形形色色的民族。我的學校裡就有十種不同的民族。」

現在也有所改變了。瑪麗亞告訴我：「跨國族群已經多數離開了。」他們倆用那種嘲笑的方式來形容一個由流放者建造的城市。她第一次有印象是在一九九二年，她家外面有一間糕點店，她可以從窗戶看到人龍綿延數百公尺，就為了排隊買麵包。「肯套以前被稱為綠草如蔭的小瑞士，後來變成空氣中飄散著絕望的小鎮之一。」夜晚屋外寒徹骨，全城煙霧瀰漫，是拼拼湊湊的大肚炭爐燃燒木柴所致。一如在前蘇聯共和國裡隨處可見，這些日子是社會分裂成兩個族群的時候，包括那些力爭上游、不擇手段拚命賺錢的，以及那些仍等著國家照顧一切的。可是國家連自己都顧不了。

瑪麗亞家裡沒有那種炭爐，因為她的祖父覺得屋子會弄髒。她唯一所知能掌握的只剩下清潔而已，還有，她所了解所謂的喜愛，就是提供乾淨的屋子和食物。瑪麗亞如果被逮到喝酒或抽煙，她的母親或祖母會打她耳光罵她，但她其實把那樣的時候當成他們彼此真正親密的僅有時光。「用一種變態的方式在分享情緒和感情。」

已經成人的瑪麗亞和萊拉交過各種民族的男友。瑪麗亞曾交往過韃靼人、哈薩克人，還有一個其實是德國佬的俄羅斯人——是個伏爾加德意志人（Volga Germans），在史達林驅逐令之後淪落到哈薩克。至於萊拉，她的家庭從不曾對她應該和什麼樣的男孩交往表示意見。如果她的父母不是特別虔誠的穆斯林，那麼她的祖父母顯然更不是。總而言之，倘若你追查三、四代前，結果不會是什麼原始傳說，而是正值蘇聯革命熱潮中期。由於俄語是她的母語，有些人可能認為她是「察拉哈薩克人」（shala Kazakh），這是個有貶低意味的字眼，意思是「半個哈薩克人」。她不再以穆斯林自居，事實上也已經修習摩門教一段時間了，曾想要成為摩門教徒[50]。」

瑪麗亞的哈薩克語說得比較好，不過身為斯拉夫族，她並不想這樣。我懷疑，她們仍被數十年或數百年以前的故事影響著：離鄉背井的斯拉夫人隨著光陰流逝變得越來越像亞洲人，失根的突厥人或哈薩克人則一點一滴擺脫掉原來的世界。看著面前的兩個朋友，彷彿兩個朝相反方向移動卻又偶然交會的故事，因為她們確實如此。

她們在大學入學第一天時認識，從此成為手帕交，可是她們的生活卻以一種有趣的方式交會在一起。兩人的入學成績都是最高分，而且開學前就知道對方，既是競爭對手也是彼此好奇的對象。瑪麗亞是烏克蘭族，可是似乎對歐洲或歐洲文化毫不熱衷。「我喜歡讀德國哲學家的東西，例如尼采（Nietzsche），但也僅止於此。有朝一日我會想去歐洲，當然，去看看一些建築，不過我心裡沒有對它有什麼興趣。我的心要帶我去中國、去日本、去土耳其。我甚至想去看看烏茲別克、伊朗、伊拉克，更甚於歐洲。我看起來像歐洲人，去歐洲太輕鬆自在，不夠刺激。」

另一方面，萊拉顯然對歐洲非常熱衷，一直告訴我她想去歐洲住一段時間，一一造訪所有地方。當我問到她們最想住在哪個城市或國家，答案和真實性格不謀而合。瑪麗亞想住在土耳其或泰國。萊拉選的是阿姆斯特丹和加州，這些地方人人忙著創新和打破成規。她們的選項只有一個共同點，被瑪麗亞不經意透露出來：「一定要是個有海邊的國家，這是當然的。」

萊拉常以為哈薩克是亞洲國家，有時候她仍會那樣談論它，可是自從住過韓國一年之

50. Mormonism，二〇一八年八月該教總會宣布以「耶穌基督後期聖徒教會」（The Church of Jesus Christ of Latter-day Saints）全名取代以往的摩門教簡稱。

後，她就不再這麼認為了。現在，即使是去鄰國烏茲別克，她都會覺得是一個截然不同的世界，「充滿異國風情，而且和自己家鄉樣樣不同。」在每個強國都想移位到超級大陸中心的時代裡，哈薩克人卻得天獨厚早已立足那裡。

我又問她們，哈薩克和誰關係最親密：俄國、土耳其、中國、歐洲，還是美洲？哈薩克的心臟在哪裡？瑪麗亞和萊拉異口同聲告訴我，哈薩克理所當然認為他們位居正當中，而且永遠都在中間。說不定它的心臟是在海邊和遙遠的大海。宛如想確認我的理論對不對，那一晚我到阿拉木圖歌劇院看了比才（Georges Bizet）[51]的《採珠者》（Les pecheurs de perles），劇中場景在錫蘭海邊，主角是梵天的女祭司，名叫萊拉。

51. 法國作曲家，《採珠者》是比才的第一部歌劇作品。

第五章　中國夢

高科技東方主義

「可是在語音辨識上，你需要一套運算法給英文，另一套給中文，所以機器會有它們各自的國家身分認同。」

我的交談對象笑了。

「未必。運算法相當通用化。」

「怎麼說？」

「它學習辨識語音，這個學習過程均等適用於每一種語言。給它輸入資料，它就能學會拉丁文或梵文。有些運算法甚至會發明自己的語言。」

我來到了北京海淀區的「百度科技園區」（Baidu Technology Park），會晤「百度深度學習實驗室」（Baidu Institute of Deep Learning）主任林元慶。園區包含了五座各自獨立的建築物，由長廊空橋互相連接在一起，鳥瞰著正中央的植物園，我們逐漸看到隱身在小溪和新種植的樹林正中央的太空艙。在這裡很容易迷路。海淀擁有數座科技園區，每一個裡面都有數十到數百不等已成立的公司和新創公司，或許規模仍只有矽谷的一半，但是急起直追。百度的訪客可以強烈感受到較勁的意味；訪客從花園到大廳能看到連接到較高樓層的巨型階梯——世界各地步伐緊湊的網路公司所共有的象徵。

「百度深度學習實驗室」是中國搜索引擎巨人——百度——維持其創新龍頭地位的手段之一，特別是要能將最新近的科技快速運用到不同的商務活動上，包括核心搜索演算法。「深度學習」是人工智慧裡的一個舊點子，很多人認為它最有希望讓我們做出非常接近、甚至在某些案例裡超越人類能力的軟體。它的主要根據是兩大概念。第一個，智慧機器必須要能夠自己學習如何執行複雜的任務。如果我們有充分的資料量和運算力，就應該能將真實世界裡得來的輸入與輸出配對，餵給一部機器，讓它計算出最棒的方程式去從其一算出其二。例如給電腦很多張狗的相片，電腦就能自己找出最能讓人辨識出是狗的特徵。這就帶到了第二個概念：資料倘若要模擬成真實世界的複雜物件，那麼必須經過整理，做成結構複雜的分層排列。「深度學習」這個名詞指的就是在逐漸抽象、概括性的模式裡，每一個運算單位從前一個運算單位接收資料，而底層的每一個單位負責接收外部資料。比方說某個影像的像素數據，底層把那個資訊往上分送給第二層的某些或所有單位。位於那個第二層的單位接著便將來自前一層的輸入資料整合起來，往更上層傳送結果。最後，頂層就會輸出：有一隻狗符合上述例子。就這一點，機器智慧如人類大腦中大量神經元的工作方式來收集資料。

語音和影像辨識是深度學習最即時的應用。林元慶告訴我，百度已經能開發出幾乎沒有失誤的語音辨識應用軟體，即使使用者對著他的裝置輕聲細語而不是講話，都沒問題。百度現在專注於把深度學習應用到自動駕駛上。未來要將深度學習應用在預報系統亦非難事，而未來指日可待。

「你會怎麼形容中國人對待科技時有何不同？」我問他。

「不只在這裡的實驗室裡，還有在大街小巷裡。社會互動劇烈，中國人是用集體觀點看待自己的。」

林元慶曾在美國工作過數年。回到中國後首先要重新適應的文化是糾正矯枉過正的矽谷式隱私。很難想像——比方說——在加州不會有人在沒事先安排的情況下打電話給他。在中國卻是人人都打電話，未經告知，無時不刻。

在討論科技時，談到這個問題看似有點怪異，可是事實上它可能息息相關、再發人深省也不過。科技無所不在，端賴社會互動的過程，從實驗室科學家的團隊工作，到不同的科技被散播遍及社會的方式都是。不同的解決之道必須經過一切可用的替代品加以測試。這個就是社會過程。甚至包括終端消費者當中對新裝置的通訊方式，到頭來，都受到既有社會中通訊模式的深度與多樣性影響。若是認為在中國密集的社會互動模式讓發展與傳播過程更有效，表面上很合理，可這一點就足以說明兩大科學文明的差異性相當驚人。科學文化所規定的模式與法則，仍仰賴它們所源自的日常世界。

今日走在中國城市裡，來自深度學習的應用軟體處處可見。語音辨識軟體可靠無比，所以很多年輕人可以口述寫出大學報告。如果你看到某個有意思的東西、拍了照片，特殊軟體可以直接帶你前往有販售這個東西的網站。如果出了車禍，拿出手機你很容易就能拍照，用影像辨識來判斷損害程度，向保險公司請求理賠。成都一名大學講師正在運用人臉辨識科技，不僅可以點名，還可以知道他的學生是否覺得上課無聊。翻譯軟體使本地人和遊客得以用他們各自的語言輕易進行長時間的交談。百度開發的一個應用程式，運用電腦圖像告訴盲人他前面有什麼狀況，從簡單卻重要的資訊，比方鈔票的面額多少，到較為複雜的訊息，例如對話者的年齡，以上都能包辦。百度同時也已經和一家全球食物連鎖企業在北京開設新穎的智慧餐廳，裡面採用了面部辨識系統，可以根據消費者年齡、性別和面部表情，提供點餐建議。這是因為餐廳裡裝置了影像辨識系統的硬體來掃描消費者的臉孔，可以推論他們的心情，猜測出其他包括性別和年齡的資訊，便能提出建議。

中國似乎已經進入了網路發展的一個嶄新階段，數位與實體世界的互相關聯性變得更緊密。在中國，行動裝置是實體世界一個最重要的連結與索引。關於這一點有諸多合理的解釋，比方說人口密度更高、中國絕大多數人的第一個電腦運算裝置就是智慧型手機而不是筆電，畢竟手機永遠都可以上網而且便於移動。不過我懷疑，主要的理由應該是對網路的不同哲學觀點所致。中國人把網路視為一種在世界上有行動力的工具，甚至可以改變世界，而不單是詮釋世界的工具。開發出網路最創新使用方式的，並不是互聯網企業，而是資產開發者，如銀行和保險業，還有大型工業化農場。中國企業將成為先鋒，將互聯網率先帶入實體經濟中最不迷人的行業。

像微信這樣的手機短信應用程式，可以用來支付房租，到商店買咖啡，可以找車位、找路、在開會結束後交換聯絡方式，還能從傳統車行叫計程車、和醫生約診、捐錢給慈善團體、匯錢給親朋好友或觀賞某一場大學上課的直播。兩年前，這個服務推出了一個「紅包」促銷活動，使用者可以送數位錢幣給親朋好友，慶祝新年，無須如慣例用紅色信封袋裝上現金。二〇一七年有一項使用者行為調查發現，微信使用者當中有百分之八十七點七都用APP做日常工作上的通訊；百分之五十九點五使用電話、簡訊和傳真機；百分之二十二點六用電子郵件。甚至扒手都已經採用了數位化偷竊手法：騙子把他們自己的快速回覆密碼覆蓋在原始的上面，誘導使用者把錢匯進詐騙用的帳戶裡，甚或竊取個資。林元慶所謂中國自我形象的共同天性，都顯露在所有這類事情上。不像臉書頁面，只有乾淨的檔案與簽名，微信的群組毫無組織，所有資訊一律平等，流進來又移進背景，彷彿全是由同一個作者所為。

參觀過中國回到歐洲，感覺時光倒流，踏進了一個仍在使用現金、電子郵件和名片的世界。歐洲人已經逐漸習慣社會與科技保守主義的新型態，廣泛抵制在各地出現的改變，通常會祭出嚴厲的監管調查，與此同時，亞洲似乎對革新上了癮，而且往往是為了改變而改變，特別是東亞國家，對科技著迷到發展出自己的邏輯，毫不關心實用與否。遊客到日本可能會發現這一點是它最大的特色，而不是那些在京都多少保存下來的謹慎禮節和儀式。看起來，在歐洲或美國，並不容許科技茁壯得太過目空一切或太過虛榮。在日本則毫無限制，因此人們津津樂道著幾乎無用的過激行為，諸如計程車門可以自動打開、馬桶座配備形形色色的功能，或者電梯的速度要像小飛機一樣快。二〇〇一年，科幻作家威廉・吉布森（William Gibson）嘗試解釋他對日本的迷戀。他給的答案是，日本已經變成「全球對未來想像的內定值（default setting）」。日本人彷彿是活在時間軸的盡頭在倒數計時，「是一個鏡中世界，一個我們實際上可以往來的異星球，一個未來。」[1]

為什麼風水會輪流轉？英國記者兼學者馬丁・雅克（Martin Jacques）提出一個說法，

關鍵因素在革新的速度。因為東亞的社會被迫要在最短時間內迎頭趕上西方，因此它們得出了一種改革經驗，其結構不同於歐洲或美國的。[2]在歐美，個別的經驗與巨大的歷史性改革毫不相干，歷史性改革在某些情況下其實超出了單一個人的一生。但是在日本、韓國或現在的中國，歷史性的改革幾乎與個人生命節奏同步發生。在闊別十年之後重返北京，足可證明，我們是在那些幾乎與我們記憶毫無共通性的地方拚命找尋自己的位置。

過去，迎頭趕上歐美的企圖始終在某些關鍵有所欠缺。有時候他們幾乎立刻嘗到失敗苦果，因為他們受限於最新一波的歐美產品或發明物，通常指的是軍事領域的東西，忘記為了要使用這些產品，人必須採取特定的行為和練習。甚至當他們更深入鑽研社會組織裡面時，現代化的革新常與社會中某些其他未革新的元素格格不入，僅是複製了西方發展的前期階段而已，且很快就會被下一個發展階段淘汰。近數十年來，日本、韓國和中國這些國家在結構上似乎有所不同，因為它們以一種更直接的方式掌握到現代社會與科技的精神，使我們猜測它們是否用甚至比西方本身更少的限制把它內化。中國若覺得已經趕上歐洲和美國，是否會

1. 作者註：參見威廉．吉布森（William Gibson），〈現代男孩和流動女孩〉（Modern Boys and Mobile Girls），《衛報》（Guardian），二〇〇一年三月三十一日。
2. 作者註：參見史達林，作品集（Works），卷XI，第二五八頁。

先停下來？還是會持續往前推進，用強而有力的社會、政治和人性的推論，追求新科技？此時此刻，中國的製造商正計畫要推出規模史無前例的機器人與自動化設施，希望創造出「黑暗工廠」——廠裡的燈可以全部關掉，因為裡頭只有機器。社會習慣和結構的瓦解很明顯，可是許多人可能把這件事當作是中國所主導的第一次科技革命，而這個說法給了中國原動力；這股動力在德國或美國這類早已經贏得眾人目光的國家，已不復存在。

歐洲與亞洲之間的鴻溝來自於這些觀念：歐洲已經進入不一樣的歷史年代，它本身就是進步和持續改革的象徵，而亞洲還是傳統的囚徒，一切改變如果真的發生了，也不過只是繞圈圈。歐洲人會去伊朗、印度或中國旅遊，尋找各種自己歷史過往所認同的異國風情，也會在異鄉找尋無聲的警告，讓他們知道萬一放棄對現代價值的信仰，他們可能回歸到什麼樣的世界。有趣的是，你有沒有注意到他們看待世界的方式——整個世界本就是為歐洲歷史發展量身訂製的——如今已經徹底改變了。亞洲不再是永不發展之地，它現在對未來有了特殊的訴求。若說有哪個都市符合電影《銀翼殺手》（Blade Runner）的美學，既黑暗又閃爍光芒，那麼那個都市無疑就是北京。這仍是西方看待中國的一種曲解，只是看的方向相反。如今，中國奮力爭取完全現代化，導致歐洲感到的焦慮更甚於其他地方。在這段過程中，歐洲人視亞洲社會活在未來，而不是過去；活在科幻小說的世界裡，而裡面沒有一件事既長久又真實。亞洲從運作得非常遲緩的社會，變成運作過快的社會。

這樣看來，鴻溝已經告終。

西方的問題

自十六至十七世紀現代歐洲崛起以來，世界的制度始終保存著同樣的基本形式。核心以外的國家面臨著抉擇，不是要採納歐洲的思想與習慣，就是索性被歐洲文明占領。歐洲文明等於透過經濟、科技與制度來確保軍事優越地位，以及直指傳統思想核心的開明意識型態。日本、土耳其和俄國這些國家是箇中佼佼者，它們集中精力努力想解決這個進退維谷的難題。俄國的解決辦法有一個名字：共產主義。作為思想，馬克斯主義或西方共產主義都與「西方問題」的內部關係密不可分，乃至於我們可以理直氣壯做出結論，說它沒有發揮其他歷史性的作用。

二十世紀極權主義的所有脈絡或枝節，不論差異和複雜度，最好看作是對西方問題的一種特殊回應。德國斷斷續續採取了向西方看齊的迂迴策略；日本和蘇聯自認為有必要對西方的思想優勢做出回應。代表西方思想的是英國貿易與法國自由主義所形成的共生體，後來被美國運用在北美大陸上。一方面，這些都是外來的思想，在地政權幾乎本能上就視其為低劣與墮落，但另一方面，卻無法漠視它們的力量。它們有能力製造最先進的機器，提高工業產量，因而壯大國家結構，威嚇那些阻擋他們的人。不論法西斯主義或共產主義發展出來的解決之道，都只從西方社會中抽出那些直接與權力相關的元素。它們的權力形式是權力崇拜，而極權主義社會建立在這種崇拜之上。一九三二年墨索里尼（Mussolini）[3]在《法西斯教條》（Doctrine of Fascism）下了這樣的定義：「法西斯主義國家就是要表現行使權力與控制的意願。」

這一點在谷崎潤一郎（Tanizaki Junichiro）出版於一九二四年的小說《痴人之愛》裡有生動描述。小說裡的主人翁迷戀西方，故事裡用少女奈續美（Naomi）作為象徵。奈續美，當然是日本人——符合她的西方愛慕者所追求的日本形象——但不論是她的名字或她的特徵都毫無疑問和西方有關。「你長得好像瑪麗・畢克馥（Mary Pickford）[4]。」相遇後主人翁很快就這樣告訴她。「人人都說我是歐亞混血。」她這樣回答。在故事中的一個關鍵時刻，主人翁恍然大悟他所愛之人毫無靈魂。照他所說，他最後必須承認奈續美不如他預期的那麼聰慧，永遠無法成為他的完美典範、精雕細琢的女人。「壞胚子就是壞胚子。」但他的迷戀因此消失了嗎？一點都沒有。就在她的心靈不再具有任何魅力時，她的肉體卻比以往更加吸引著他；她的皮膚、牙齒、雙唇、頭髮、眼眸無一不吸引他，其中都沒有任何一點靈性方面的東西。因此，她背叛了他對靈性的嚮往，可是她的肉體現在卻凌駕於他的理想。

從此刻開始，不意外地情節急轉而下，作者谷崎潤一郎擔憂日本政治對西方物質力量不顧一切的迷戀已步上險境，即將脫離能賦予深度意義的生活方式。谷崎潤一郎認為，如果日本變成一個精神空虛的社會，那就是因為它企圖仿效西方，但卻只限於模仿其形體或物質的力量而已。

對俄國民族主義人士而言，共產主義的意識型態利器能帶來些許好處與可能性。在一個兩世紀以來強烈暴露於西方影響的文化世界裡，幾乎不太可能會有任何能好好用來對抗西方的在地意識形態。但從另一方面來看，共產主義也是來自西方的進口產物，它具有一切西方在智識上的威望；同時，它卻不是西方國家的思想利器。共產主義這個帶有革命色彩的意識形態，以推翻目前歐美社會形式為目標，很容易就被俄國民族主義人士挪用，成為對抗西方的全球性鬥爭。諸如此類的模仿從來都行不通，可是假如你模仿的是對方試著壓制自己的東西，那就有可能成功。說不定你能在模仿的同時克服困難，或多或少同時享有兩個不同世界裡的長處。

3. 全名是 Benito Amilcare Andrea Mussolini，法西斯主義的創始人。
4. 加拿大女演員，在美國好萊塢成名。

俄國的民族主義人士顯然了解西方的優越感根源於一種科學的世界觀，一種思想與科技一致的體系，這一點難以光靠學習西方科技就能加以對抗。共產主義存在於同一個時空，因此，俄國人相信它具有和西方自由主義同樣的宣傳價值。無論如何，它都提供了另一個權力優勢、一種思想體系，強調社會的物質與經濟面向超乎其他一切，因此俄國可以集中精力在想追上西方的面向上。史達林在一九二八年一場演講裡說：

「我們必須追上並超越已開發資本主義國家先進的科技。我們在建立新政治體系「蘇聯」上，已經追上也超越了先進的資本主義國家。做得好。可是還不夠。為了確保我們國家的社會主義能贏得最後勝利，我們必須還要在科技和經濟上追趕並超越這些國家。若辦不到，我們就死路一條。」[5]

他相信，彼得大帝（Peter the Great）致力於改善俄羅斯的落後，狂熱地興建煉鋼廠與工廠以壯大軍隊，這件事注定是要失敗的。唯有靠無產階級在一套全新的體制下奮鬥才能克服那種落後。「只有我們布爾什維克黨能辦到。」這是意識和下意識都強而有力的動機。可是這個行動悲慘又荒謬的是，當列寧深深燃起對西方霸權的反抗之心時，他四處尋找，唯一找到的意識形態是從德國哲學家馬克斯拿來的二手思想。[6]

當今中國的狀況只複製了歷史上一些計畫其中的元素，畢竟中國偏離了西方共產主義。更進一步來講，中國已經從共產主義的國際運動學會一件事，那就是對西方的任何挑戰都必須以西方為根基才能實現。或許不必是源自西方的現存意識型態體制，而是一套可以和西方現代化社會匹敵、並具備西方社會的重要特性——操縱人性的權力。在中國，毛澤東只是根據更早之前的五四運動為基礎，否定傳統儒家價值，鼓吹現代科學文化。在文化大革命期間，毛澤東慫恿中國人「破四舊」：舊風俗、舊文化、舊思想、舊習慣。隨著文化大革命從城市轉移到鄉下，土地改革運動廢除了世代相傳的私有財產制度。祖宗祠堂與慎終追遠用的屋舍全被改成了學校或其他公共空間。廟宇被拆毀或變成現代化國家的象徵：學校、醫院、軍營和地方行政大樓。至今在都市當中，例如北京，這還是相當多見的景觀特色，在鄉村也不遑多讓。

其次，即便生產力凌駕於政治與文化的價值已有其他的論點佐證，但中國領導人仍然相

5. 作者註：參見史達林，作品集（Works），卷XI，第二五八頁。
6. 作者註：湯恩比（Arnold Toynbee），《歷史研究》（A Study of History），卷八，Oxford University Press，一九五四年，第一三五頁。

信馬克斯的物質主義才是有效的。而在我和中國官員的交談中，傳統的中國實用主義或新古典經濟學更常被用來合理化他們的生產力優勢。

因此，當代中國——全球資本主義的總部之一——已經和西方共產主義決裂，走向不同的路線。最後，它在蘇聯垮臺中，見到了共產主義既是西方也是反動派思想的終極力證，可是關於蘇聯路線的關鍵分析卻在更早時就已經提出來了。事實上，一九六〇年之後，為了讓政黨幹部做好準備，面對與莫斯科之間的意識形態分歧，散播意見不合的種子，包括透過管控出版品——眾所周知只在中國統治階層流通的「黃皮」和「灰皮」書——讓中國社會準備好走向更徹底的改革。如果共產主義已經在西方政治學的內部辯證中遭到挫敗，那麼它就必然會在冷戰的外部辯證中也遭到擊敗，中國毋須三度重蹈覆轍。

在這過程裡的一個關鍵實例就是「路線鬥爭」的概念消失了。這個概念最初是指兩種傾向之間的政治衝突。在某個時刻，它意味著被制定用來達成特定目標的兩套思想和方法體系互相牴觸。這個形式上的概念可以放入不同內容，但仍不完全地制度化且抽象，因為它是為了阻止一個能彼此調解的抽象體系。一條路線就是一個信念，先驗上就是被當成正確的，另一條就是錯誤的。這個例子已足以區分西方世界左傾與右傾的分歧如何跟路線鬥爭有所不同。

隨著「路線鬥爭」消失，革命性的共產主義也就等於被徹底放棄了，中國的政治格局變成了幾乎是徹底的政治中立，已不再能代表某個脫穎而出的特殊選擇，而是企圖盡其所能囊括越多利益與觀點越好。中國學者汪暉[7]曾注意到，政治菁英和資本擁有者之間的分界已經逐漸消失，使得前者多多少少無法起而對抗後者了。分歧成了討價還價或技術調整的問題，不再被視為無法調解。[8]

二〇一二年十一月，在習近平當選中國共產黨中央委員會總書記之後的兩週，他參觀了北京中國國家博物館的一個「復興之路」（The Road Towards Renewal）展覽[9]。在政治局[10]其他成員陪同下，他發表了一場演說，慶祝中國過去所經歷的奮鬥，並期許中國的未來一片光明。演說的結尾用了這一段話：「我堅信中華民族偉大復興的夢想一定會實現。」[11]

那段話激起大家瘋狂猜測關於「中國夢」和它背後意謂著什麼。習近平自己常常提到這

7. 被譽為新左派領袖。
8. 汪暉，《革命的終結：中國與現代性的局限》（*The End of the Revolution: China and the Limits of Modernity*），Verso，二〇一一年。
9. 展出一千兩百多件文物、八百七十多張歷史照片，主題是在回顧自一八四〇年鴉片戰爭以來中華民族在苦難中奮起實現民族復興的種種經歷。
10. 政治局，全稱中央政治局，是共產黨的中央領導機構。
11. 引用百度文庫網頁上所載演講內容實錄。

個主題，並試著清楚表達它的原意，他既沒有離題，也沒有提出太多內容。但若你告訴大家你有一個夢想，也相信終將實現，大家當然會問這個夢想是什麼，如果得不到答案，很多人就會判斷這個夢想因為某個理由必須保密。

這個夢想其實是國家復興或找回活力，也可能是復甦。但無疑的是，這個夢想的形象，要用來讓我們想起中國人難以忘懷、且歷史上為期不短的「世紀之恥」時期。當時，中國在鴉片戰爭戰敗之後（更屈辱的是，日本也加入了西方強權之列），屈服在西方宰制與霸權之下。那段時期，中國人只能夢想著重拾中華文明的昔日光榮。習近平似乎在說，這個夢想現在就要實現了。也可以說，中國夢扮演了與馬克斯主義同樣的角色，將抵抗西方霸權的形象提升到嶄新且更原創的層次。中國現在對自己的能力有了自信，覺得沒必要再用叛亂或革命的語言包覆在它的歷史軌跡上。如今，它嚮往那種追求夢想時崇高又浪漫的姿態，一如美國在步上世界霸主之路時，有能力發展出「美國夢」的想法。

然而，別忘了，問題還在：這個夢想究竟是什麼，它擁有什麼？或者，換句話說，中國與其領導人想要怎樣才會覺得結束國恥？習近平並沒說。可是歐洲或美國的政治領袖們在提出政治願景時也都沒說。傑出的社會不可能將其精力與努力局限在一條道路上。在茁壯擴張時，它必須廣納未來種種可能性。這一點，至少是現代生活的特色，而中國現在是否能真正被稱為現代化社會，取決於它是否能繼續對自己的未來保持開放性。和中國之前的政治口號相反的是，「中國夢」是有多層次、曖昧又抽象的。和每一個現代政治概念一樣，是開放式的。

中國夢賦予什麼樣的指導原則？如果我們不去理會這個夢想的內涵，接下來許多嚴重後果就會紛至沓來。首先，請注意中國夢是國家復興大業之一。中國夢與美國夢兩大神話之間最明顯的差別是，前者被看作是集體共有的。在一場從北京到烏魯木齊大城小鎮的海報比賽中，要求要以最初的概念為依據，中國夢被解釋成達成各式各樣目標的美德如健康、繁榮、美麗與孝順。這些目標沒有一個是要透過個人努力才能達到的，而是被當作一個強國能實現的一整套可能性。習近平在國家博物館所發表的演講裡極其明確，說出了中國夢的政治目標——並且具政治立場——在二〇二一年中國共產黨百週年黨慶之前「建設一個適度的繁榮社會」，並於二〇四九年中華人民共和國建國百年之前將中國改造成「現代社會」。

假如中國使用的方法和西方政治思想用的雷同，結論不可能有多大不同。這樣的前提延伸而來的問題就是一旦要實現這個增長國力的夢想，到底需要什麼條件。即使從每一個特定的內容或目標得來，仍有可能得到——透過「形上演繹」（transcendental deduction）——發展完整的政治信條。

就在這場描繪中國夢的概念後不到六個月，中國共產黨中央黨部內開始流傳一份機密文件。文件概述了黨的領導階層極力要求防禦政治的危險事物，它們統統都在「意識型態領域」裡，也要求以意識型態處理。這份文件開宗明義就說，有那麼一些人，想用從西方移植來的對立「憲法夢」取代國家復興的中國夢，聲稱中國應該奮起效法西方，採納憲政體制，並遵循西方式的政治模式。跟這點密不可分的是，還有第二種傾向，吹捧西方價值是「舉世通用的」，主張西方的價值體制「對抗時空、超越民族與階級、適用全人類」。這份文件接著徹底控訴了西方政治思想，諸如獨立自主的公民社會、經濟自由主義和新聞自由。中央黨部特別堅決要求恪守原則：「媒體應該充滿黨的精神。」媒體的批評主義必須受到管理，由上級監督。那些否定這個原則的人，利用媒體自由，並「藉由媒體挖洞滲透我們的意識型態」。如果放任錯誤的思想散播，批評者就會干擾要走哪條路或追求哪個目標的現有共識，並「阻礙我們國家在改革與發展上的穩定進步」。這份文件繞了一大圈才說到了「不干預」概念，但意思和西方所想的相反。中國人應該要抵禦的干擾，不是指干擾個人追求其夢想的能力，而是干擾國家追求中國夢的能力。

中央黨部不相信公領域或自由的公開辯論。一切都被視為意識型態鬥爭。一旦社會的思想形形色色變化多端，緊張局勢將更為明顯。國際上，不同的價值體系之間競爭激烈，敵對勢力毫不手軟企圖要讓中國西化、分裂。然而現狀西方強而中國弱。媒體的自由只會對目前較強盛的國家有利。官方報紙、廣播和電視網，是黨所信任的主流媒體，它們必須演出媒體監控官署所謂的主旋律，消除雜音的負面影響，以便塑造出一個井然有序、受到指導的政治意願，斬斷了其他一切的機會。

這一大套政治價值是所謂的現代化政治價值。它們是抽象又形式化的，根源於權力和收到效用的能力，其強調的是奠基於科學或科學基礎的條理分明和管理嚴明，但和西方的政治價值沒有半點相似。當現代與傳統之間的分裂最終崩潰時，留下的不是一個、而是很多個現代狀態；不是一個遍及全球的通用歐洲文化，而是一場爭奪歐亞主宰權的競爭，在這個政治地理區域裡以不同模式彼此並存。我所謂的「一場爭奪歐亞主宰權的競爭」是反諷某個更老的地緣政治觀，因為事實上現況已經改觀了。

當今狀況下，國際慣例與制度始終都是既有現成的。一個不同或是非主流的現代化世界不會改變那個狀況，雖然它確實引進權力和鬥爭的舊元素。因此，敵對的國家將會經常利用國際體系來對付彼此，同時又處心積慮要給自己爭得能符合它們自己價值的地位，最後來形塑國際體系。

二〇一七年二月，在一場國家安全研討會中，習近平主張，中國應該領導世界塑造一個新的世界秩序：「世界多極體系、經濟全球化以及國際關係民主化，這整個趨勢都維持不變。我們應該領導這個國際社區聯合打造一個更公平講道理的世界新秩序。」國家機關注意到，在他以往的演講裡從未說過類似的話。以前的聲明都是說，中國應該在即將到來的轉型裡扮演一個角色，而非去領導世界。會有這樣的改變一點也不意外。中國在四年前推動最野心勃勃的地緣政治計畫「一帶一路」時，就是懷著這樣的打算。如今，在二〇一七年十月，這件事已經被莊嚴銘記在《中國共產黨章程》裡，用了一段新句子呼籲全國「追隨一帶一路倡議」。

中國通往歐洲的橋樑

世上失落的城市都已經全部重見天日了，當代能相提並論的——滿足其他人從不知道自己位置的古老慾望——就是某個幾乎無人聽過、新近興建的城市。

這座位於與哈薩克邊界上的中國城鎮霍爾果斯市，在絕大多數地圖上都找不到。在過去三年裡憑空打造而成，很快就成了大街小巷密如蛛網的城鎮，宛如加州的城市。三線道的大街上還有嶄新的寬廣人行道。施工人員正繁忙趕工。從遠處看——最好是從哈薩克邊界——一道摩天大樓的天際線正在萌芽中。絕大部分的交通燈號尚未啟用，可是在一些街角的大型影像視頻已經在投影基礎新建設的藍圖，這些新建設預計要連接歐亞，在草原上交織成如彗星般的明亮箭頭。隨著城裡的設施一一安置好，這裡的人口已經攀升到大約二十萬左右。

中國人想像哈薩克是座連接東西方的城市，同時也是他們全球經濟計畫「一帶一路」的第一個體驗；「一帶一路」試圖以快捷的交通建設、貿易、金融與文化交流，把中國與中亞、歐洲連接起來。年輕人都聚集於此，他們不只是來自中國新疆省西部，還有來自更遠的地方。有一家店鋪在商業區的街上，販賣喬治亞共和國的葡萄酒，招牌上寫著五種文字：中文、斯拉夫文、拉丁文、喬治亞文，還有維吾爾人使用的阿拉伯文——在這個省分主要種族所用的文字。

我在想，這必然會在世界紀錄留名。當時我在富蘊縣用餐，那是一家生意興隆的餐廳，供應昂貴的魚肉與海鮮餐點。當一座中國城市裡有了第一家海鮮餐廳，就知道它的經濟要起飛了。商人在私人包廂見面談生意。員工趁著我來訪，學了一些新的英文單字，我在電子菜單上按圖片點餐。這個地方鬧哄哄的，充滿城市的氣氛。在富蘊縣我見到了博士豪（Boshihao）電子企業的一名員工，那是一家登記在南部城市深圳的公司，正計畫著要在霍爾果斯市開設它的機器人生產工廠，希望能在二〇一七年開始出口服務機器人到歐洲。每個人都太過忙於賺大錢，以致於無法很一五一十守法；或許交通燈號永遠都不會啟用。中國的年輕都市都滿溢著企圖心。這裡是新的蠻荒西部——純就字面上來講——因為許多年輕人從遠在東岸的中國大都會蜂擁來到霍爾果斯。

但只要越過邊界到哈薩克這邊來，人事物就比較柔和些。哈薩克的霍爾果斯市（古絲綢之路上有個霍爾果斯，而哈薩克阿拉木圖也有一個霍爾果斯）差不多一如以往：一座美麗的清真寺周圍聚集著十來幢老房子，一條路直通往邊界關防。可是你應該不會搞不清楚這兩座同名城市。之後再來的那一次，我搭夜車在新建的阿騰科里（Altynkol）車站下車，那種西部蠻荒的感覺又回來了。二十還是三十名乘客迅速消失無蹤，獨留我在荒涼的沙丘正當中與一群吃草的羊為伍。這裡不折不扣是個無人知曉的地方，但為何身旁佇立著一座簇新又壯觀的火車站，還有一座就快要竣工的兩線道公路？

車子開出車站在路上轉了個彎之後，突然就看見了它們：三座黃色的巨大起重機，在晨曦中閃閃發光。這裡是霍爾果斯的新建無水港，是雄心萬丈的新計畫，要在堪稱地表距離各大洋最遠的地方，興建全世界最大的無水港。這真是對全球化的諷刺。在霍爾果斯口岸執行長卡爾・傑森（Karl Gheysen）的歡迎與接待下，我們圍著一張桌子大小的地圖而坐，斟酌著此地正在發生的改革。

中國與歐盟已然是舉世兩大經濟體，再加上美國，可想而知它們之間的貿易關係會保持成長與多樣化。假設你在兩者之間的中心點上興建了一座口岸，貨櫃列車都能聚集到此卸下貨櫃，讓新的列車依照各自的目的地重新上貨，快速出站（我所見到的巨大起重機能在短短四十七分鐘內在列車之間移動貨櫃）。雖然這還只是開始而已，等到口岸完全啟用之後，可想而知，新興工業區和新城市就會沿著這裡的貿易路線如雨後春筍出現，利用新建基礎建設、廉價勞工成本和各個經濟區內越來越多的專業化產業。中國的製造商尤其會受到免稅進入俄國市場的誘惑——假如他們也在邊界另一端開設工廠，就能受惠於俄國與哈薩克是關稅同盟會員國的優勢。連接東方與西方的古代絲路可能就要回來復仇了。

在此之前，傑森在杜拜（Dubai）工作，他對霍爾果斯的願景，受到杜拜打造的港口經濟複合區啟發很大。因為一旦開設了經濟區，港口就會跟著發展起來，而港口繁榮，經濟區也會更繁榮。如果你想從無到有創造出如此浩大的計畫，就少不了這種互動關係。

傑森告訴我，比起物流障礙，這裡所有人幫忙拆除的是心理障礙——東西方之間、歐洲與亞洲之間的心理壁壘。那種障礙在政府與企業辦活動時都會與之周旋。倘若豐田汽車想要從某個它的日本或中國工廠運送汽車到哈薩克，它可以要求它的歐洲分公司來負責這些物流，而在布魯塞爾或鹿特丹的人就想出最短的運送距離，絕不是日本、中國與哈薩克之間的迢迢千里，而是荷蘭與哈薩克之間的距離。很難想像這些差別會變得多大，還有它們介入所謂的有效物流之程度有多深。到了某個時候，這個障礙將會崩壞，改變一切。我們將不再有一邊是歐洲，另一邊是亞洲，只剩單一一個連結更深的大陸。

相較於中國碼頭到歐洲的海運得耗時超過一個月，沿著這些橫跨陸路的新建鐵路貨運服務，只消區區十天很快就能到達西歐。如果是海港到海港，貨運永遠都是比較便宜的。可是貨物並不是在港口生產的，人們也不住在港口。其實，隨著中國的工廠往內陸遷移，為了解決海岸區的環境擁擠問題，尋求更廉價的勞工成本，橫渡大海跨越世界來運送貨物不再是明智之舉。以工業重鎮重慶為例，如果你只算陸路旅行的部分，從重慶到中國海岸，再從鹿特丹要去一個像基輔的東歐城市，距離其實和基輔與重慶之間的直線距離差不多。

表面上，一張新的鐵路、道路、能源與數位基礎建設網，將歐洲與中國以最短、最直線的路線連接起來，是很合理的。一帶一路倡議雄心勃勃要開創全球最長的經濟走廊，把歐亞極東的亞太經濟端，與其極西的歐洲端連接在一起。這將能促使兩大活躍的經濟中心，以及兩者之間——從中亞到巴基斯坦和裏海那些尚未釋放高度經濟潛力的地區——成為一體。霍爾果斯市是個激勵人心的做法，因為它很快就會成為中國與歐洲的邊界。畢竟，按最嚴苛的標準，哈薩克都是個歐洲國家，有部分領土位於歐洲的地理疆域裡。可是一帶一路卻不只是個物流概念。它具有極大風險，會擾亂了舊有的地緣政治現實，喚起一場十九世紀時的強權對峙，當時英俄兩國在地球上最浩瀚的陸塊上競逐權力。

從物流著手，你就會很快掌握更需要細心處理的議題。即使這個計畫還在草創階段，就已經創造出許多地緣政治危機。二〇一六年底，涉及了美國入侵伊拉克的黑水保安公司（Blackwater），其創辦人宣布新公司將在新疆成立一個作業基地，來支援巴基斯坦、哈薩克、烏茲別克和阿富汗的一帶一路計畫。在哈薩克，這個計畫已經引起對中國的恐懼，這些恐懼引燃了大眾抗議，危及納扎爾巴耶夫（Nazarbayev）[12] 政權的穩定。在巴基斯坦，連接到中國邊界到印度洋瓜達爾（Gwadar）的經濟走廊，必須受到武力保安，而巴基斯坦已經打造了一支盡忠職守的保安部隊，是擁有一萬五千名後備軍人與警察的編制，來保衛目前在為基礎新工程施工的大約七千個中國員工。二〇一七年四月，有一名印度國民遭到逮捕又判了死刑，罪名是從事間諜與恐怖活動，目的在破壞一帶一路。在俄國，這個計畫遭越來越多疑慮。有些人甚至指出烏克蘭危機就是俄國擔憂中國勢力崛起的後果。如果莫斯科必須勇敢對付亞洲的中國，那麼它會需要烏克蘭納入自己的整合計畫「歐亞經濟同盟」中。

12. 哈薩克總統。

二〇一七年五月，中國召開首次高峰會，邀集了大約三十個國家領袖，為一帶一路提供領導綱領。這個場合是為了用密集的電視節目和訪談、詳盡的新聞報導、音樂錄影帶，甚至床邊故事童書，在海外推廣一帶一路。這是歷來第一次，一帶一路計畫在最多的國際化媒體播送中成為頭條，許多歐美人首度見識到這個想法。

也許不足為奇，這些首度贏得國際知名度的片刻，同時也公開揭示了一帶一路要面臨的地緣政治困難與陷阱。參與高峰會的歐盟諸國拒絕簽署一份貿易聯合聲明，這些國家對於聲明裡忽視社會與環境永續性感到不悅，而且規定也不夠透明，特別是在公開招標的事情上。至於印度，它就在會議前一天宣布不會參與計畫，理由是一帶一路目前的形式會引起沉重的債務，同時，計畫中的一段路線，亦即連接中國與巴基斯坦的走廊，會經過充滿爭議的吉爾吉特區（Gilgit）和巴基斯坦占領的喀什米爾巴爾蒂斯坦（Baltistan），罔顧了印度主權與領土統一的核心問題。《印度時報》（Times of India）記者艾索克．馬利克（Ashok Malik）把這次的杯葛稱為印度史上第三大最重要的外交決策，前兩大是一九七一年決定支持孟加拉獨立，以及一九九八年的核子試爆。

印度拒絕了一帶一路，反對中國的計畫，很可能導致同年夏季在（西藏）洞朗高原（Doklam）的衝突；洞朗位於不丹與印度錫金邦（Sikkim）之間。六月十六日，就在北京高峰會後一個月，中國軍隊被發現在中國與不丹交界一塊備受爭議的區域裡進行道路延長施工。印度無法接受現狀被改變，因此越過它自己的邊界——在這個個案裡是個非常安定的邊界——防堵施工。洞朗高原下坡就是西里古里走廊（Siliguri Corridor），一塊長條狀的印度領土，將印度東北區和印度大陸區隔開來。如果中國能夠封鎖走廊，就能孤立東北區，這是戰時最具毀滅性的局面。二〇一七年八月上旬，軍事專家盧富強（應該是化名）[13]的話被中國國家媒體引述，說如果戰爭暴發，印度就會在中國轟炸西里古里走廊時陷入分裂。北京正在摩拳擦掌企圖強迫印度重新考慮不要跟中國勢力作對。結果這個險招——偽裝成邊界爭議的地緣政治競賽——在喜馬拉雅山區引發了真正的武裝衝突危機。

從中華人民共和國國家發展和改革委員會（National Development and Reform Commission）和中國開發銀行的一份文件中，可以清楚了解巴基斯坦一帶一路[14]——這一直是印度的心腹之患——規畫的規格與抱持的雄心。這項規畫透過中國企業與其大規模重組後符合中國式領導的價值鏈，企圖廣泛深入巴基斯坦經濟的每一個領域。其中一個關鍵元素是透過必要的基礎建設和一個給予支持的政策環境，來發展新工業區。中國為巴基斯坦做的打算，重點放在

---

13. Lu Fuqiang 的英譯名。
14. 這項歸就是「中巴經濟走廊規畫」，簡稱 CPEC，全名是 China–Pakistan Economic Corridor。

農業與低階科技工業，精進專業化模式，讓中國能升級往更高價值的產業與領域。這項建設巴基斯坦的整體價值鏈計畫只概述了農業的部分，包含了種子與農藥供應。資金融通是優惠的帶動機制，對農業有興趣的企業可以從中國政府與中國開發銀行取得免費資本與貸款。

這項計畫也對紡織業大表興趣，不過重點放在紡紗與粗布，這些可提供給正在新疆開發服裝產業裡較高價值的領域所用。這項規畫還提及，有些中國剩餘的勞力可以轉移到巴基斯坦，同時將國際價值鏈形容為「引進國外資本並建立國內連結點，作為西方與東方的橋樑」。最後，連接中國與巴基斯坦的光纖，將為傳播中國文化的數位電視新服務打下基礎，還有電子監控系統可確保這項計畫安全無虞。這項計畫將小心翼翼受到政治指導：「與巴基斯坦的國際企業合作應該完全由政府帶領作為支援，銀行是個媒介，企業則是骨幹。」[15]

中國已經著手進行一項龐大的國際政治工程，其回報將非常巨大，但也因此充滿風險——會危急每一個人——同時也引出疑問：為什麼歐盟到目前為止被冷落在一旁。有人認為，這項歷史性的歐亞大陸陸路復興計畫，歐洲將會扮演主動角色。

雖然一帶一路倡議的重心自然而然就在中國周邊，歐洲卻是它的終極目的和最大的理由。中國不斷提到絲路與它的關聯，就是要帶我們重返連接大西洋與太平洋的古代貿易網路。在北京海淀區人民大學接待我的主人王義桅（Wang Yiwei）特別強調這一點。他主張，一帶一路對歐洲和中國同樣重要，具適時處理了本可能持續困擾歐洲人的難題。有兩個例子在此值得一提。第一，由於烏克蘭危機讓歐洲大吃一驚，王義桅認為：「若為了加強歐洲的團結心，就不能再靠目前歐盟的做法採取行動。」在這裡，他也提到了敘利亞，再次提醒歐洲若要生存或繁榮下去，就要注意東方。第二個例子，他提到一帶一路給了歐盟一個明顯的機會，致力「轉向亞洲」（Pivot to Asia）；這在美國持續耕耘亞洲的背景之下更顯急迫。[16]

最近，多位歷史學家做了這樣的解釋：古代絲綢之路比較無關乎貨物貿易，而比較是做文化交流，思想、宗教與人們在當中流動。貿易規模其實始終有限又局限在地方，但文化交流卻是改變世界歷史的走向，這不是僅此一次，而是發生了好多次。[17]

到頭來，一帶一路也是如此。從基礎設施、貿易到政治，文化和安全的溢出效應不是規畫失誤，而是最基本的特徵。在習近平的領導下，中國知道它是在冒險成為一個巨大的新加坡或香港——兩者都是經濟強國，以貿易關係和世界其他諸國相連——否則就會成為政治小

15. 侯賽因（Khurram Husain），〈CPEC 總體規畫揭露〉（CPEC Master Plan Revealed），《黎明新聞》（Dawn），二〇一七年五月十五日。（CPEC 全名是 China–Pakistan Economic Corridor，中巴經濟走廊）

16. 作者註：王義桅，《一帶一路倡議：中國崛起的天下擔當》（*The Belt and Road Initiative: What Will China Offer the World in Its Rise*），New World Press，二〇一六年，第六十五至七十頁。

17. 作者註：芮樂偉．韓森（Valerie Hansen），《絲路新史》（*The Silk Road: A New History*），Oxford University Press，二〇一二年。中文版由麥田出版發行，二〇一五年八月。

島，沒有能力讓外界見識它本身的視野和價值，最終只能依賴非它所創、非它能掌控的全球制度了。根據多項估算，現在既然中國已經是全球最大經濟體，中國覺得自己的政治與文化影響力也該有等比例的成長；就從它在東南亞與中亞的鄰居著手。我在北京和中國學生交談時，他們一致重申中國想要把近四十年前鄧小平改革開放以來，中國所承受的種種都還給全世界。

中國當局打算藉一帶一路，把國家的形象從躍躍欲試參與全球經濟，推往新階段，成為一個擔起責任安排並塑造全球經濟的國家。透過擴大海外影響力，中國會發展新的政治概念，以對抗西方人權、自由民主的抽象概念。負責規畫一帶一路的是國家發展和改革委員會，該會的張燕生告訴我，這項規畫意謂著「連接我們的民心」。當一個國家扛起它的擔當想讓全球團結在一起，那麼可以確定的是，它很清楚種種困難，但也決心要接納一切。

過去，中亞大草原是新文明的誕生地，也是老舊文明的葬身地。霍爾果斯有說不完的歷史，但卻沒有過去。那裡沒有廢墟，沒有麻札（mazar）[18]或舊尖塔。你在那裡會看到的，是未來。

實踐是測試真理的唯一標準

「我們已經知道你們的想法，但我們不同意。」

我剛剛在人民大學的重陽金融學院做了一場關於一帶一路的演講，不過影響力智庫的執行院長王文解釋，他早就充分了解我的想法了。前一晚我在北京大學參加了一場研討會，馬上這些想法被各個領域的專家在他們常用的通訊APP上討論了一番。或者說，這些想法已經被充分批判與駁斥。

「對你而言地緣政治無比重要。可是我問你，你有沒有讀過官方對一帶一路的戰略文件？那裡面可有地緣政治這個詞？」

王文指的是中國政府在二〇一五年三月發表的一份文件，標題是《推動共建絲綢之路經濟帶和二十一世紀海上絲綢之路的願景與行動》。絲路經濟帶的重點在橫跨歐亞大陸，團結中國、中亞、俄國與歐洲。陸地部分被稱為經濟帶並非巧合，一條路就只是兩個點之間的轉運鏈，但一帶卻是貿易、工業和人的力密集經濟走廊。海上絲路的設計是要從中國海岸，取道南中國海與印度洋，通往歐洲；另一條則從中國海岸取道南中國海通往南太平洋。海上絲

18. 中世紀伊斯蘭世界的陵墓或神壇。

路規畫的重心在建設暢通、安全又有效率的運輸路線，把重要的海港連接起來。陸路與海路部分若合起來，將能接起大約六十五個國家。對這個聯合規畫，中國首選的縮寫——毫不意外——就是「一帶一路」。

這份文件給彼此經濟體提出了一個更宏偉的整合方案，以促進條有條有紊、自由流暢的經濟環境，讓投放資源更有效，也更深度整合市場。最重要的是，這項倡議理當遵守市場規則。裡面確實沒有涉及地緣政治。要不是從未考慮過，就是一切都經過審慎檢查與修訂，讓它看起來像是一份商業企畫。王文堅稱，我的西方思維強調差異與對立，但在中國，至少那些沒有被同一套說法感染的人，都會對合作與協議感興趣。他說，別的國家或許不會接受西方的價值與思想，但會接受中國的道路與發電站。

「你以為那只是公共政策？你以為還有一份機密政策沒寫在這份文件裡？不可能。中國是個非常大的國家，有很多行政區和地方政府。想像一下，如果它們被告知一回事，要做的卻是另一回事，會有多不知所措。」

我回到自己的座位上。當然一帶一路本身沒有機密政策。我可以接受中國當局對地緣政治沒興趣，但萬一地緣政治考量最後成了關鍵，根本沒有要或不要。我向王文指出，西方的地緣政治思想已經演變成一種深刻的理解。就像是心理分析一樣，它不應該描述得馬上就讓人理解，大多時候是意識之外的各種力量變化，需要特殊訓練才能理解。

雖然《願景與行動》沒提及地緣政治，但在一些最讓人感興趣的部分卻提出了牢牢仰賴政治勢力的一個經濟整合理論。這份文件裡最具野心的論述可能與經濟政策協調有關：「沿線各國可以就經濟發展戰略和對策進行充分交流對接，共同制定推進區域合作的規畫和措施，協商解決合作中的問題，共同為務實合作及大型項目實施提供政策支持。」[19] 中國當局沉浸在馬克思主義理論中，很懂得用一套世界制度來表述全球經濟核心裡經濟力的關係與依存性。專業化模式與相對優勢，決定每個國家在全球經濟裡的位置，也就是最後預期能達成的絕對或相對繁榮的程度。全球經濟不是一個平坦的遊樂場，而是一個有組織的體系，有些國家在裡面享有特權地位，但有些如中國，則想盡辦法要爬到發號施令的高度。

中國決策階層和他們的西方對等強權所持的前提一樣，那就是經濟與金融全球化，使任何一個單一國家想追求某個特定的經濟願景難上加難。中國人不願意棄絕一切形式的經濟計畫，只願意修訂全球化的規則。《願景與行動》裡提到了一個當務之急，就是要改善「優化產業鏈分工布局」。若講到工業製造價值鏈沿線的分工，反映到一帶一路上各國國家利益的

19. 這一段文字引述自該官方文件中文版。

位置與偏好，很可能大異其趣，甚至互相牴觸。在這樣的情況下，觀察家們不該帶著任何幻想，以為中國身為倡議推動者，就能獨享有利的位置。

在全球價值鏈的時代裡，國際專業化與分工的模式格外息息相關。今日，幾乎沒有產品是在某個單一國家製造的。一個國家的進口品，實際上很可能都是「中間貨品」，換言之，這些進口用來製造國內的日用品、零件、部件或半成品。重商主義看待問題的方式，是視出口為好、進口為壞，但等到全球價值鏈興起，這個看法就會變得例外不斷，甚至自相矛盾。倘若一個國家對進口中間商品課以重稅並加以阻礙，那麼它的出口業就會頭一個遭殃。因此，國內工廠需要一個可以仰賴的途徑，好取得世界一流的商品與服務，除了進口，更拿來優化它們的生產力和出口競爭力。在這個嶄新的時代，應該要有跨國界的概念。一旦中間貨品能多次跨出國界，那麼即使是微小的關稅和邊關瓶頸都會日積月累產生作用，而抵制進口的保護措施，會增加生產成本，降低你的出口競爭力。

這些論點對貿易自由化都是好的，不過，若你能將生產線布局在最有效率的路線上，事情會如何發展？假如貨物完全是在某個國家內生產，你應該可以全權掌握整個流程；一旦貨物是在全世界生產，它就是每條價值鏈裡複雜的分工所綜合而成的結果，那麼事情就會變得相當棘手。你想要的就是精挑細選每個價值鏈裡頭最傑出的能手。產業政策越來越任務取向，而非產業導向，但若想做到這點，就必須能左右其他國家內部的產業政策，才能在整個價值鏈裡布局生產線。一個國家若可以在某一段供應鏈上發展出具較高價值的產業，而非在已成熟的產業裡提高生產力，獲利會更大。

因此，假如中國想要專攻現有價值鏈的某些特定產業，它就需要在其他國家找到很高程度的互補性。想要實現這一點，唯有正確的運輸與通訊基礎建設都準備就緒，且那些國家都採用正確的經濟決策。有一位中國專家告訴我，一帶一路就是「跨國」產業政策的第一個樣本。「在以前，所有的產業政策都是國家的。」他說。他抓到了重點，即使是歐盟，當他們雄心萬丈創建跨國規則與制度架構時，往往都揚棄了自己的產業政策，理由是這樣一個政策無法在跨國層次上複製。這意味著不同的整合模式將產生衝突。

運輸與通訊網路無疑是發展全球價值鏈的先決條件，然而最關鍵的因素則是這套產業政策的決策權；有了決策權，各國方可跨入某個已被占據的價值鏈裡面找尋新價值或新部分。為了避免陷入中等收入的陷阱——意指某個國家在獲得某種程度的收入後，被之前的成長模式困住——並加速提升到更高價值的產業去，中國想要向那些占據某個產業與價值鏈的國家，有效發展它的產業政策。作為回報，中國可以提供便宜的融資，還有它的經濟模式經驗——這些經驗已成功證明能在極短時間內加速工業化與都市化。

實際上，中國的產業可能需要可靠的零件或中間貨物供應商，要不然它會設法在海外設立組裝廠來規避進口關稅，同時把製造鏈的主體部分留在中國境內。它會設法製造新機會，外銷原物料或中國製造的中間貨物，或反過來說，是確保原物料能穩定供應自己產業所用。

政治與經濟力，有其一便可無縫接軌兼有其二，這並不會太難。我謹記在心，即使一帶一路計畫只和經濟有關，那不代表它就完全和政治無關。離去之前，有一個問題我需要問王文。

「你對一帶一路的描述完全都根據經濟價值而來。沒有半點和政治或文化有關。為什麼？為什麼你認為經價價值能具普遍性，可以吸引到其他政治價值所吸引不到的人？」

王文笑了笑，熱情洋溢給了解釋：「鄧小平說過，實踐是檢驗真理的唯一標準。」他轉頭問他的助理，迅速討論了一下在英文裡有哪個詞最貼切：檢測、尺度？他們一致同意用檢驗，不經意透露出大人物所用的字詞必須準確無誤。「因此你看，實踐應該領導我們。我們從事實中尋找真相，從現實而非理論著手。」

真相是，歐洲與中國的行動架構徹底不同，遊客自可慢慢眼見為真。歐洲人用他們的心智設想出一個理想模式，然後付諸實踐，他們改變現實使其成為類似已計畫好的模式。歐洲的哲學自柏拉圖以降，強調找出連接模式與現實之間的方法。但是對中國傳統思想而言，這一點從來不成問題。與其打造一個行動用的模式，中國人慣於考慮事件的來龍去脈，他們身在其中任自己被事情的傾向帶著走，再從其結果汲取最大的收穫。歐洲人會去看到外在環境中足以摧毀絕佳計畫的阻礙，而中國人卻是想從中獲利，利用狀況中的有利因素，不斷加以運用並允許它們暴露出來，例如觀察風向，好讓自己最終加入戰場時，敵手已經棄械投降，正所謂「勝仗之軍勝而參戰，敗仗之軍戰而得勝」。[20] 循著這樣的傳統，現代中國正在發展一套全新的政治價值，其核心強調的是國力與效力。政治目標要從實際情況而非理想圖像中實現；實現這些政治目標勢在必行。因此，不同的行動架構看似全被保留在歐洲與中國各自的現代政治裡。

那一晚我回到人民大學，為一場由王義桅主持的一帶一路研討會做演講。事情進展快速可見一斑，居然已經可以為一帶一路舉辦整場研討會了；王義桅也是寫下第一本一帶一路英文專書的作者。他找了一名學生到人民大學的西門公交站接我，我們和一群歐洲學者，還有跟該校有關的智庫專家一起在大學食堂裡吃晚餐。演講開頭，我引用了和王文在當日上午的對話：

20. 作者註：弗朗索瓦．朱利安（François Jullien），《論功效：中西思維大不同》（*A Treatise on Efficacy: Between Western and Chinese Thinking*），University of Hawaii Press，二〇〇四年，第十六至四十頁。

「今天上午，這所大學裡有位很具影響力的思想家告訴我，我之所以習慣用地緣政治來思考事情，是因為我是歐洲人，可是在中國沒有人這樣做思考。我很樂意接受，地緣政治不是思考一帶一路的好方式。如果我的想法聽起很外國，你們得諒解，你們會知道我很努力跟你們學習，而且已經比昨天少了一點外國味了。」

會中激烈交換想法，但以任何標準來說都不算是自由暢快的。比方說，在回答學生提問關於中國在南中國海的領土主張時，我格外小心翼翼，比我在當政治家論及同樣令人焦慮不安的議題時還要謹慎。雖不是很刻意壓制，但每個人都覺得有責任留意在被監視的情況下所發生的事。如果某個特定的大學課堂上、畫廊或地方新聞裡，出現了禁止或不便公開發表的訊息，主事者與其說是政治失誤，倒不如說是對思想失誤負責——這是一種判斷和預期的失誤——必然會對主事者的事業產生負面影響。從另一方面來說，各種想法快速交流，嚴肅以對；對比於我經常在歐美大學和智庫普遍遇到的冷淡，那是令人感到愉快的經驗。次晨一早，我收到一封來自研討會學生的電子信件，更加證實了那股印象。電子信件上說：

「身為主修政治學的學生，我看待『一帶一路倡議』比較政治性。中國正面臨一連串邊界問題，從東海到南海，還有從西藏到新疆。解決它們困難重重，有來自宗教的、歷史的、政治的、來自政治盟邦的，以及來自美國的壓力。尋求利益、對中國崛起的不安，還有美國的逼迫，統統成了衝突的催化劑。中國想要一個相對平靜的環境從事發展，頭兩個問題可以靠和其他國家建立新的緊密關係加以解決或改善。如果要尋求利益，就應該有可能合作。最後一個問題既複雜又危機重重，只能靠尋找新的發展途徑來解決，和其他國家建立合作關係。中國因為自己的經濟規模被接納，但是不受歡迎，它的想法也不被了解。倘若其他國家一直都不了解中國，問題就無法解決，原因絕不是出自中國人貪性所帶來的爭強好鬥。中國的思想是由中國人民決定的，而中國人民始終都很勤奮工作、務實溫和，盡量避免衝突又喜歡講和。在我們心中，和其他民族維持好關係就是合作，一起賺大錢。我已經知道『零合遊戲理論』。當然，這種想法切合現實，可是它幾乎對中國人沒有吸引力，絕大多數時間我們厭惡混亂無序和激烈鬥爭，即便這能帶來利益。舉個例子來說，我們欣賞的人是『不戰而屈人之兵』，更而非乘勝追擊的將軍。中國人喜歡把眼光放遠來考慮事情。對中華文化而言，只有發展與改革是唯一永恆不變的事，融合就是包容，學習不輟是天性。你會一直看到中國人很可笑地說『為全世界合作、一起攜手發展』之類的話。這就是他們的想法，理性上雖知道是不可能的，但情感上依然不改。中國人能感受到西方文化的排斥。如果你想要了解中國夢是什麼，那應該就是夢想能被世上其他每個國家接受、欣賞並尊重。這點不同於所謂的『朝貢制度』，但在中華文化裡是有這樣一種心理上的身分認同感的。想了解中國人的思考方式，就要從歷史著手。或許，甚至連國家認同都與歐洲大相徑庭。」

引用朝貢制度相當不尋常。超過兩千年之久，中國的統治者制定了一套國際關係制度。這套制度建立在中國皇帝從外國統治者得到義務進獻的貢品，藉此獲得他國承認的至高權力。這套制度把整個世界理解成一個單一政治單位，可看作是中國的傳統住家布局：中國當然是正當中的大廳，內部的屬國就是門窗，而外圍的屬國是籬笆。這套制度把中華文化自開端以來，卻在十九世紀遭受歐美帝國主義欺壓的期間，與其他國家的關係定義為「三千年未有之大變局」，這是大清帝國在十九世紀下半葉最重要的官員李鴻章的名言[21]。

當然，我們可以說，朝貢制度十分通情達理。與其制定抽象的國際法，朝貢制度假定國際關係必須互相透過實際的儀式不斷重申並一再更新。在很的程度上，這套制度同時也是擴大儒家社會與政治秩序的日常實踐：階級嚴明、保守、儀式化。對於中國的皇帝來說，接受進獻就是在實踐國際制度，而中國給予進獻者的帝國回禮，其價值往往超過進獻貢品。

人民大學學生所分享的信念並不陌生：互相敬重、相互信任、互惠、平等，還有雙贏合作。他們還意有所指提到中國享有特殊的一個階級制度思想：不論如何，假定周邊外交有一個中心。以教化概念為核心的國際政治代表忠誠、感激和友誼，這些價值很容易表現從屬關係，而報復則是面對境內獨立分子時中國外交政策的一部分。舉例來說，二〇一六年十二月，就在西藏精神領袖達賴喇嘛訪問了蒙古國後一週，中國關閉了蒙古國邊境一處重要口岸。礦業鉅子力拓集團（Rio Tinto）數百名貨車司機滯留在剛茲莫德（Gants Mod），飽受蒙古東南部的酷寒氣候。為了回應這些制裁，蒙古政府被迫發布多份措辭含混的公開聲明，用來裝成「達賴喇嘛禁令」，同時讓蒙古將其行為解釋成單純信仰，而當地機構將不會再邀請他。

鏡中奇遇

我們心中對古老絲路有再清楚不過的印象：一長串駱駝轉進中亞沙丘，消逝無蹤，或者走近某座商隊客棧。但一帶一路呢？我們對這個倡議的心中印象又是如何呢？

我認為有兩種極端可能。第一種來自俄國作家弗拉基米爾·索羅金（Vladimir Sorokin）

21. 這句話是李鴻章在上呈同治皇帝的奏摺寫的原文。

二〇〇六年科幻小說《特轄軍的一天》（*Day of the Oprichnik*）[22]。以下是他所謂的「康莊大道」的描述：

「真不可思議。從廣州奔騰了整個中國，然後轉彎經過哈薩克，進入我們的南牆（Southern Wall），接著橫跨整個蘇聯直抵布雷斯特（Brest）。從那裡——直接到巴黎。廣州—巴黎大道。所有必需品的製造業一點一點遍布中國，它們開闢這條大道把中國連接到歐洲。」

十條鐵路軌道和四條子彈列車地下軌道不算是小小的工程成就，但毫不意外，他們也對各種蓄意破壞所設置超過尋常標準的保安措施感到自豪。新的運輸基礎建設計畫是絲路經濟帶的一部分，原則上沿著類似的路線開發。越是舉足輕重，就越容易成為恐怖分子與叛亂分子的目標，以致於計畫發起人不得不採用一切必要措施，把風險降低到能掌控的範圍內。結果成就一個連接兩端終點的計畫，卻與途中穿越的地區完全隔離開來。霍爾果斯的無水港符合這個模式：要不是有生意要做，你根本不可能偶然發現它。

另一個模式是「城市帶」，這在近代早期曾經將義大利連接到低地國——歐洲兩大商業資本主義中心。這些城市是一系列的貿易與金融點，也是旅遊與文化交流的所在地。如果這個模式在中亞複製成功，那有沒有可能就是個古代絲路的全新優化版？不是不可能。有意思的是，你又會在霍爾果斯再度發現這類發展途徑最初的樣貌。

從邊境關卡僅僅數百公尺之遙，這一次是在中國這邊，有一座龐然大廳，外面大排長龍。起初你會以為這是邊關，因為一旦進了屋裡，程序無異於任何邊防海關與移民檢查。身穿制服的警衛會檢查你的護照，問幾個問題。當他們揮手叫你進關時，你卻發現自己並不是在哈薩克，而是在「國際邊境合作中心」（International Centre for Border Cooperation）[23]。

這個概念非常簡單，不過實際上卻是前所未有的新嘗試。想像一下，有個區域，裡面的人不需要持身分證明就能自由穿梭通行，而且這裡的交易稅賦也無其他限制。歐盟就是這種概念的樣本。現在輪到中國和哈薩克這樣的國家了。的確，它們既不樂意也不能開闢類似的自由行動與交流地區，不過，它們能做的就是在它們的邊境領土上劃定一小塊區域，在有限的規模下來做。踏進國際邊境合作中心，依然是在中國境內。裡面禁行私家汽車，但你可以搭乘計程車、個人用高爾夫球車，並使用較大型的推車。從入口處的人龍到高爾夫球車，空氣中瀰漫著驚奇與歡欣的氣氛，一切宛如遊樂場。真正到達兩國的邊界時，只有一座象徵性

22. 特轄軍是俄國沙皇所設，執行沙皇的暴徒統治，執法暴力雷同於秘密警察、禁衛兵。紐約時報中文版網頁譯作《騎兵橫行的日子》、《特轄軍管的時代》。

23. 二〇一二年中國和哈薩克達成免簽證協議，由兩國領土共同組成設立的經濟特區。

的門。繼續走，最後你就會到達國際邊境合作中心與哈薩克之間的邊界。到了那裡就不能再往前了，不過在合作中心的邊界之內，你可以跨越兩國邊界，多少次都無所謂，就好像你是移動在——比方說——德國與法國之間。

這項措施的主要目的，是要在形形色色的賣家裡找到免稅品的好生意。雖然能帶走的貨物有數量上限，但數額並不小，假以時日，上限也可能增加或取消。以目前來說，整個區域無異於一座大型購物商場。中國的領域包含了許多獨立的市場，供應每一種商品；而哈薩克的領域小一些，還在發展的初期階段，要開發的話其實比較複雜，需要民族學者大展身手。在中國這一邊有一家非常棒的旅館，只不過想住在旅館裡的商人們可能寥寥無幾。我找不到名副其實的餐館，沒有什麼娛樂，甚至沒什麼地方可以安靜閒逛。不過假如有所改善，這片原本占地廣大的區域進一步擴建，那麼這個想法就會落實。一座跨國城市，人民可以在兩國之間居住、工作、自由取得裡面所供應的一切。這正是該區域所期待的模式。

等到長日將盡該離開時，中國公民必須走中國這邊的出口，而哈薩克公民走他們那邊的。他們全都提著大包小包沉重的商品。小型的哈薩克商家來這裡購買中國免稅商品，完全說得過去；有些人其實和我搭乘同一班夜車，從阿拉木圖迢迢千里而來；在阿騰科里車站有一種巴士專車，可以直達國際邊境合作中心。但對中國人而言，誘惑居然也不少。這裡沒有賣很多哈薩克商品，可是中國貨價格低廉，而購物經驗又別具一番魅力。唯有在中國，才有人會想逃離商業貿易之都，跑到更能好好體驗商業與貿易的僻靜公園裡。

小人國的美夢

「客人好！歡迎來到義烏國際商貿城。」

我坐在計程車後座，聽著英語錄音的熱烈歡迎，心裡想的畫面是打開車門時下車的那刻，某位商賈手上漫不經心地提著一個裝滿綠花花鈔票的大塑膠袋。在這座越來越出名的城市——從上海搭火車兩小時——一切都還相當粗糙。到義烏城的商人大多數來自巴基斯坦、中東與非洲。有些人仍偏好現金交易，不透過銀行。另有些人根本連銀行戶頭都沒有。這裡幾乎沒有歐洲人或美國人。有人解釋給我聽，歐美人士寧可去廣州，那裡的每一樣東西規模都很大，而且符合資本主義不講人情味、冷冰冰的邏輯。

我來到了義烏福田市場，會晤來自新德里的印度穆斯林賽赫爾．曼蘇爾（Sahil Mansoor），他在印度拿到軟體工程師學位後搬到廣州，卻很快看到義烏出口業前景看好。如今他創立了自有品牌的玻璃五金事業，而此地這個行業少有外國人。他講起話來連珠砲似的快，一口流利的普通話是他在市場裡做生意學來的，不是書本或老師教的。

我在曼蘇爾的小店裡等他時，簡短和一名來自塞內加爾的潛在客戶閒聊。他問接待員某一款玻璃製品有沒有不一樣的尺寸。沒有，所以他走掉了，去別的店鋪——成百甚至數千家——銷售廉價玻璃的店鋪找機會。在廣州，可以按規格來採購，可是這裡的生意人是為他們位於非洲或亞洲郊區的小超市，而非全球性大型連鎖店做採購。走在城裡，會遇到數以萬計的商務客，多采多姿形形色色，在全球資本主義不那麼光光彩奪目的一面摩拳擦掌。

在義烏，這裡有一個阿拉伯特區、一個土耳其特區和一個印度特區。由於無時無刻都會湧入眾多生意人，定居的人數逐年增加，提供商人膳宿、飲食和一些基本服務，諸如翻譯和保險等等。最近也開了幾家豪華旅館，但這些是為了服務來此銷售製品的中國企業家，不是為了服務外國人的；外國人住比較實惠的地方，和家屬、同鄉在一起。有一晚，我在廣州北路一家「皇宮」（Saray）咖啡館喝土耳其咖啡配果仁蜜餅。店東告訴我，土耳其特區不如以往住滿了人，有些中國人可能會搬進來。其理由是，土耳其政治與經濟不穩定，重創了貿易鏈。隔天，曼蘇爾帶我去印度特區，我們在當地餐館裡品嘗了奶茶，還去參觀了搭建在不起眼的公寓頂樓、臨時拼湊而成的印度廟。印度總理莫迪（Narendra Damodardas Modi）才剛剛宣布廢止面額五百與一千的盧比紙鈔[24]，硬是讓印度經濟陷入停頓，其影響已經可以在義烏感受得到。曼蘇爾自己之所以能自由自在帶我參觀街坊，是因為和印度的買賣——他最大宗的業務——已陡然停滯。在西方媒體報導這個發生在印度的重大消息之前，激動的人群已經在義烏大街小巷議論紛紛。

隨後數週裡，我都用這兩個例子來回應有人認為全球化已經退縮的主張。西方定義和領導的全球化曾有過輝煌歲月，可是義烏是個令人驚訝的城市樣本，以中國人的標準來看很小，但此地和世界其他的地方關係緊密，大陸遠在天邊的一點風吹草動都會立刻波及到這裡，這裡的中樞神經系統匯聚了無數地方的資訊。還有第三個例證，就在川普當選美國總統不到一個禮拜內，剛好是我造訪當地期間，有件事受到熱烈討論。在中國電視與網站上受訪時，義烏的許多旗幟生產商和銷售商都提及來自美國的訂單，做給川普的數量遠遠超過做給希拉蕊的。有些人對川普的勝選很有信心，甚至開始製造只有川普的旗幟。由於義烏經手全球大量旗幟訂單，這項事實對很多敏銳的中國政治觀察家而言具有關鍵性。

曼蘇爾陪我逛福田市場，這裡大約有十萬間店鋪，因此就連二〇〇二年市場開幕時就已經來到這裡的曼蘇爾，也只熟悉幾個區域而已。簡單算一下你就會對規模有個概念：如果你花五分鐘參觀每一家店，也都正常休息睡覺用餐，你也需要快兩年才能逛完整個市場。曼蘇爾告訴我，如果你都不參觀任何一家店，就只是穿過走廊，仍得花一個禮拜的時間。每一

24. 二〇一六年十一月八日印度政府宣布隔日起廢止五百與一千印度盧比紙幣，藉以遏止貪腐、毒品交易與走私。

家店或攤位都與義烏及更遠處的上下游供應商有關係，經由同樣豐富的買家網路，幾乎全數銷售到國外市場；這些買家每天都來驗貨並議價。一旦訂單成交，貨就運到義烏區的一、兩個大型倉庫去，用貨櫃組裝多張訂單的貨物，立即送往全世界各地，大多數是從一百五十多公里外的寧波港出口。二〇一四年十二月，義烏與馬德里新闢了直達火車。這條路線之所以名聞遐邇，是因為它是當今舉世最長的鐵道路線，全程大約一萬三千公里，比西伯利亞鐵路（Trans-Siberian railway）還長。義烏市長帶我參觀了火車終點站，那裡有很多剛卸下的箱子。我們打開了兩三個，裡面有利奧哈（Rioja）、西班牙葵花油和礦泉水的瓶子。正巧，第一班列車正載著聖誕節裝飾品前往西班牙。

一號特區是該市場最老的區塊，絕大部分都是做玩具生意。有人說，全球賣場大約有四分之一的玩具、三分之二的聖誕節裝飾品都來自義烏。玩具尤其特殊，因為就在義烏區生產，因此在福田市場保證是中國——也是全球——最低價。這裡當然有數千家賣玩具的商店，顏色千變萬化，音樂朗朗上口，還有電動木偶、洋娃娃錄音。走在燈火通明的走廊，時間感與空間感消失了。雇員的臉孔因鎮日局限在過度豔麗的小房間裡顯得呆滯，有時候冷若冰霜又帶著微慍，乍看下和一大堆小丑、貓熊、黃色笑臉等其他窺視的臉孔難以區分。時不時穿插一間截然不同的商店，專門銷售觀光紀念品給埃及商人，比方說，裡面充斥著迷你版的塑膠金字塔，就是你會在開羅機場看到的那種。或有一間店滿是會叫「媽媽」的洋娃娃，隔壁是會叫「爸爸」的洋娃娃。或許義烏市場就是新的千禧年裡一個浮誇的生活模式：過度的集合。

回到攤位上，曼蘇爾向我介紹他的妻子，是稍早接待塞內加爾客戶的那位年輕的中國女子。他們是在市場上相識的，當然囉，現在有個小女兒——「印度與中國合作的產品」——牙學語把三種語言混著講。我問曼蘇爾對未來的夢想，他描述著精心安排的計畫，彷彿他還是現職軟體工程師。短期計畫是，他想為他的玻璃品牌完成一套新產品，並著手改善他的產品品質。過幾年之後，他想追隨每一個中國成功企業家的模式，將公司股票上市。在那之後，他想退休，和家人搬到杜拜。為什麼是杜拜？曼蘇爾是虔誠的穆斯林，無法容忍自己在穆斯林以外的國家度過餘生，但也無法容許自己戴著妻子回到印度或巴基斯坦。她太習慣現代化生活。他告訴我，杜拜是他們都能感到賓至如歸的唯一地方。我問他印度與中國有何不同，他想了一會兒，才確定說出一個主要的差異：「在這裡你因為幫助了產業鏈上的每一個人賺錢，自己也因而致富。你需要這條產業鏈才會有明天。在印度，沒有人有資格去思考明天，也因此沒有人會去思考產業鏈上的其他人。」

我請人推薦餐館，有兩、三個人告訴我可以一試廣州北路的一家店，習近平曾在演講裡提到過。對我而言很怪異，那些經心設計的講演怎會特別提到這一家餐館，一開始我甚至難以想像會是出於什麼樣的理由。傍晚登門時，餐館空空如也。兩位年輕人熱情招呼，阿卜杜勒和穆罕默德。他們來自敘利亞。穆罕默德才來三、四年而已，是敘利亞戰爭的難民。阿卜杜勒來得比較久。他們似乎是餐館的負責人，有許多戴著頭紗的穆斯林婦女當下手。義烏有一事令人驚訝：中國的穆斯林和做生意的阿拉伯人、中亞族群在此交流，其方式和伊斯蘭教最初的穆斯林民族與信仰運動如出一轍。

面街牆上掛著一大幅習近平的照片，還摘錄了一段他的演講內容：

「在阿拉伯商人雲集的義烏市，一位名叫穆罕默德的約旦商人開了一家地道的阿拉伯餐館。他把原汁原味的阿拉伯飲食文化帶到了義烏，也在義烏的繁榮興旺中收穫了事業成功，最終同中國姑娘喜結連理，把根扎在了中國。一個普通的阿拉伯青年人，把自己的人生夢想融入中國百姓追求的中國夢中，執著奮鬥，演繹了出彩人生，也詮釋了中國夢和阿拉伯夢的完美結合。」[25]

我來的那天穆罕默德不在店裡，所以我預約了隔日再來，但我還是來得太早，阿卜杜勒指著停在外面的車子給我看，他的老闆在裡頭睡覺。

終於，隨著餐廳逐漸高朋滿座，我們決定叫醒他，坐下來喝杯濃烈的土耳其咖啡。穆罕默德告訴我他落戶在義烏的故事：事關中國軟實力的能見度日增。他先跟隨叔叔去了泰國，在那裡開餐館，可是訪客——包括觀光客和生意人——全都是華人，更妙的是他們身上成功致富的故事，吸引了穆罕默德很快就搬到廣州，再從廣州搬到了國際貿易新興重鎮義烏，因為義烏和阿拉伯有很深的關係。我問，習近平是怎麼發現這家餐館的。他有在這裡用餐嗎？穆罕默德並沒有證實這件事，但他毫無疑問地要我相信。中國夢對做生意有好無壞。

接著，交談暫歇之後，我們都提到了敘利亞的慘況。打從義烏在十五年前以現代化貿易中心之姿開幕以來，敘利亞的商人就不斷來到義烏，只是如今湧入的都是逃離戰亂的年輕人，儘管他們仍持有正式的商業簽證——和這裡的每個人一樣——而不是尋求政治庇護。穆罕默德給我看最近社區開會的一些照片，會場是個寬敞的房間，裝飾著象徵敘利亞國旗顏色的紅、白、黑色的氣球。我忍不住想，所有這些氣球想必來自這裡的市場。

義烏的敘利亞人口如今逼近一千。有了大型的清真寺和無窮無盡的市場、非常現代感的市集，在這些男男女女心目中，這座城市本身複製了他們不得不離開的工業城市。

25. 這段話是二〇一四年六月五日習近平在「中阿合作論壇」第六屆部長級會議開幕式致詞時所講。

第六章　孤島

誰也不服誰的遊戲

俄國官方絕不會公開說出口，但私底下他們坦承不諱對中國的包圍孤立政策越發憂心忡忡。這件事和爭奪中亞的權力與影響力有關，也跟中俄角色明顯對調脫不了關係。直到近代，俄國始終扮演著亞洲科技與工業強權的角色，而中國則維持初級商品的經濟，例如充當工業國家的食品來源。基礎建設是俄國經濟霸權很明顯的實證，將近一世紀以來，西伯利亞鐵道是兩大洋之間必經的交通命脈，幫助俄羅斯定義自己為東西方聯繫的橋樑。但這套基礎建設如今逐漸過時，陷入致命險境，欠缺維修升級。更要命的是，現在有兩、三種替代方案出現在南方。我在哈薩克問一位俄國外交官是否擔憂一帶一路。「當然會，」他答道：「我們不是傻子。」

自蒙古到印度，習近平以擁有八個不同國家的邊界自吹自擂，而俄國如今卻遠在邊陲，就像十九世紀前還未向南方推進時的態勢。哈薩克的人口當中仍有數百萬俄羅斯人，但都聚集在靠近俄國的邊界處，而若以投資金流與戰略性工業的掌控度來看，其經濟影響力正快速轉移到中國去了，一旦一帶一路完成，就將一去不回。我很清楚，若俄國仍努力想把哈薩克重新整合到它的勢力範圍內，一如它想方設法對待烏克蘭那樣，那麼中國就難以在邊界線上牟利了。哈薩克實在變得太重要。

介於俄國與中國之間的邊界，可說是俄國史上最安穩的國界，實在沒有什麼讓我們去想到它將會有什麼變化。反過來說，由於受到烏克蘭危機影響，俄國和歐美之間的緊張關係節節攀升，已使俄國往中國靠攏過去；畢竟那是另一項投資、金融，還有石油與天然氣外銷的替代市場。烏克蘭危機爆發的三個月後，「俄羅斯天然氣工業股份公司」（Gazprom）簽署了一項估計高達四千億的合約，將供應中國長達三十年的天然氣。輸送管工程「西伯利亞力量」（Power of Siberia）恰恰同時在俄國與中國兩邊動工，包含了跨國界段，還有一條橫渡黑龍江的水下管線。

俄國為何開始擔憂崛起的中國勢力？其中一個原因是因為它的東部地區相對落後。這得以解釋俄國甘冒風險，與中國攜手合作，以此利用中國帶動西伯利亞與遠東地區的經濟動力。俄國已經解禁中國在俄國投資時種種非正式的政治障礙。比方說，二〇一五年二月，副總理德沃科維奇（Arkady Dvorkovich）宣布，現在歡迎中國企業購買屬於國家的天然資源，也可以對基礎建設合約進行投標。有時候，這種互惠還更進一步發展，諸如提議俄國與中國在戰略的理解下，可以簽訂一個新協定，以滿足它們的利益為原則來塑造歐亞地緣政治。另有評論家談到了兩大強國之間的新關係雖然有很多可能性，不過卻也不是預謀算計好的。俄國突然發現它自己負擔不起同時挑起東西兩個邊界的衝突。此外，在克里米亞併入俄羅斯聯邦之後，俄國所感受到被國際孤立的處境，或許使俄國執政者渴望找到那些不被歐美價值認同的夥伴，結為新盟邦。至於中國，顯而易見的是，其外交政策受到烏克蘭事件影響而措手不及。不過等到中國終於下定決心該如何面對俄國時，原則都是要建立友好關係，並保證彼此可創造有利可圖的經商和政治機會。[1]

有時歐美又怕又盼，心情複雜。一方面，他們擔心俄國與中國能以霸權之姿，建立永久的聯盟關係；或者，這樣的聯盟關係在往昔的壓力與現代的摩擦下毀壞。然而兩種假設都有盲點。兩國之間的新關係有很多基礎的架構，基本上只複製了它們與歐盟的關係模式。在結成卓越的聯盟前，必須有相互依存的關係，各方得在共有的規章與制度系統下運作。但是，這套系統有改變的彈性，它的規章可能因不同參與者的選擇與行動而受到影響，有時候結果會較有利於自己而非其他人。這是一場競爭激烈的遊戲，也是一場誰也不服誰的遊戲。更重要的是，西方認為俄國與中國在政治與經濟上的思想一致，然而這個念頭大錯特錯，錯在他們沿用了「西方自由」與「東方獨裁」的傳統二元論來思考，把中俄視為一體，認為其體制完全都不適用於西方。俄羅斯問題專家波布羅（Bobo Lo）在近期寫的一本書上就提到，俄國對西方政治與價值體系的批評，並不等於它就會擁抱亞洲的價值。或許，克里姆林當局有朝一日會改採中國版本的威權資本主義（authoritarian capitalism），不過迄今為止，這件事都未曾發生過。而且，若要俄羅斯依照中國的路線進行改革，將涉及非常劇烈的革新，以致於我們有充分理由可以懷疑它的可行性。除了天然氣與石油以外，彼此的經濟模式差異非常巨大，從增長迅速並受到大力培植的中小企業，到重大權力如何下放到地區與自治城市等議題。[2]

俄羅斯可能會陷入越來越依賴中國的依存關係裡。可是，如果這是一切選項裡最好的一個，西方依然會覺得有所斬獲。特別在中國越來越重視與美國對抗的情況下，俄國反而還會有同情西方的感受。然而，由於依存關係建立在實際利益的交換上，這關係將會不斷被改

1. 亞歷山大．加布耶夫（Alexander Gabuev），〈有福同享的朋友？俄羅斯—烏克蘭危機後中國的關係〉（Friends with Benefits? Russian– Chinese Relations after the Ukraine Crisis），卡內基莫斯科中心（Carnegie Moscow Center），二〇一六年。
2. 波布羅（Bobo Lo），〈警惕的擁抱：中國—俄羅斯關係對世界的意義〉（A Wary Embrace: What the China–Russia Relationship Means for the World），洛伊學院論文（Lowy Institute Papers），二〇一七年四月。

變，而且毫無疑問的是，莫斯科當局將會盡力製造機會，來加重對北京政府的制衡。

這場國際戲局偶爾會變得極其複雜。在克里米亞被合併前，中國素來都會派遣軍人到烏克蘭接受航空母艦飛行員的訓練，好預備成立自己的第一支航母艦隊。位於克里米亞島的諾沃費多里夫卡（Novofedorivka）空軍基地是世上少數能提供這項訓練，也是整個前蘇聯地區唯一擁有這種複合式軍事設備的地方。烏克蘭當時計畫要將訓練場地出租給中國，因此克里米亞半島合併一案，對俄羅斯有額外好處；中國欲從純粹的海岸防禦轉變為跨太平洋與印度洋的強權，在克里米亞半島被併入後，俄國變成中國軍事擴張裡不可或缺的夥伴。中國準備要建構新一代的航空母艦，用的是俄國的設計與科技；上一次這樣做是在一九九八年取得瓦良格號巡洋艦（Varyag），當時透過一家香港公司假裝要將它改裝成賭場。這艘航空母艦在一九八五年交由蘇聯海軍下水，一九八八年啟用，快速整修後轉到中國海軍手上。

俄羅斯被迫追隨中國領導的順服形象，其實瑕疵不少。儘管中國的勢力現在真的讓俄國備感威脅，然而經驗告訴我們，在這種情況下，俄國會施展各種即興戰術和出其不意的手段，匡正這種不平衡的關係，更會想方設法從中國的成長與野心裡找好處。任何計畫若完全滿足野心勃勃的戰略和地緣政治理論，都會吸引到對政治有豐富想像力的人，然而兩國的關係將如何發展仍有待確定。在結束遠東與滿州之行後，我陷入沉思，相較於其他對照組，俄國和中國的邊界很接近我們對邊界的所建立的經典概念。在這裡簡單跨過一道隨意的界線，就相當於跨進了截然不同的世界裡，沒有過渡或轉換的空間，這道邊界既非多事之地，也沒有豐富的歷史可言，這當然是拜兩國皆背對著背，相隔遙遠並各自發展所致。

在善變又複雜的歐亞棋盤上，任何一格矩陣的重要性，都比不上俄國如何看待中國。隨著中國崛起，俄國發現自己越來越被歐洲疏遠，而這些觀點又會忽然產生巨變。今天，俄國要如何將自己定位為歐洲國家？它的軍隊讓人感到是出於恐懼多過於需要，它的投資令人蹙眉不滿，它的外銷除了天然氣以外一事無成。如今，中國必定是俄國的心腹大患，在俄國面對歐洲事務來說，既沒有收穫也沒有損失，可是在亞洲，卻可能導致俄國大有斬獲，抑或全輸。[3]

即使在烏克蘭事件之前，俄國對中國就抱以深刻且堅定的想法，並促成了大量生動的文學創作，一些當代最傑出的俄國小說家以中國和中俄關係作為創作主題。在一些作品裡，比方帕維爾．克魯薩諾夫（Pavel Krusanov）的《天使之啃咬》（*The Bite of an Angel*），我們讀到當中俄融合的新興文化成為強勢的恐懼觀點，這股文化將占領全球，徹底解放了歐美的誘惑。故事裡，本為將軍、後成為皇帝的主角伊萬．內基塔耶夫（Ivan Nekitaev），化身政

3. 巴博斯（Salvatore Babones），〈俄羅斯的東方開局〉（Russia's Eastern Gambit），《俄羅斯在全球事務》（Russia in Global Affairs），二〇一五年九月，第一四〇頁。

治惡魔，他是半個滿州人、半個俄國人。「他的血統相當罕見，擁有兩大歐亞帝國的血緣。」內基塔耶夫認為他的統治繼承於遠祖成吉思汗的世系：「假如某個人有罪，我或懲罰他的夥伴，假如一夥人有罪，我會懲罰整個軍營。」這則訊息意思非常簡單，俄羅斯人在亞洲殘酷的文化下，終於找到對抗歐美的明確武器。

其他近期的小說則朝反方向發展，描繪中國對俄國是一股自由化的影響力。當投射出兩國與兩種文化的未來樣貌時，這看起來相當當有道理，一方面中國對快速成長的經濟與社會轉型欣然擁抱，但同時俄國卻轉而保守。如今在俄國，保守有了更深更具歷史性的意義，彷彿回到了中古時代英雄抵抗第一次西化運動那般。在索羅金小說《藍油脂》（*Blue Lard*）裡，主角喝著中國雞尾酒，似乎深深著迷於中國式生活——身處任何事都以中國人為優先的世紀裡，就像過去數世紀以來事事樣樣都以美國人、法國人或英國人為主沒兩樣。在索羅金另一部小說《暴風雪》（*The Blizzard*）中，中國人擁有大家所批判的歐美特質，包括那些也形容俄國的：他們冷漠無情、唯物主義、麻木不仁。但中國人滲透俄國，以自己的形象改造對方的能力毋庸置疑，甚至讓俄國人都普遍穿插中國語彙在對談中。在講我自己的邊境故事前，最後一個例子是安德烈．魯巴諾夫（Andrei Rubanov）的小說《葉綠素》（*Chlorophyllia*）。在這部作品裡，中國人為了逃離地球暖化，搬到了西伯利亞居住，幾乎所有俄國人都集中住在莫斯科，他們可以利用西伯利亞的高昂地租過著寬裕的生活，但日常卻過得越來越沒人權，因為只有在滿城的摩天大樓高樓層才能見到陽光。由於這些摩天大樓都是由中國企業、中國的資金和中國的水泥蓋的，因此頂樓都給非常富有的中國商人租了下來。「就算是最熱情的本地愛國主義人士也不得不接受這一點。」

信號與象徵

有這麼一個島，生人禁絕無人居住，躲過了虎視眈眈的侵犯。在這麼一個情況下，小島不僅不在海上，反而出現在河裡，更有甚者，它位在幾乎屬於神話地位的黑龍江與烏蘇里江兩條大川的交匯處，非常靠近俄羅斯遠東聯邦管區的大城伯力（Khabarovsk）。這座小島被俄國與中國的邊界幾乎等比劃過。蘇聯曾一度占領整個大烏蘇里島（Bolshoy Ussuriysky Island）[4]——中文也稱黑瞎子島或黑熊島——但在二〇〇四年所簽署、具有歷史意義的協議上，俄國同意將半個島割讓給中國。割讓程序在二〇〇八年完成。自那時起，這座位於烏蘇里江的小島，就成了浩瀚亞洲被兩大地緣政治強權瓜分的一個小象徵。

4. 也稱撫遠三角洲、熊瞎子島，滿語稱摩林烏珠島，俄語稱大烏蘇里島，位於黑龍江和烏蘇里江交匯處。

故事很有意思：在一八六〇年簽訂《北京條約》後，規定了黑龍江與烏蘇里江之間的新疆界，俄方的邊界主要談判人卡扎凱維奇（Peter V. Kazakevich）[5]說服了中方談判人在一份小地圖上簽名，旨在給條約附上一份眼見為憑的說明。邊界當然就是要劃過兩大河的交匯處，可是卡扎凱維奇卻從連接兩大河川的一條小水道上劃定邊界，距離兩河真正的交匯處差了將近五十公里，導致這座位在水道中沖積而成的小島，完全被劃在俄國這邊。慢慢的，小島就被俄國移民占滿了，他們把小島當作伯力城的前哨基地，一八九五年於島上東端建立的東小村和碼頭就特別為了這個目的存在。

想參觀這座島和環繞它的村落，是超乎想像的難。必須由俄國邊關衛兵陪同，而且什麼都還沒做之前，還得經過情報探員的一長串盤問。我被盤問一切所能想得到的細節，甚至被問到我之前的生活，而且我身上的所有文件統統被檢查了一遍，並拍照存證。盤問本身就頗具啟發性，我被問到的第一個問題是：為何來自「敵國」的人會想參觀中俄邊界？

聽到葡萄牙和俄國是「敵人」，我驚訝萬分，因此我刺探了一下他是什麼意思。

「葡萄牙是北約組織的成員，不是嗎？」

「是，但我不確定我會將俄國和北約當作是敵人。或許在蘇聯時期是這樣，但俄國和蘇聯並不相同。」

這位探員——他的名字我永遠記不了——沉默了一下，才說：「那是個非常有趣的哲學討論。」外國人可能會覺得那是一句恭維的話，但俄國人往往把蘇聯被否定的過往，解釋成是在否定他們曾擁有過世界強國的地位。

盤問時，偶爾感覺像在閒聊。之後，我發現在今日的俄國做個情報探員，說不定等同於歐美國家裡的科技專家。畢竟，普丁自己也曾身為情報探員，他的內閣團隊流露著這樣的文化、影響力和俄羅斯聯邦安全局（Federalnaya Sluzhba Bezopasnosti，簡稱FSB）的風采。我的對談者模仿情報員該有的舉止，一邊想用出其不意的問題逮到我的小辮子，一邊查看我的文件和相片想找碴。說不定要是他找到什麼有趣又重要的東西，就可以高升調職到莫斯科。一年後，我看到新聞報導，有一名恐怖分子攻擊了聯邦安全局在伯力的總部，我想起我們的相會；有兩人喪命，包括一名本地官員，持槍少年進入這幢建築，在做安檢之前對著接待處掃射。伊斯蘭國馬上就宣布是這次攻擊的主謀，但俄國官方並沒有加以證實。照片裡，遇害的探員看起來很像我遇見的年輕男子，可惜時隔太久，我無法確定。

在卡扎凱維奇夫羅爾哨（Kazakevichevo）——這小村以狡猾的談判專家來命名——我

5. 此人當時是俄羅斯濱海省駐軍司令兼西伯利亞地區艦隊司令。

和這名探員以及邊關守衛們面談的同時，我得以好好見識到國安單位的想法，還有這些心機如何滲透到下層行政官員。有人告訴我，歐洲面對恐怖主義太軟弱。歐盟對付比利時的恐怖分子時，應該要像莫斯科在高加索地區對付他們一樣。當所有盤問結束後，我問對方現在是否相信我既不是間諜、也非恐怖分子。

「假如我認為你是間諜或恐怖分子，你就永遠別想離開這座島了。」邊界守衛比較不那麼健談，心思也肯定沒那麼縝密。其中一人問我，他是否有可能進入葡萄牙軍隊效命。「難啊！」我告訴他，「我們說不定是敵人。」情報探員對守衛的權力很大，即便情報員的年紀比守衛更年輕，又散漫地穿著帥氣的皮夾克。

倒是有一點，讓邊界守衛與探員有著天差地別的認知：這座島將來的命運會如何？之所以要瓜分此島，其中一個理由當然是大家心知肚明中國會協助開發俄國邊疆，並大舉投資吸引數百萬名觀光客。大烏蘇里島是這項發展的先鋒，原先天堂般的未開發處女地，如今可能轉型成觀光聖地和連接中俄兩國的跨界樞紐。就如同我們已經看到的，歐美的制裁已更促進俄國未來與中國的密切關係。大烏蘇里島只不過是坐實這項計畫的三、四個地點中的其中一個。邊界守衛和邊疆小村的人們多多少少都很慎重看待這些計畫，但情報探員毫不妥協地告訴我，這個說法一派胡言，其實有時候他真不了解莫斯科那頭的人在想什麼。

索羅金在《特轄軍的一天》（*The Day Of the Oprichnik*）描述了俄國荒誕不經的未來。兩千八百萬華人住在西伯利亞，導致有些官員抱怨頻頻說俄國必會「在天國之前爬行駝背」。其他人則知道，他們別無選擇，因為俄國所需的種種，包括床、衛生紙等都是中國製造的。以上由索羅金所說的，已經有足夠的證據證實了。俄國受中國吸引，因為中國有無限的經濟潛力，而同時俄國卻也害怕這股吸引力，感到退縮。倘若中國不將經濟力擴張到他們這裡，俄國人會覺得自己受騙了，可是如果真的擴張到這裡，俄國人又會覺得備受威脅。這個糾結幾乎無法可解。也許俄國希望未來面對中國日益增長的經濟力時，可以取得微妙的平衡，甚至無人能察覺——就連俄國自己都察覺不出來。這樣的話，也能取悅北京政府。北京當局無疑地會盡力避免給世界留下印象，以為兩國已經有了協定。

截至目前為止，在烏蘇里江與黑龍江東邊的俄國，只採取過一次行動。兩年前，俄國興建了一座昂貴的橋，首度將大烏蘇里島與南岸連接起來，可是馬路卻只鋪了過橋後兩公里而已。這是相當有代表性、所謂的俄國戰略計畫——他們很快蓋出了一個象徵物，免得大家忘了這個計畫，但其實接下來什麼也沒做。

這座島現在幾乎被徹底荒廢。島上有一些廢棄的農場，一些髒舊的馬路，沒有動物可言。有人提醒我，島上有野熊出沒。但這裡似乎沒有熊活得下去，更別說中國遊客了。

相對於中國，這裡顯得再不同也不過。我們回程時，取道烏蘇里橋到卡扎凱維奇夫羅。這個小村座落在一個「擁有特權」的位置上，橫跨烏蘇里江，其行政區相鄰大烏蘇里島的邊界和中國在南邊突出的半島。由於它位於邊疆保安網的範圍內，因此，進出村子必須通過安檢，並持有特許證。島上居民好像對這點深表滿意，因為他們可以不用鎖門。俄國境內幾乎沒有其他地方如此戒備森嚴。

從卡扎凱維奇夫羅可以遠眺烏蘇里江，輕而易舉對邊界兩邊的世界品頭論足。俄國這邊，距離新邊界僅僅數公尺就能看到小巧但精緻的聖維克托（St. Victor）教堂；教堂建於一九九九年，為了緬懷自十九世紀以來當俄國兼併了這個區域後，陸續前來捍衛遠東邊關的陣亡將士。將士之中，當然包含一些為了保衛疆界、抵禦中國入侵的人。新邊界線剛好劃過教堂西邊，好讓小教堂能留在俄國境內。

往左看，一路望進中國，就在大烏蘇里島的南方，頭一個映入眼簾的是一座巨大的雕像，令東正教的小教堂有點相形見絀；雕像乍看像是人物，但其實是中國風格的東方象徵，彷彿太陽被一棵樹的枝幹所糾纏，又彷彿初升的旭日還在低矮的地平線上。數日後在大連，我記得問了一名中國朋友，當然有點出於頑皮的意思，我問他為什麼「西方」的象徵就不是這樣，畢竟，太陽西沉時也同樣會被樹枝「纏住」。她在她的手機上打開《說文解字》——漢朝所編的中國字典——解釋道，「西」這個字描述的是一隻鳥在鳥巢內，因為夕陽西下時，鳥兒都回巢了。

查看地圖，就會發現這座雕像放置在中國的極東端，亦即每日清晨中國迎接第一道曙光的地方。在這些區域內，地緣政治的一個很諷刺的事情是，中國這個東方大國座西朝東，面對西方和歐洲強權——俄國，而俄國則座東朝西正視著它。有一長條的俄國領土，把中國的黑龍江省從日本海隔開。再更仔細看一遍，你會明白為什麼北京當局這麼多人把俄羅斯遠東聯邦管區，看作是歐洲殖民主義在中國土地上的最後一塊領土。難道這座紀念碑是一種象徵？聲明遠東仍屬於中國？

紀念碑很巨大，高達四十九公尺，似乎影射中華人民共和國建國的那一年。在圍繞的廣場內，還有一張畫在地面上的中國地圖，另外有幾座展館。卡扎凱維奇夫羅的邊關守衛，一方面十分小心不去反對小島的新邊界，一面又明顯擔心這會改變伯力的國防安全；伯力是俄羅斯遠東聯邦管區僅次於海參崴的第二大城。中俄之間若爆發武裝衝突，這座小島就是占領伯力的跳板。鄰近的中國城市撫遠及其機場可以毫不費力充作軍事用途，而建有巨大雕像的紀念廣場和展館，早已用厚實水泥板強化過，足以抵擋大砲的連番轟炸。

事實上，決定要轉讓半個大烏蘇里島給中國，一開始遭到了嚴正抗議。伯力市委會堅持，萬一中國發動侵略行動，這座島將對保衛城市至關重要。二〇〇五年，數萬人連署反對轉讓，連署書很快就收集齊全送到莫斯科，但木已成舟。有報導說，直到簽約前的最後關頭，俄國還試圖挽回整座小島，願意改送中國數艘驅逐艦做交換。中國的反應是，可以同意，但不是用驅逐艦來換，而是要圖們江口周邊的一小片領土；那裡是俄國與北韓的接壤處，卻可以保障中國長期都能出入日本海。

情報探員對我的盤查結束後，他去打了一通電話，留下我和口譯員嘉琳娜閒聊。她吐露心聲。和我一樣，她曾是一名大學教授，在列寧格勒攻讀語言學，受教於語言學先驅羅曼・雅各布森（Roman Jakobson）。俄國情報單位居然把語言學家運用在如此簡單的翻譯任務上，但回頭一想卻又覺得這樣的關聯性竟詭異地恰如其分，我不得不說印象深刻。誰會比結構語言學家，更能在大烏蘇里島上的符號叢林裡找到明路？

那個晚上，正在「google」這座小島的地形時，我發現了最後一個符號。從空中鳥瞰，半島的廣場上有著巨大的中國雕像，正對著伯力，看起來不折不扣就像一艘軍艦——名之為「東方號」的驅逐艦。

東方，西方

從伯力駛往海參崴的夜車，是西伯利亞鐵路的最後一段，因此在餐車吃晚餐時，我的心情自然歡欣起來，電視播放著搖滾樂，剩下的最後幾瓶伏特加酒很快就暢飲一空。火車的終站是市中心裡的美麗車站，那裡有高架走道通往後站，觀賞碼頭風光，遠望太平洋。

海參崴俄文名意思是「東方之主」。在大烏蘇里島上的中國雕像指的方向就是海參崴，意在提醒中國人，截至《北京條約》之前，濱臨日本海的黑龍江南部整塊領土都屬於中國，這座城市名作海參崴，而非俄國統治後叫的「符拉迪沃斯托克」。[6] 今天，當地幾乎沒有中國人的蹤跡，可是百年前城裡大概有三分之一人口都是華人，集中在唐人街，就位於火車站北邊的幾條街外，現在成了咖啡館林立的時尚區域。

唐人街如今成了如神話般的名字，就像亞特蘭提斯（Atlantis）一樣，一個消失無蹤徒留名字的地方。可是唐人街這個地方是個千真萬確的傳奇所在，稠密的街坊淨是三層樓房，建有不為外人所知的天井，只不過區區數條街的小區，卻曾經住過十萬名華裔移民，但僅有

6. 海參崴是清朝建制後的賜名，滿文意謂「海邊小漁村」，隸屬於吉林。《北京條約》割讓給俄國，改成俄文名稱「符拉迪沃斯托克」（Владивосток，或英語拼音 Vladivostok），意思是「東方之主」。二戰結束，中華民國政府曾與當時的蘇聯簽訂協定，同意海參崴將於五十年後歸還中國，但江澤民在二〇〇一年簽署《中俄睦鄰友好合作條約》，放棄與俄爭議領土，包括海參威在內的烏蘇里江以東近四十萬平方公里國土都送給俄國。

少數人曾向官方報戶口。俄國人只在買鴉片或被警察追捕時會跑進這裡。生活在此與住在中國沒有兩樣：同樣死板的階級不公，同樣有行會和幫派，同樣信奉道教以求精神慰藉。住在唐人街可以永不離開：有鴉片窩、酒館、妓院、洗衣房、澡堂、中藥鋪、命相館，甚至還有戲院——建於一八九九年，搶先在城裡俄國戲院一個月前開幕，上演了六齣戲和馬戲團表演。一九三六年史達林下令，將唐人街和中國人掃蕩一空，有些中國人被驅逐到哈薩克的肯套之類的城鎮去。當時一位目擊者描述他參觀唐人街賭場的情形，入口堆滿垃圾與糞便。裡面黑漆漆的窗戶幾乎遮蔽了光線。兩位賭客坐在賭桌前，旁觀者圍著長木凳。時不時服務員遞給賭客一小杯一小杯的中國式伏特加酒。有一項特殊的賭法是看一干賭客誰最有耐力，賭法簡單卻粗暴：誰先死就輸了。

今天，這裡什麼都不剩。唐人街只活在傳聞裡。如果有機會參觀一下城裡的博物館，它恰恰就位於唐人街舊址的邊邊上，裡面有個房間展示著以前中國居民遺留下來的奢華麻將匣。有兩、三座天井仍非常像老照片裡的模樣，周邊圍繞著環形的長露臺，搭配著鑄鐵欄杆。我爬上其中一座露臺，有個老婦人走出她的宿舍來查看不速之客。「唐人街？」我問道。她指了指她的背後，我一度以為她想帶我去另一座更裡面的天井。

然而她的意思是，唐人街已經走了，早就沒有了。

第七章　俄羅斯的東傾

歐洲最後一個失落的城市

二〇一五年寒冷的十二月天，我搭著木筏，被一艘小漁船拖曳著，沿著窩瓦河漂流。我在那裡尋找一個曾經富強，卻幾乎被遺忘的中世紀大城遺跡。它曾是威震八方的富強首都，屹立在古代絲綢之路的十字路口，但究竟在哪裡至今仍是一團謎。在一群用功的學生協助下，是有可能找到蛛絲馬跡的。

每一次重大的考古發現，要不是確認、就是挑戰俄國人愛講的那些跟他們世界地位有關的故事。有些人認為，俄羅斯是斯拉夫民族的發源地，自史前時代以來，斯拉夫人就一直住在俄羅斯的土地上。也有人認為，東方的蒙古人和欽察汗國[1]很重要，強烈主張俄羅斯這個國家是成吉思汗帝國傳奇的繼承人。從這些討論中勢必會浮現一個想法，那就是俄國是東方

1. Golden Horde，又稱金帳汗國。

與西方的橋樑，也是民族與宗教的熔爐。

阿斯特拉罕（Astrakhan）[2]位於俄羅斯南部，始終保有重大文明樞紐的身分。十六世紀時，它被併入俄羅斯帝國，自此，這座城市就注定要扮演絢麗的角色，成為南方的第二首都。十七世紀，來自印度的商人在此定居，如今兩層樓高的建築物仍屹立不搖，一塊小門牌透露了它過往的身分。繞到背後，可以看到最原始的一部分磚造結構。

今天，阿斯特拉罕是個四海兄弟之邦：基督徒、穆斯林和佛教徒共處且相安無事，各種民族超過百種，交錯在喧鬧不休的韃靼市集裡，而市集就位於大雪封牆的克里姆林宮南邊數條街上。

「德米特・里維克托羅維奇・華斯耶夫（Dmitry Viktorovich Vassilyev），國立阿斯特拉罕大學。」電話另一端傳來的聲音告訴我約在考古學實驗室碰面。他可能突然想到我應該沒有辦法找到那個地方，所以又派了他的助理迪娜拉（Dinara）在門口等我。結果華斯耶夫還沒下課，所以我們在課堂上等著，剛好聽到他對學生講的最後幾個字。

「我們已經找到了來自伊朗與俄羅斯的手工藝品。」他說。「從德國和中國，從西班牙和義大利。」阿斯特拉罕曾是世界的中心。我們的大洲有四大勢力：「歐洲、伊朗、印度與中國。阿斯特拉罕位在中心。這裡是資本主義的發源地。我下週再向你們說明。」

阿斯特拉罕大學考古學實驗室位於大學本部主體建築的地下室，要走下一座螺旋形樓梯到最底部。從上層下來，狹窄的空間還同時充作圖書館、貯藏區、會議室和保險箱。舉目四望，只見古老的薩克爾（Sarkel）要塞的建築模型、人類頭骨的圖片、窩瓦河地區的手繪地圖，還有數不清的貴寶石，甚至還有一些數公斤重的鉛塊，很可能是可薩汗國（Kazhar）[3]國庫裡的財寶。

每年夏天，華斯耶夫都會率領一批學生去附近的薩摩斯德爾卡（Samosdelka）[4]的考古遺址營。考古營的生活除了賣力工作，就是徜徉窩瓦河游泳，夜晚圍著營火唱唱歌。八月末，他們回到阿斯特拉罕，帶著數千筆新挖掘出來的手工藝品。這批藝品被分門別類歸檔存放在市立博物館裡，不讓觀光客參觀，因為展覽室空間不夠，也或許是官方對這項計畫毫無興趣。「我們坐擁金幣，卻任由它們深埋地底。」華斯耶夫說。

華斯耶夫很會拿事實做譬喻。他其實已經在薩摩斯德爾卡挖掘到許多金幣與珠寶。這也是他之所以信心滿滿自認已經找到了伊鐵爾（Itil）——可薩汗國的首都，歐洲最後一個失

---

2. 位於俄羅斯南部，窩瓦河注入裏海處的城市。
3. 中世紀初期最大的汗國，勢力範圍在東歐大平原至北高加索，是歐洲突厥語部落中文明最盛的一支，信奉猶太教，是罕見的猶太汗國，但又兼有突厥和猶太文化。阿斯特拉罕就是其首都伊鐵爾所在地。
4. 俄羅斯南部的一個漁村，位於阿斯特拉罕市西南。

落的城市。隔天，薩摩斯德爾卡地方行政主管向我透露，他在孩童時期，常在野外玩耍，根本不知道地下藏了什麼。有一天他的一個朋友發現了一個裝滿金幣的罐子。金幣下落如何，他記不得了，也或許是不肯說。

從十七世紀中葉開始，歷時三百多年，可薩汗國建立了一個龐大的帝國，勢力範圍涵蓋了北方大草原到高加索，還囊括了克里米亞半島。它屹立在絲綢之路上，透過東西方廣泛的貿易坐擁金山，還曾是基督教王國與東南方勢力龐大的阿拉伯哈里發之間的緩衝國。通常，它是進入大草原前的最後一個前哨站——是進入危機四伏又亂無章法的成群遊牧部落之前，最後一個井然有序的國度。

有一條路可以帶著遊客從西班牙和法國，經由葡萄牙和克拉科夫（Krakow）[5]，穿過基輔，再到薩克爾（Sarkel），最後抵達伊鐵爾——可薩汗國的首都。根據各種傳說，這個帝國曾是極為寬容大度的社會，司法制度考量到猶太人、穆斯林、基督徒和異教徒的教義與習俗，後來被鄂圖曼帝國援用成為米利特制度（millet system）[6]。

十世紀時，這個帝國倉促地滅亡了，被剛剛崛起的基輔公國取而代之，後來又被始於十五世紀的莫斯科大公國——亦即俄羅斯帝國再度取代。可薩汗國滅亡的原因至今成謎。可薩汗國的鄰邦都很富強，而它出自內部的分裂很可能削弱了國力與武力。大約在西元九六五年，基輔羅斯（Kyivan Rus）[7]的統治者斯維亞托斯拉夫（Sviatoslav）占領了它，毀了伊鐵爾。事件發生後沒多久，有一位遊客如此記錄：地上不要說一顆葡萄乾，就連葡萄都沒有留下。

「你確定伊鐵爾就在薩摩斯德爾卡？」離開阿斯特拉罕，開車往南走時，我問華斯耶夫。「完全確定。」他答道。接著又補充：「當然，有其他考古學家不以為然，而且有些在莫斯科的學者認為應該在薩克爾，要不然就是埋在裏海底下。但我很確定。」

華斯耶夫從一開始就在研究薩摩斯德爾卡考古計畫。那是二十五年前的事，薩摩斯德爾卡的農人在挖掘溝渠，準備開墾放牛的草地時，挖到了奇怪的工藝品，大多數都是陶器。他們把發現的東西帶給當地的學校老師看，老師轉介文物到阿斯特拉罕大學。華斯耶夫從此開挖了十年。

當然就挖掘本質來說，考古學家的工作進度緩慢。可是在這裡，事情的進展又更慢，這都歸咎於龐大的官僚體系和資金始終匱乏。截至目前，絕大部分的工作已經只剩下兩個小型

---

5. 波蘭舊都，也是第二大城。
6. 類似地方自治的制度，擁有宗教多元主義的精神。
7. 由東斯拉夫民族所建立的東歐君主制國家，十三世紀時被拔都西征所滅。其正式名稱是羅斯，羅斯是維京人後裔。基輔羅斯是今日烏克蘭、俄羅斯與白俄羅斯的前身。

挖掘遺址，各約三公尺深。

窩瓦河三角洲一帶的語言、民族和宗教混雜的程度非比尋常。俄國詩人哈勒貝尼科弗（Velimir Khlebnikov）曾形容它是「基督、佛陀與穆罕默德的三角洲」。一路上車行南下，我可以了解他是什麼意思；途中華斯耶夫為我翻譯路上的村落名字，有些是韃靼文，還有一些是卡爾梅克文（Kalmyk）。卡爾梅克人是歐洲最古老的佛教徒，十七世紀時從他們的蒙古大草原祖國遷徙過來，而卡爾梅克共和國，就位於阿斯特拉罕西邊，是歐洲唯一信奉佛教且多數人口是佛教徒的國家。不久後我們抵達一座小山，華斯耶夫解釋說這是俄國佛教徒口中的聖地，他們相信聖地若遭毀滅，世界就滅亡了。令人憂慮的是，那座山看似已經崩塌了一大半。

在這裡，我們深入窩瓦河的三角洲地帶；窩瓦河注入裏海之前，支流縱橫。我們渡過兩條支流，來到挖掘遺址。這個區域並沒有橋樑，也就是說渡河靠的是在特定地方臨時搭湊的擺渡，利用小漁船拖曳的木筏行動。

這個國家的一切，建立在強大的組織技能上。基礎建設支離破碎，甚至是從來不曾發展過，可是卻能很有效率地運作。假如這一切看起來很矛盾，或許就正好是最能描述俄羅斯的矛盾之一。就像俄國的火車：雖然慢得叫人痛苦萬分，卻能準時到站。

我們旅程最後的一段路經過了幾個駱駝農場，遠處放牧著巨大的雙峰駱駝。這裡可以一睹阿斯特拉罕最具規模的駱駝競跑賽，也是全歐洲唯一的比賽場地，來到這兒直接面對的是來自大自然的狂野力量。這些動物跑起來速度逼近每小時六十公里，而且因為難以馴服而惡名昭彰。

當終於到達遺址所在地時，我鬆了一口氣，甚至有點興高采烈起來。窩瓦河的沖積土壤在這裡完全草木不生，真相就是地底下必定有什麼東西。這裡處處可見紅磚，成噸成噸很粗糙的紅磚，甚至比十三世紀時蒙古人隨身攜帶的紅磚更粗糙。後來，我拿遺址的照片給別人看，他們都說看起來好像是火星表面：草木不生，遍地紅土，還有一輛老舊的俄國小貨車（而不是登陸小艇）。很容易推論有座大城曾經屹立在此。

曾有一度短暫的時光，在這一大片空曠的平原之中，有座深不可測、規模龐大的祕密之城。可薩汗國受到四面八方的威脅：拜占庭帝國（Byzantium）、阿拔斯王朝（Abbasids）、大草原東端的各個民族，還有西邊崛起的基輔羅斯。有一天，幾乎無聲響一般，它消失了。在這裡，你我的命運，可能還比其他帝國的起起落落更有脈絡可循。但別因此被蒙蔽了，可薩汗國曾是一個偉大的帝國。有一位歷史學家告訴我，薩珊帝國（Sassanid）[8]的國王始終在他的王座旁邊放三張黃金寶座，以迎接極尊貴的貴賓造訪。其中一個黃金寶座保留給中國帝王，第二個給拜占庭國王，第三個則留給可薩大汗。每一次探勘伊鐵爾的可能遺址，都要先通過一個簡單的假設：這裡有可能是偉大帝國的首都所在地嗎？

返回阿斯特拉罕途中，我發現古老的東西方二分法早已模糊不清。跟只能在想像中再見的伊鐵爾紅牆相比，如今阿斯特拉罕克里姆林（Astrakhan Kremlin）[9]氣勢宏偉的白色城牆，看起來也不再那麼美麗與巍峨了。從地理位置上來看，阿斯特拉罕是位於歐洲邊疆的一座城市，在烏拉河以西三百公里處。然而在這裡，人們對歐洲事務卻感到陌生又事不關己。歐洲與亞洲，是兩個別具意圖的概念。可是在阿斯特拉罕這裡，這兩個概念毫無用武之地，也沒有人拿它們當一回事。我問迪娜拉是否覺得阿斯特拉罕是座歐洲的城市，她說她可能無法理解這個問題。不論「歐洲」所指為何，這裡都是一塊有著大草原、駱駝、佛教寺廟和滿是金幣的土地——一個東方的仙境。

華斯耶夫回到他的考古實驗室。他是個追夢之人，一個傾其畢生逐夢的人，但他逐夢的方式如此溫和、客氣，使夢想變得彌足珍貴。等到有時間我終於靜下心時，我才對華斯耶夫感到欽佩。華斯耶夫迄今已完成挖掘的這兩處遺址，規模很小但很深，在這一望無際、直抵地平線的遼闊平原上，伊鐵爾應該就佇立在此。薩摩斯德爾卡的考古工作還要持續一百年。華斯耶夫能取得必要的資金逐夢實現嗎？我很懷疑。就某些方面來說，考古學家是最傑出的冒險家，因為他們著手工作時根本不曉得會找到什麼，而挖掘所呈現的結果又可能迫使他們放棄，但這也使考古工作充滿刺激，我們在孩童時期很多人都夢想成為考古學家，原因就是這樣；只不過今日的俄國，不管過去或未來，都不再有留待世人探索的新事物了。

賭注實在太大了。現代俄國越來越喜歡拿歷史當地緣政治的武器，而可薩汗國仍然是個含糊不清，甚至危險的想法。讓我舉個例子，最初我是從列夫・古米列夫（Lev Gumilev）的短篇論文裡偶然知道伊鐵爾之謎；他堪稱二十世紀俄羅斯最了不起的歷史學家、歷史哲學家，其一生命運多舛，大多在古拉格（Gulag）[10]監獄度過，但他的聲譽家喻戶曉。如今，在古米列夫辭世二十五年之後，總統普丁經常對他讚譽有加並加以引用；原因何在我們下面會看到。在哈薩克，甚至有一所頗具威望的大學以他命名。在他的思想傳記裡，他對可薩汗國的興趣是其中最黑暗的篇章之一。古米列夫不僅僅受到這個神祕帝國的命運所吸引，循著資料研究他回到可薩汗國統治階層改宗猶太教的時刻，他把俄羅斯與可薩汗國的對峙，視同俄羅斯與猶太在世界舞台上的大碰撞，因為這兩大民族在性格特徵上有根本的對立。就古米列

8. 即波斯第三帝國，滅了安息帝國，與羅馬帝國共存四百多年。
9. 要塞名稱，是俄羅斯在南疆的重要防禦據點。
10. 全名「勞改營管理總局」，俄文簡稱「ГУЛаг」，是前蘇聯政府負責管理全國勞改營的一個機構。

夫的觀點，可薩汗國的消失發生在一個關鍵時刻，當時俄羅斯這個大草原上的文明——主要以農村傳統生活為主，開始向西方資本主義謀求解放。[11]

史達林禁止對這座城市與可薩汗國的一切研究，因為害怕這麼一來無疑坐實了俄羅斯是猶太帝國的後裔。最近發現的事實證明，可薩汗國曾是介於第二聖殿（Second Temple）與現代以色列建國之間的唯一猶太國家，這件事引起譁然。俄羅斯猶太人大會（Russian Jewish Congress）曾出資贊助一部分薩摩斯德爾卡遺址開挖，只不過華斯耶夫用盡資金卻找不到半點猶太人的遺跡。

誰統治了過去，誰就能統治未來；相反的，誰統治了現在就能統治過去。這句知名格言說明了俄國的政治與歷史關係。在與烏克蘭的衝突期間，久遠以前的歷史事件備受爭論，其激烈程度不下於對近期的新聞爭議。俄羅斯西方的奧廖爾（Oryol）當局想建造一座雕像，紀念十六世紀的沙皇伊凡雷帝（Czar Ivan the Terrible，即伊凡四世），引發了激烈的爭論，當地一份商業新聞報下標為「記憶中的戰火爆發了，一場政治主張議論政府內部政治理權的正當性」。如今，政府控制著國家歷史，其重要性並不亞於對石油和天然氣的控制。但揭開外表，其實每一次俄國人的爭議、每一次社會的分裂，都是面對歷史的爭議與分歧，而非政治上的。

歷史之戰

二〇〇四年上任的俄國外交部長謝爾蓋．拉夫羅夫（Sergey Lavrov）喜歡以點子王自居，他的貢獻是利用以久遠前的歷史來建立俄國的外交政策。在這方面，他無疑在他的部長級同僚中出類拔萃；大多數部長都存有一個觀念，以為我們已經進入一個嶄新的歷史時代了，因為一切看起來都煥然一新，所以歷史也是多餘的，甚至在某些程度上是不可靠的。

但話說回來，拉夫羅夫根本不在乎歷史是否被正確理解。他利用歷史是為了強調特定的重點，而這些重點往往用來回應最新也最具爭議的議題。他在最近的一篇文章中表示，俄國的國際地位關係到他所謂的「幾個歷史實例」，接著就說到重點，俄國不能再被看作永遠在追趕西方，因為它原本的「文化與精神層次就高於西歐諸國」。[12] 這裡引用的歷史實例當然就是蒙古入侵前的基輔羅斯。拉夫羅夫指出，皇室聯姻曾是檢測一國國際地位的最佳儀器，

11. 作者註：瓦迪．姆羅斯曼（Vadim Rossman），〈古米列夫、歐亞主義與可薩汗國〉（Lev Gumilev, Eurasianism and Khazaria），《東歐猶太事務》（East European Jewish Affairs），卷三十二（二〇〇二），第三十至五十一頁。

12. 作者註：拉夫羅夫，〈歷史視野中的俄羅斯外交政策〉（Russia's Foreign Policy in a Historical Perspective），《俄羅斯全球事務雜誌》（Russia in Global Affairs），二〇一六年三月，英文版參見 eng.globalaffairs.ru/ number/ Russias-Foreign-Policy-in-a-Historical-Perspective-18067。

雅羅斯拉夫一世（Grand Prince Yaroslav，亦即基輔大公）在一〇一九至一〇五四年間統治基輔，他的女兒們成了挪威、丹麥、匈牙利和法國的王后。他的女兒安娜嫁給了法國的亨利一世（Henry I of France），後來安娜寫信給父親，說她的新國家是「一個毫無人性的地方，房屋陰暗、教堂醜陋又傷風敗俗。」

拉夫羅夫主張，基輔羅斯是俄羅斯歷史的一頁。這簡直自曝其短，顯示他的歷史知識淺薄。他把歷史讀反了。如果以正確方式來讀——從過去讀到未來——那麼他或許會傾向把羅斯看作是維京歷史的一頁。不管怎麼說，雅羅斯拉夫一世的父親弗拉基米爾王子（Prince Volodymyr）和他的原鄉關係緊密，因為在回到基輔繼承王位之前，他曾在斯堪地那維亞半島住了五年，還帶回一支新成軍的維京部隊。

凡此種種都是零星瑣事，多少帶著點幼稚挑釁，拉夫羅夫完全展現出他們有多氣烏克蘭人。這些事在某種程度下證實了烏克蘭傳教士為何在一九四四年——趁著至今還說不分明的一些事件——把雅羅斯拉夫的遺體帶去了曼哈頓，雖然不久後就被破獲。他們是在懼怕崛起的蘇維埃將會霸占了烏克蘭的物質與文化。二〇一六年十一月，一尊高達十六公尺的弗拉基米爾青銅像在莫斯科揭幕。銅像恰恰就佇立在克里姆林宮圍牆外，跟建於一八五三年的基輔雕像形成驚人對比；莫斯科的弗拉基米爾雕像左手握著一柄劍，象徵他最早是個勇士。

拉夫羅夫在這裡以同樣的方式挪用了歷史，但他絕非孤立無援，真正的問題是，到頭來他要如何從他的歷史探險中繞回現在俄國國際地位的問題。對此，他論述了幾個重點。

但拉夫羅夫依舊在類似的歷史範疇裡繞圈圈，開宗明義就說亞歷山大・涅夫斯基（Alexander Nevsky）其實是俄羅斯帝國的開國君王；他之所以選擇建國，是為了抵抗來自西方的所有一切同化，儘管這代表著必須短暫臣服於蒙古帝國。對拉夫羅夫而言，真正危及俄羅斯特殊角色與使命的是西方；而提到「蒙古之軛」（Mongol yoke）[13]，他簡直就是在暗示，什麼都好過被西方同化。此處我不確定拉夫羅夫是否曾受到古米利奧夫（Lev Gumilyov）和其他史學家影響，或甚至受謝爾蓋・愛森斯坦（Sergei Eisenstein）一九三八年的電影《涅夫斯基大帝》（Alexander Nevsky）所啟發。電影中，一名老者問王子何時要為父祖輩們報仇血恨，把蒙古人趕出俄羅斯的土地，涅夫斯基回答，蒙古人可以等一等，因為「我們遇上更危險的敵人」。他說，還未轉身面對攝影機，或不如說是他在等一個特寫鏡頭，然後咬牙切齒地惡毒一吼：「日耳曼人！」

吐露出了隱忍之聲後，可以說，涅夫斯基的天命自此展開。在接下來的數百年，俄國逐

13. 十三至十五世紀約兩百年間，俄羅斯受蒙古帝國統治。

漸發展出拉夫羅夫所謂的「精神原型」。這個概念就是今日俄羅斯的智識傳統。過去三年間我在當地旅行時，從住在克拉斯諾達爾的切爾克斯裔大學教師潘妮旭[14]，到貝加爾湖（Lake Baikal）畔瘋瘋癲癲的傳教士，人人都在談它。拉夫羅夫是政客，總是見縫插針訴諸最能引發共鳴的事。

那麼，俄國精神又是什麼呢？拉夫羅夫的所有文章都在替「漸進式改革」（evolutionary change）做辯護。這一點在他論述蘇聯的文章裡尤其顯而易見——蘇聯徹底革新了人類歷史並打造出良好政府，貢獻功不可沒。但與其說是以革命的原則實現這一切，倒不如說俄國歷史一層層累積了所有時代，在持續發展的狀況下必然產生的結果。倘若你以為帝俄是拿破崙征俄戰爭之後王權與皇室的守護者，那麼拉夫羅夫要在觀念上糾正你，他強調亞歷山大一世（Alexander I）和尼古拉一世（Nicholas I）[15]所做的是一種長期多元文化融合的雛型，在這項計畫裡，俄國願意犧牲國家利益以成全人類福祉。在昔日的獨裁專制下，當代自由主義早已萌芽，而昔日的獨裁思想想必也會在我們的自由主義理想中現身。歷史的演變其實在循環，而非直線進行。

既然俄國的特殊途徑和西方現代化模式格格不入，也難怪俄國與西方之間的衝突成了無可避免的歷史。對拉夫羅夫來說，第二波全球化——第一波終結於第一次世界大戰——足以證明俄國的策略正確無疑，畢竟所謂的發展有各式各樣的模式，「（俄國的策略）擺脫歐美框架的制式化與單調，別樹一格。」他特別推崇中國的經濟奇蹟，是一種一勞永逸解決經濟困境的方式。他也極力主張，西方強烈的敵視，源自於它認為應對政治與社會現實只有一種模式；相反的，俄國認為，應該遵照社會的傳統與速度來進行改革。

界定好兩種完全相反的世界觀後，拉夫羅夫給政治管理下了一個他投注已久的結論：我們需要建立一個新穎優化的國際體系，而且在體系內「沒有分界線」。這個新體系由什麼建構而成呢？拉夫羅夫既沒有明確的敘述，也沒什麼創意。他呼籲要建構一支共享的、沒有受到往昔意識型態染指的安全傘。若能實現這一點，將能使西方揚棄其政治文化中某些基本教義——例如輿論應該可以牽制政治權力等思想。那還只是拉夫羅夫眾多政治觀的其中一個，因此他認為還要為這個國際體系建造一個切實可行的基礎才夠完整。再也不要「有色彩」的革命活動了，甚至該淘汰它，改採「全球主要宗教大多奉行的傳統價值所建立的道德基礎」。

論及冷戰結束和繼之而來的國際組織時，拉夫羅夫進一步指出兩大重點，也相當發人深省。第一個重點，他反對一般盛行的觀念認為蘇聯的解體代表歐美的勝利。拉夫羅夫認為，

14. 參見第四章。
15. 亞歷山大一世的弟弟。

蘇聯解體是蘇聯本身相當渴望改革的結果，「加上一連串不幸的事件所致。」第二個重點，則是拉夫羅夫想要除掉現行世界秩序中的某些法條，特別是那些關乎個體自由價值和集體自治的。對他來說，那些法條是為了轉移焦點：和以往相較，如今北約組織的新成員並沒有比以往更自由。這些新成員對他供認——當然，是關起門來說——如果沒有美國或歐盟的允准，它們根本無法做出任何重大決定。

歷史卻另闢蹊徑。對拉夫羅夫而言，致命的錯誤是「我們的西方盟友」犯下的，它們決定讓北約組織向東擴張，而不是利用千載難逢的機會，開創一個嶄新的國際體系「囊括現化世界的一切色彩」。因此，拉夫羅夫最後給了我們一個古怪不當的國際體系版本，其原型來自多元化的民主選舉政制。他想為「漸進式改革」的政黨努力爭取一個角色，以便能與西方的革命性政黨和諧並存。後者致力於「革命性的技術」，結果反而無法提供任何切實可行的解決方案，來處理當代全球恐怖主義或環境惡化（Environmental degradation）等問題。在這一點上，拉夫羅夫的主張聽起來就像是赫魯雪夫（Nikita Khrushchev）以前的態度：歐美一直想箝制俄國，那些大大小小的「資本主義者」，讓其他意欲爭取一個更不同、更公平社會的人給噤聲了。

這是認真的嗎？從某些方面來說，答案是否定的。赫魯雪夫身上展現的是一種宣傳手法，同時也是「虛假意識」（false consciousness），那一點根本從未改變過。可是拉夫羅夫確實向我們展示了這個時代不可避免的世界願景，而且也應該獲得認可：國際體系如今支離破碎、對同一件事的完整性毫無整合的可能；這一點和開放社會裡的民主政治很雷同。相當諷刺的是，拉夫羅夫似乎對此視而不見，雖然他一直在為世界政治的多元文化發展做辯護；但這種鼓勵多元的態度，就連他的國家也無法提供給它自己的人民。

第三個大陸

拉夫羅夫的文章又把我們帶回到俄國與歐洲關係的問題上。歐美的擴張彷彿是自然的，不過對世界任何地區所產生的疑問都是一樣的：是否該樂於接受西方的文化與科技，以便站穩立場主張自己在政治上獨立；或者獨立之道只存在於拒絕任何形式的西方影響。一如我們所見，對亞洲各個國家與帝國而言，這是個共同的疑問，因為在亞洲，現存的政權都已經達到相當高的發展程度。可是在俄國，根據英國歷史學家佩里．安德森（Perry Anderson）的研究詳細顯示出，由於它在地理上與歐洲諸國接壤，加上它缺乏足夠的天然資源來對付西方的威脅，這兩大主因，導致俄國的發展特別進退維谷。[16] 十九世紀時，這個威脅劇烈，迫使作家與藝術家深省他們的國家認同與創造力，締造了突飛猛進的蓬勃文化。

這波省思到最後，俄國與西方達成了一項協議，可在杜斯妥也夫斯基（Dostoevsky）寫於一八八一年的一篇傑出的文章裡看到，標題意有所指：「亞洲對我們而言是什麼？」文中他聲稱，如果俄羅斯有能力克服自己對歐洲的迷戀，那麼它就能和拿破崙完成一個簡單的交易：「俄羅斯擁有東方，而讓拿破崙擁有西方。自成吉思汗以降，沒有出現過一個帝國能涵蓋君士坦丁堡到英屬印度——或許，假以時日中國也能包含在內。」可是這位傑出的小說家緊接著說：「我們放棄了那個交易，都是為了更美好的願景。」俄國的目的是為了拯救當時的歐洲，並以「生生世世成為歐洲人」來邁進。結果呢？什麼也沒有。也就是說，歐洲人仍舊懷著疑慮甚至敵意來看待俄羅斯，認為俄羅斯無法成為歐洲文明的一分子，因為他們認為俄國是山寨版的冒牌歐洲親戚。杜斯妥也夫斯基主張，唯有重返亞洲，俄羅斯才能找到與其規模相等的重大使命。「因為事實上，亞洲對我們而言——無異於美洲——是我們還沒有發現的新大陸。」而歐洲只會帶壞俄羅斯人。他認為，亞洲將能鼓舞他們；在亞洲，他們更是歐洲人。很矛盾的是，不是在歐洲，而是在亞洲，俄羅斯人方能一圓它的歐洲夢：「在歐洲我們是韃靼人，」杜斯妥也夫斯基寫道，「而在亞洲，我們是歐洲人。」[17]

早於杜斯妥也夫斯基的五十多年前，在這段尋找國格的漫長過程裡，俄國哲學家恰達耶夫（Pyotr Chaadayev）寫出了他的第一封〈哲學書簡〉（Philosophical Letter），主張俄國

「既不屬於西方亦非東方」。「一隻手肘倚在中國，另一隻靠著德國」，卻絲毫未曾受到兩者之中任何一個族群的文化影響。「在舉世混沌中，俄國不靠規矩或信條而活。在異邦的土地上，特別是在南方，那裡的人外貌生氣勃勃又情感豐沛。我常常拿當地居民的面孔，和我們的同胞做比較，而對我們悶悶不樂的長相十分震撼。」俄國的一切都很獨特、不穩定、短暫，「沒有任何一個有用的想法曾在我們祖國貧瘠的土壤裡發過芽。我們對西方三段論證（syllogism）[18]很陌生。」[19]由於這份對俄羅斯一切事物所做的控訴相當駭人，恰達耶夫後來被宣告精神失常，這是頭一樁用精神失常鎮壓政治與思想異議分子的個案，之後這種手段風行了很久。無論如何，恰達耶夫的論述對他同時代的人影響巨大，乃至於這篇短文被廣泛視為西化派與斯拉夫派之間長期爭論的導火線；這兩派思想宰制了整個十九世紀俄羅斯人的情緒。身為許多進步與激進政治思想先鋒的青年才俊亞歷山大・赫爾岑（Alexander

16. 作者註：佩里・安德森（Perry Anderson），〈不和諧的俄羅斯〉（Incommensurate Russia），《新左派評論》（New Left Review），二〇一五年，七、八月號，第三十六至三十七頁。
17. 作者註：杜斯妥也夫斯基（Fyodor Dostoevsky），《杜斯妥也夫斯基日記》（*A Writer's Diary*），英譯者，堅尼斯・蘭茲（Kenneth Lantz），卷二，西北大學出版社（Northwestern University Press），一九九三至九四年（原版寫於一八七三至八一年），第一三七四頁。
18. 也稱「三段論式」、「直言三段論」或「三段論」，由大前提、小前提和結論組成。
19. 作者註：雷蒙德・麥克納利（Raymond McNally）和理查德・特佩斯特（Richard Tempest），《恰達耶夫的哲學著作》（*Philosophical Works of Peter Chaadaev*），Kluwer Academic Publishers，一九九一年，第二十三至二十四頁。

Herzen），形容這封信是「夜闌人靜裡一聲轟然槍響」。

傳統上，俄國文化思想有三大流派：西化派、斯拉夫派和歐亞派。西化派認為俄國在歷史上是歐洲的一員，即使它有時在融入歐洲政治文化的過程中，因為某些在俄國發展上的特殊因素，顯得格格不入；這些因素其實對許多位於歐洲核心以外的地區都司空見慣。

斯拉夫派很奇特。他們的整個世界觀根源於要努力把俄羅斯從西方影響中解放出來，讓俄國回歸最原始純粹的文化精神狀態，跟現代理性主義相反。但這樣的「回歸」其實仍在廣義的「傾向歐洲」的脈絡中，以一連串獨立共和國的制度來取代啟蒙運動所代表的普世價值。德國和法國，也有相當於斯拉夫派的思想，而他們最終都必須放到當時歐洲知識界及其所面臨的政治紛爭中來思考。斯拉夫派主張俄羅斯文化是獨一無二的，因此不斷在捍衛一種歐洲史觀，那就是每一個民族都有其獨特之處。當然，俄羅斯得突破一切外來的模式，但必須在這些模式都輸出到各個國家後順應它們的內部發展，找到一個跟其民族性和平共處的方式。如果俄國想要在眾多自由往來的國度中找到自己的位置，也必須這麼做。其實對於西方理性主義與唯物主義的批判，也跟西歐的浪漫主義緊密相關。如同斯洛伐克哲學家、捷克首任總統托馬斯．馬薩里克（Tomás Masaryk）在一九一三年出版的百科全書《俄羅斯精神》（*The Spirit of Russia*）所寫，這項運動是「高度歐洲化的，跟任何反西化的運動如出一轍，都在歐洲的影響下才發展出來。」[20]

歐亞派人士則全然不同。早期的歐亞派在俄國革命不久後就誕生了，他們非常清楚表明自己想要終結來自西方政治、歷史與文化的霸權。他們喜歡驚嚇讀者，聲稱「每一個俄羅斯人身上都有黃種人的血緣」。這一點與俄羅斯人常自以為是歐洲人的觀點相互牴觸。於此同時，這種思考卻提供一種便利性，俄羅斯可以在政治上否認其東邊有鮮明的界線，因此無須以歐洲模式把亞洲視為殖民地，俄羅斯本就在亞洲。[21]

歐亞主義的思想鼻祖尼古拉·謝爾蓋耶維奇·特魯別茨科伊（Nikolai Sergeyevich Trubetzkoy），從來沒有讓歐亞主義激進分子從過往的思考中解放出來；而他難以心領神會的理論，也令那些追隨者無法在一連串根深柢固的內在偏見中完整轉譯，導致大眾無法真心接受。唯有在第一次世界大戰和俄國革命時能稍微動搖那些成見。

來自古老貴冑世家的特魯別茨科伊，年少時就展現學者天分，十五歲已在民族志學報上撰寫文章，透露出他很早就對高加索地區語言和神話感興趣。他曾耗費數年研究切爾克斯人

20. 作者註：托馬斯·馬薩里克（Tomás Masaryk），《俄羅斯精神》，卷一，Allen & Unwin，一九一九年，第三十三頁。

21. 作者註：馬蓮娜·勞盧拉（Marlène Laruelle），《俄羅斯歐亞主義：帝國的意識形態》（*Russian Eurasianism: An Ideology of Empire*），約翰普金斯大學（Johns Hopkins University Press），二〇〇八年，第三十八至三十九頁。

的傳說故事，還有鄰近基茲洛沃茨克（Kislovodsk）一帶[22]的歌謠，並在當地享受水療按摩招待時，耳聞布爾什維克黨（Bolshevik）的革命活動。他帶著妻子與稚女同行，在接下來三年間，流離在提比里斯（Tbilisi）[23]、巴庫和羅斯托夫（Rostov），最後到雅爾達（Yalta）[24]避難。接著，隨著白軍在地面作戰失利，他又遷徙到伊斯坦堡。因為革命，他的貴族身分必定會遭到清洗，自此他不曾返回俄國，並於一九二二年起一直在維也納從事教職工作。特魯別茨科伊很早就在職業生涯裡闡述他的歐亞主義思想，但直到一九二五年出版的有趣小集《成吉思汗的遺產》（*The Legacy of Genghis Khan*），這些思想才已臻成熟；這是頭一次有人從東方的角度來看待俄羅斯的歷史與心理。

特魯別茨科伊強調，俄國的土地有一邊延伸到西歐與中歐，另一邊則跨到了東亞與南亞，導致俄國擁有許多怪異的特徵：首先是沒有途徑通往開闊海域，而剩餘的地區海岸線也支離破碎；伴隨這個地理事實，勢必還會產生許許多多的差異。若把俄國隔離開來，它彷彿是個獨立的大陸，這點跟歐洲和亞洲相較之下，他認為可稱之為「歐亞」。這個新大陸的人口組成，自然也非同質的，不過特魯別茨科伊認為，以俄羅斯人與布里亞特人（Buryats）[25]之間的差異為例，在人類學上，重要關鍵是所有的差異都屬於光譜當中的一連串漸變。出於「歐亞」的天性使然，這毫不妨礙他們實現共同的命運，想「統一成為一個國家」。成吉思汗是第一位完成這項一統大業的人，也因此，力爭不輟要重建破碎統一局面的俄羅斯，「是成吉思汗的後裔，也是接續他的歷史繼續奮鬥的繼承人」。[26]

俄國的學童仍被灌輸「韃靼人的枷鎖」這種思想，也就是自蒙古占領後，數百年的臣服讓蒙古政權本身充滿了種族色彩的殘暴與毀滅性的故事。俄羅斯的國家認同，根源於緩慢但堅決地反抗蒙古人開始。從這點來看，他們若非故意想激發俄羅斯人的國家統一思想，那就是在埋怨這副「枷鎖」導致俄國比西歐諸國變成更落後的國家。有些歷史學家曾怪罪俄羅斯人的性格上有些他們認為最糟糕的特徵，而那都是拜蒙古人所賜。眾所周知，俄國詩人普希金（Pushkin）曾把蒙古人稱作「沒有亞里斯多德和代數的阿拉伯人」。

特魯別茨科伊企圖徹底改變這種國家認同。他指出了一些耐人尋味的證據。比方說，十五世紀在莫斯科建立的公國，幾乎毫無疑問他們並不真心想從蒙古人的控制中解脫出來，而

22. 俄羅斯斯塔夫羅波爾邊疆區（Stavropolsky krai）城市，位於庫馬河畔。
23. 今日喬治亞共和國首都。
24. 克里米亞半島南岸城市。
25. 北亞較大的少數民族，屬蒙古族的一支，分布在鄂溫克自治旗及西伯利亞貝加爾湖一帶，有自己的共和國。
26. 作者註：參見特魯別茨科伊（Nikolai Sergeyevich Trubetzkoy），《成吉思汗的遺產及有關俄國認同的論文集》（The Legacy of Genghis Khan and Other Essays on Russia's Identity），編者 Anatoly Liberman，Michigan Slavic Publications，一九九一年（原版一九二五年），第一六七頁。

是透過占據蒙古帝國內更大的土地來擴張勢力，終至讓公國大公取代韃靼可汗。俄國的意識型態並不認為俄羅斯脫離遊牧部落便足矣，它想要以莫斯科大公國的勢力，統一整個俄羅斯與遊牧部落。[27]

特魯別茨科伊認為，莫斯科大公國不管在疆域、國家形式，甚至是思想內涵上，都繼承了蒙古人；政治哲學相信世界有善有惡，和西方的意識型態大相徑庭。於是抵禦西方，很快就成了新成立的莫斯科大公國要面對的當務之急，但是蒙古帝國對此毫無概念。而天主教國家如波蘭，北歐大國如瑞典以及跟西歐有航海貿易的諸國，都會對莫斯科帶來明顯的威脅。若沒有西方的船堅炮利和工業科技，莫斯科大公國只會被輕易攻占，可是輸入科技很可能也輸入伴隨而來的歐洲精神和歐洲文化。「被這樣的精神給玷汙非常危險。」[28]

既然，特魯別茨科伊以地理格局為憑，主張歐亞是第三大陸，那他的政治結論就是將俄羅斯堅決導向了亞洲。他認為，俄國應該把自己看作是亞洲諸國理所當然的「聯盟隊友」，一起對抗歐洲文明。他稱讚新興的蘇聯政體，已經開始把亞洲人當自家人看待，儘管在絕大多數方面，蘇聯人在意識上仍認為他們自己是彼得大帝的後裔，在沙皇安排的那個路線敦促下，拚命追隨不近情理的歐洲化路線。特魯別茨科伊發表了引人矚目的論述，並做了一個結論，認為歐洲真正的敵人不是共產主義，因為共產主義畢竟產自歐洲；歐洲的真正敵人是歷史上的俄羅斯，也就是「歐亞大陸」。特魯別茨科伊想蓄意翻轉概念，雖然先前認為韃靼人是「枷鎖」，如今他又訴諸「枷鎖」應該建立一個新政府，再把俄羅斯從另一個「歐洲文明的枷鎖」中解放出來。[29]

特魯別茨科伊喜歡把自己看作是先知，而基於一些簡單公平的標準，我們肯定他在某種程度上算是成功了。他無從知道蘇聯會存在如此之久，可是他在發表主張時看到了某個重要的東西，他明白蘇聯一旦解體，俄羅斯接下來很可能會拋開歐洲文明，而非擁抱它。歐亞主義若能成為當代俄羅斯的政治核心思想，那不是政治人物在過往經典裡找到的靈感，而是因為那些經典和思想早已鋪陳出一個相當客觀的局面，並呈現在政治人物面前，讓他們準備去回應當前局勢。

列夫・古米列夫（Lev Gumilev）也主張這類歐亞世界觀。很明顯的，他曾受到特魯別茨科伊的影響，有些時候，還為這個原始的概念提供科學基礎。例如，他認為第三大陸的具體界線，有天然證據為憑：元月份的零度等溫線，也就是標定元月平均氣溫在零度的那條

27. 作者註：同上，第一八三至一八四頁。
28. 作者註：同上，第一九八頁。
29. 作者註：同上，第二二〇頁。

線。平均氣溫在零度以下的陸塊，堅硬且永久結凍，這些地區並不在西歐、也不在中國肥沃的土地上。根據他「客觀要件」的觀點，古米列夫認為，中國的長城就是標示零度等溫線的一道疆界，而波斯人也曾在裏海沿岸傑爾賓特（Derbent）一帶建造過類似的東西。因此，世上有三個大陸，其中兩個座落在兩端——歐洲與亞洲——都築起長城保護自己，遠離致命的第三大陸的核心。

古米列夫始終自認是歐亞主義派，他也是最後一個我們提到的歐亞主義基本教義派。雖然他很可能靠一己之力建構出這些概念——畢竟在史達林時代，歐亞主義人士的資訊已經很難追溯——但不論是對成吉思汗的欽佩，還是譴責「韃靼人的枷鎖」是一種下流且毫無根據的迷思，都使他和特魯別茨科伊脫不了關係。在他終老前的一次訪談中，古米列夫稱許特魯別茨科伊堅定的信念，認為俄羅斯最重要的事，就是最後不能淪為歐洲的奴隸。重要的是要找到真正的盟友，俄羅斯應該向土耳其人或蒙古人求援，因為英國人、法國人和德國人「將只是狡詐的剝削者」。接著他總結：「我已經臥病很久，我曾中風，我不知道世界現在所發生的事。但我知道一件事，而我要私底下告訴你，那就是俄國若要得救，唯有成為歐亞強權，也唯有堅持歐亞主義才行。」30

「歐亞」這個名詞表達了早期歐亞主義人士與當代追隨者所想描繪的一種概念，其涵義在根本上是模稜兩可的。一方面，它指涉了介於歐亞之間所開發出來的一大片「第三大陸」。二來則代表了涵蓋歐亞兩洲與兩者之間所有一切的超級大陸。歐亞主義者很清楚這一點。他們是以嚴謹的觀點創造「歐亞」的概念，他們把眼光放在「歐亞」重新組織以後，將成為超級大陸。他們想要破除「歐亞」是分隔歐洲與亞洲的舊觀念，嘗試用不同的拼圖開創出一個嶄新的地理格局，讓俄羅斯可以在裡頭稱霸。第三大陸的地位得天獨厚。對某些歐亞主義者來說，這是因為第三大陸雄踞文明中心，可以把歐洲與亞洲連接起來，沒有他們，歐亞兩洲絕不可能彼此相連。評論家兼歷史學家瓦季姆·科日諾夫（Vadim Kozhinov）認為，俄羅斯文化是歐洲與亞洲之間的精神橋樑。對別人來說，俄羅斯是超級大陸上人煙罕至的浩瀚核心，既無商貿牽制、都會生活的入侵等劣化所影響，且它難以攻陷，其內部所蘊藏的原始力量注定要占領全球。

早期歐亞主義人士在布爾什維克黨革命之後便開始著述寫作，當時，俄羅斯帝國面臨分崩離析，更重要的是，同樣多民族結構的鄂圖曼帝國和奧匈帝國也步上無可避免的絕路。歐

30. 作者註：伊戈爾·達金（Igor Davkin），〈若要俄國得救，唯有通過歐亞主義〉（If Russia is to be saved, it will only be through Eurasianism），〈古米利奧夫專訪〉（An Interview with L. N. Gumilev），《俄羅斯哲學研究季刊》（Russian Studies in Philosophy），一九九五—九六冬季號第七十六頁。

亞主義者提出了一個解決之道：以新穎的思想，提醒俄羅斯留意國族主義，別把俄羅斯變成歐洲模式的同類國家。當然，包括特魯別茨科伊，這場運動最舉足輕重的幾位人物都認為，俄羅斯族與大草原的突厥民族之間暗藏著靈性上的結合，而這一點便足可當作建立共同政治大業的基礎。保有歐亞空間的一體性，對特魯別茨科伊而言，至少有學理上的基礎。至於古米列夫這邊，他喜歡強調蒙古人擁有的能力——堅守住羅斯汗國很長一段時間——接著俄羅斯帝國又繼承統治了這片土地長達數百年之久，顯示出大一統的密切性。俄羅斯和歐洲的關係卻相反，兩者互相排斥，宛如兩枚磁鐵同極相斥。

並非所有歐亞主義者用的方法都那麼死板，執意把「歐亞」定義成「第三大陸」，但他們的確都一致堅決要防範俄羅斯受到歐洲的左右，以致如今歐亞主義仍擁有如此強而有力的支持；今天，俄羅斯感受到歐盟正逐漸侵蝕它的勢力範圍，並用各式各樣可見與不可見的束縛，牽制它的經濟與社會。此外，早期的歐亞派人士當年覺得這是限於西方的問題，如今東方也依樣畫葫蘆，中國正蓄勢待發要開創出另一個經濟成長的勢頭，並準備一統超級大陸。從這個角度來看，或許是個巧合良機，既然歐亞主義者一直心向亞洲，他們早就將俄羅斯定位成亞洲國家，因此他們的主張也不會帶來多少震撼。「既非歐洲亦非亞洲」恰好符合當前俄羅斯的窘境。由於害怕兩邊同時進犯，俄羅斯的領導階層一直試圖想把他們最顯而易見的弱點，轉變成最強大的長處。「這樣僅剩的唯一選項，就是成為兩大區域之間的統一橋樑。」[31]如此一來，歐亞主義就從一種探討核心的概念，轉型成為一套討論整體的理論。

俄羅斯與歐亞聯盟

二〇一一年十月，在宣布第三度出馬競選總統之後的一個禮拜，普丁在俄羅斯《消息報》（Izvestya）上發表了一篇長文，聲稱要建立「歐亞統一新計畫」——歐亞聯盟（Eurasian Union）。這是俄羅斯第一個偉大的外交政策，原在冷戰結束時就有了構想，因此名稱帶有濃厚的政治意味，而且立刻就受到俄羅斯政壇與掌權階層的認可。

使用「歐亞聯盟」這個名稱，使討論提升到政治秩序裡極高的共同原則上，同時也是贏得世界認同的好選擇。如果普丁只為俄羅斯發聲，那他就別妄想能拋出一個議題，得以直接挑戰西方的政治原則，畢竟此時西方的發展已經散發出通過歲月明證的普世與有效性。在政治理論與符號的層次上，藉由一個更大的單位來發表講話，也代表主事者已經被提升到一個

31. 作者註：謝爾蓋．拉夫羅夫（Fyodor Lukyanov），〈建設歐亞大陸和定義俄羅斯〉（Building Eurasia and Defining Russia），「俄羅斯透視歐亞大陸」（Russia's 'Pivot' to Eurasia），歐洲外交關係理事會（European Council on Foreign Relations，二〇一四年，第二十二頁。

更高的層級上；在這個層級，相關的原則與定義，可以被套用在各個不同的地方和不同的人。一如大多數所知道的，「歐亞」是一個政治名詞，被創造出來直接挑戰歐洲，它召喚出一群國際巨人，為了形塑未來的國際體制而奮戰。普丁的這篇文章聲稱，這個國際體制「今日於焉誕生」。

普丁形容這項計畫：「一個強而有力的超級國家聯盟，能在現代世界撐起一片天，在歐洲與充滿活力的亞太地區之間成為有效的橋樑。」他解釋這不是蘇聯的死灰復燃，雖然這個組織當然也會設法利用蘇聯所留下的一些東西，例如區域生產鏈及共通的語言與文化空間。他強調，加入歐亞聯盟的諸國，仍可以融入歐洲，說不定還能加速時程，但同時他也明確指出，要做到這點，歐盟與歐亞聯盟之間也必須先完成統一，而不是在他們各自的聯盟內嘗試。「基於自由貿易規則和一致的法規制度下，建立合作關係，它們就有責任宣揚這些原則，包括第三方和區域性機構，保證從大西洋到太平洋都一路暢行無阻。」

當歐亞聯盟終於簽約成立時，普丁曾預言，歐亞聯盟將會改名為「歐亞經濟聯盟」，特別是顧及白俄羅斯和哈薩克的意願，以避免進一步觸及政治上的統一，比方說共同貨幣或共組議會。即使有這麼一個超級國家的實體，配備了經濟一統的實力，但此組織仍欠缺強制性的機制，換句話說，任何的爭議都會被政治化處理，而且在很多情況下，會被領導人們自行解決掉。這點或許談不上失敗，不過超乎人們想像的是此為刻意為之。畢竟，這個組織的各會員國，其政治文化肯定會把重要的決策權留給獨立的行政機關處理，甚至某些技術面的問題都還取決於地緣政治的思考。由於歐亞經濟聯盟已經取代了個別的關稅稅則，改用單一的外部稅率，包含吉爾吉斯和哈薩克在內的各國，都已經對中國貨加徵課稅，以便能和較高的俄羅斯稅率一致。還有，聯盟對外似乎採取更嚴厲的管制，例如中國卡車進入哈薩克的通關時間看起來變久了。這似乎不是根據貿易原則所導致的結果，而是莫斯科當局深思熟慮後所做的改變，以阻礙中國在中亞的經濟實力坐大。俄羅斯由於在烏克蘭的行動，導致國際制裁，他們以禁止進口歐盟農產品來反制，但事實上，其他的歐亞聯盟會員國卻沒有跟進，反而因取消與俄國的關稅管制而獲利；突然之間，白俄羅斯成了昂貴法國起司走私到俄國市場的重要轉運站。明眼人都知道，這項計畫並未有效執行，也進行得不順利，但打從一開始他們就不同於歐盟的運作方式；歐亞聯盟需要有一套工具，而不是靠一套規則來運行。

歐亞聯盟在最初的協定簽訂之後，很快有兩個會員加入。吉爾吉斯當然不想和哈薩克對立，結果它得到很慷慨的金援承諾。至於亞美尼亞，運作該國入會可說是外交政策下的一種詭計、權謀和蠻力。葉里溫（Yerevan）[32]當局一直以來都宣稱對入會興趣缺缺，可是二〇一三年亞美尼亞總統塞爾基・薩奇席恩（Serzh Sargsyan）到莫斯科會晤普丁後，就突然改弦易轍，宣布亞美尼亞先加入關稅聯盟，而終究也會加入歐亞經濟聯盟。亞美尼亞一直都在計畫於兩個月後在立陶宛的維爾紐斯（Vilnius）與歐盟簽署聯合協議。熟料，它成了唯一一個國家放棄與歐洲一統，反而加入了新成立的歐亞經濟聯盟。亞美尼亞之所以這麼做，是因為莫斯科很明確地表示它別無選擇。其實，就在二〇一三年九月的會議之前數日，俄羅斯駐葉里溫大使館的第一書記曾經威脅亞美尼亞：「跟歐盟簽署聯合協議的話，就等著『熱浪之秋』[33]來襲。」[34]亞美尼亞知道，它是靠著和俄羅斯的緊密關係，才得以在形勢混亂的高加索地區存活下去的。一直以來，亞美尼亞都統治著戰爭得來的卡拉巴赫（Karabakh）與毗鄰地區，同時又看著亞塞拜然用它的石油致富，打造足以令亞美尼亞陷入絕境的武力優勢，但只要俄羅斯對情勢睜一隻眼閉一隻眼，亞美尼亞就能得逞。

把歐亞經濟聯盟看成是一個能使俄羅斯重新統治前蘇聯極大領域的機構，這個觀點相當有說服力。很顯然，克里姆林宮目前的領導階層深深認為蘇聯解體是因為地緣政治所造成的災難。或許，歐亞經濟聯盟既可以同時提供正當性和完整機制，讓龐大的帝國勢力捲土重來。這個觀點強調某些事情的存在，比方說俄羅斯與它在外圍的許多民族之間的共同命運，他們的政治結盟關係該如何繪製出經濟統一與成長的道路，仍有待觀察。

然而，這並不是俄羅斯的重點。某些形式上的區域性統一，顯然受到認可，不過它卻是一種手段，而不是最終目的。真正困擾俄羅斯的，不是身居區域霸主的地位——它早已如此——而是它和各個全球權力中心的關係。假如全球化代表世界逐漸演變成幾大地緣政治區域，那麼俄羅斯就難以保證自己的霸權地位，除非它也變成其中一個區域代表，或起碼成為某區的核心；這正是為什麼俄羅斯與一連串鄰邦完成某種歐亞聯盟的一體形式刻不容緩。還有一個選擇是作為歐亞的緩衝地帶，以獨立陣營的形式跟德國領導的歐洲、還有中國稱霸的亞洲相鄰。確實，這種居中的型態，是否比歐亞經濟聯盟來得更成功，仍有待商榷。這樣做會不會使俄羅斯更有能力跟歐盟、中國在平等的條件下競爭呢？截至目前為止，諸多結果顯示它可以。不久前，歐盟仍在盡力促成跟俄羅斯的一項自由貿易協議，這項計畫將使歐盟與其東邊鄰國洽談更多貿易協定，也與俄國利益並行；且據推測，莫斯科政府也樂將基本的歐洲法條與標準轉化並納入國內的法規裡。這項討論如今已擴大談判範圍，進而變成兩大聯盟之間的戰略新選項。雖然那些討論事項不太可能現在就處理完畢，但是兩方應該達成什麼

32. 亞美尼亞共和國的首都。
33. Hot Autumn 是義大利在一九六九至一九七〇年間發生的工廠大罷工運動。
34. 作者註：參見格里戈里安（Armen Grigoryan），〈亞美尼亞：槍桿下輸誠〉（Armenia: Joining under the Gun），《普京的大戰略：在歐亞聯盟和及其不滿》（Putin's Grand Strategy: The Eurasian Union and its Discontents），中亞—高加索研究所與絲綢之路研究計畫（Central Asia-Caucasus Institute and Silk Road Studies Programme），二〇一四年。

妥協才能建立夥伴關係，態勢正逐漸塵埃落定。二〇一五年十一月，歐盟執行委員會主席尚克勞德·榮克（Jean-Claude Juncker）曾寫了一封短信給俄國總統，提到要在土耳其安塔利亞（Antalya）G20高峰會前兩日，進行一項磋商。這封信說，榮克已經要求他的行政部門「分析可能的選項，促進歐盟與歐亞經濟聯盟的關係，使其更緊密」。他補充道，他一直都認為「建立一個統一貿易區，連接里斯本到海參崴，是極富價值的重要目標」。

同樣的，俄羅斯似乎也找到制衡中國的新辦法。與中亞諸國建立的經濟聯盟，不僅僅只是表面上排除它們之間的貿易障礙，更將貿易對象轉移到了俄國。一如我們上面看到的，中國與哈薩克之間的貿易往來產生了阻礙；最起碼這可以拖延中國往西的經濟擴張步調，因為中國經濟上的西進擴張看起來——說不定有一天會成真——無法阻擋。

歐亞經濟聯盟這個計畫，目標是建立並精進俄國作為有關利益者的角色，並在發展過程中改造全球秩序。更精確地說，它這個角色必須緊緊抓住特定文化的歷史意義與政治價值——俄國人稱之為「生存標準」（жизненный стандарт），或最起碼是某種處理政治問題時的特殊之道。當代批評歐亞主義的俄國評論家最了解這一點，他們主張，俄國的繁榮始終來自向西方看齊的領導人，而非在東方大草原的入侵者上找尋自己的靈魂。對弗拉基米爾·盧金（Vladimir Lukin）而言，「俄羅斯不是歐洲以外的某個世界中心之一」，而是三腳鼎立的——巴黎、柏林與莫斯科——歐洲強權核心的一部分。他看待歐亞聯盟這個替代選項，反而是種因循古老的「國家崇拜」，若希望透過宗教與領土整合為一，夢想開創出一個強國結構，那種夢想實現的機會幾乎是零。[35]但話說回來，盧金是俄國垂死的自由主義派代表人物，又是駐美國前大使與聯合國人權委員會委員。我記得很清楚，一次在布魯塞爾例行委員會期間，歐盟的外交部長們對盧金被指派為俄國使節，設法調解前烏克蘭總統亞努科維奇（Viktor Fedorovych Yanukovych）與反對者對話一事，報以喝采掌聲。結果那些對話一無所獲。不久，亞努科維奇流亡俄國，而克里米亞半島遭非法強占。[36]

亂局的管理之道

所有事情都繞著老問題打轉：俄國的歐洲化。歷史學家諾曼．戴維斯（Norman Davies）精闢地注意到，布爾什維克黨在海外被形容為「像阿提拉（Attila）或成吉思汗一樣，散播死亡與毀滅的野蠻亞洲黑幫」，但他們對自己的看法卻截然不同。革命時俄國用的是當時歐

35. 作者註：弗拉基米爾．盧金（Vladimir Lukin），〈俄羅斯展望西方：歐亞主義者愚蠢〉（Looking West from Russia: The Eurasianist Folly），《國家利益》（The National Interest），二〇一五年十一至十二月號。

36. 二〇一三年年底，亞努科維奇拒絕與歐盟簽署自由貿易協定，引發烏克蘭國內反對派發動大型示威活動，隔年二月烏克蘭國會通過將他革職，但之前亞努科維奇已經流亡俄羅斯，始終拒絕辭職，不久就遭通緝。

洲最進步的政治學說：革命性的馬克斯主義。布爾什維克黨人認為自己吸收了法國大革命的種種成就，帶領世界前往下一個歷史階段，而他們的基礎是德國的革命運動；他們希望德國與俄國能再一次聯手掀起全球無產階級革命。[37]就如同我們在前一章裡看到的，最好把蘇聯視為一個扭曲變形的現代歐洲國家，只是所有與政治、科技和產業發展沒有直接關係的東西，全被抽除掉了。西方被俄國人視為危險之物，那是因為它的組織力較好。可是，假如西方因為優越的組織力而獲得聲譽，將俄羅斯甩在後頭，難道不會形成一種獨尊組織性、排除其餘一切累贅來發展的迷思嗎？這會不會反過來使西方諸國變得老成又不合時宜？然而，蘇維埃即是一種社會組織凌駕於生活的體現。

由於國力和工業化始終來自更深層的文化形式，一旦抽離這些文化要素，就不能再產出理想的結果，革命計畫最終必然一敗塗地。這就好像蘇聯吸取了使它膽寒的歐洲所有生活元素，希望能加以反抗，結果卻是打造出一個把西方威脅提高到生活的方方面面、別無任何價值存在的世界。

隨著共產主義計畫失敗，世界其他區域努力趕上歐洲文明的漫長發展歷史，而且幾乎就要完成了。一直以來，以一種期待新生活的希望——期待過得像歐洲或美國那樣現代化的生活方式——是用來反抗共產主義崛起的利器，可如今卻不再如往常那樣，因為「否定西方」

的對立面已不存在。於是許多人都認為，這種新生活可以直接從西方移植過來了，但卻忘記經過一個世紀之久的快速現代化，顯而易見的是，中國與俄國都不單只是被動的模仿者。假如我們認同俄羅斯不應該被視為歐洲國家——透過歷史和文化的比較，俄國和西邊的歐洲鄰國存在著許多差異——那麼，我們可以立刻看出一件很重要的事：事實上，俄國是歐洲以外唯一一個始終有能力維持真正的主權與獨立性的國家，自外於現代化的「歐洲帝國」。

因此，俄國對歐亞問題的算計，必須從這種角度來理解。俄國前外交部長伊萬諾夫（Igor Ivanov）曾說過，各方強權從來不會統一。如果歐盟與俄羅斯代表的是兩種不同的文化，那麼兩者之間要建立的合作體系，規模就會很大，不僅包含了布魯塞爾及莫斯科，說不定還包括北京。換句話說，過去二十年來，俄羅斯的領導階層越來越清楚，想和歐洲統一，就必須要有多元的勢力，而歐盟不應該再想著以一個統一的核心來擴展他們的計畫。把俄國完全納入歐洲秩序裡已不再可行，不只是因為如俄國這樣的一個大國不會輕易想與他者統一，同時也因為在共產主義瓦解之後，俄羅斯社會自主發展，如今在俄國與歐盟之間產生了文化與政治上的重大分歧。「歐亞」已經成為俄國確保自己擁有獨特文化的必要空間，

37. 作者註：諾曼·戴維斯（Norman Davies），《歐洲歷史》（*Europe: A History*），牛津大學出版社（Oxford University Press），一九九六，第十一頁。

一方面可免於被中國隔絕在外，另一方面又可以不再被逐漸擴張的歐盟勢力所控制。於此同時，歐盟仍持續提出一個大一統的模式；在這個模式裡，權力來自布魯塞爾，而與歐盟中心的遠近，強烈左右著政治合作上的進展。

當時，蘇聯一解體，布魯塞爾很快就與莫斯科採納了新的合作模式，這似乎理所當然可以認定俄國將會逐一跟上歐洲的標準與價值。但事情遠非如此。對俄羅斯的領導階層而言，俄國如何融入歐洲具有非常不同的意義：歐洲是共同的家鄉，而雙方將以同等的心力來打造。根據邏輯推論，這樣做會產生某些類似知識菁英兼電視名人維塔利·特列季亞科夫（Vitaly Tretyakov）曾提到過的方案：在歐洲的土地上創造兩個聯盟，一個在西方，另一個則在東方——涵蓋中歐——由俄羅斯領導。[38] 目前有許多誤解都根源於此，因為，從歐盟已過時的觀點來看，創造一個新的體系並不是個可行的任務，甚至也令人費解。反觀，俄羅斯並沒有「把歐盟看作是歐洲政治與經濟秩序的最後形式」。[39]

有時我會想，歐盟與俄羅斯之間的歧異，是否來自兩種對立的價值觀和政權從沒有被彼此充分理解過。西方的政治文化，事實上並不認為政治生活的基本原則是透過權威的行動者所創造的；然而，這在俄羅斯卻是天經地義，他們始終認為若非這樣做，就是虛偽與矯情。一般而言，我們很少在政治理論上作反省，但這也代表在相當程度上，政治人物很容易會去堅持不容置疑的原則，而那些需要更深思反省的理論則是能避免就避免。於是，事情就這樣發生了，歐洲政治人物感興趣的，都是政治勢力必須受到法規與原則的牽制；相對來說，俄國政治人物認為威權很稀鬆平常也很自然，所以他們感興趣的不是法規，而是建立與實施法規的能力。

於是我們看到，即便歐盟表達出希望把俄羅斯當成對等的夥伴，但這件事在俄國領導階層中，卻理解為截然不同的意思。對歐洲人來說，這代表俄國將同意歐洲共有的價值觀與法規；但莫斯科真心所求的卻與此大相徑庭，他們希望在世界秩序的核心共享權力，進而開創或制定法規。[40]

俄羅斯其實並不想以缺乏法規的方式來取代自由世界的秩序，可是它也同時相信，不想被法制捆綁是人類的天性，唯有藉著某種強大的政權發揮創意、施展權力，才能真正杜絕混

38. 作者註：維塔利．特列季亞科夫（Vitaly Tretyakov），《俄羅斯報》（Rossiiskaya Gazeta），二〇〇五年六月二日。

39. 作者註：費奧多爾．盧科亞諾夫（Fyodor Lukyanov），〈俄羅斯—歐盟：誤入歧途的夥伴關係〉（Russia-EU: The Partnership that Went Astray），《歐洲 - 亞洲研究》（Europe-Asia Studies），二〇〇八（六〇）：第一一〇七至一一一七頁，第一一一七頁。

40. 作者註：卡德里．里克（Kadri Liik），〈如何與俄羅斯對話〉（How to Talk with Russia），歐洲外交關係理事會（European Council on Foreign Relations），二〇一五年十二月十八日，第二頁，參見 http:// www.ecfr.eu/ article/ commentary_how_to_talk_to_russia5055。

亂。這不僅是用在國際事務上，也可以用來針對國內政局。混亂的政局絕不可能徹底被擺脫，它會繼續存在於文明世界的表象之下，而強而有力的政權是適時管理它的必要角色。普丁一直都認為，完全的民主政治不可能在俄羅斯實施，因為握有權力者絕不會眼睜睜看著自己的權力被剝奪。他見習的歲月其實不是蘇聯末期，而是冷酷無情的葉爾欽（Boris Yeltsin）年代，當時普丁得三番兩次為求生而四處奮戰。一如俄裔英國記者亞凱迪・奧卓夫斯基（Arkady Ostrovsky）在著作《製造俄羅斯》（*The Invention of Russia*）提到的，甚至連電視台都在熱烈辯證權力與混亂之間的關係。一方面在普丁的授意下，新聞節目展現出政局安穩平靜的形象，但另一方面，殘暴的犯罪戲劇卻又創造出無政府狀態的形象。某位前國安上將解釋道，「這股圖像化血腥暴力的風潮，並非呼應觀眾的高度需求，而是來自俄羅斯高階權力結構所形成的一種有意識的政策，為了就是製造一種印象，讓人以為只有新聞報導裡所描繪的最富強的國家，能夠保護脆弱的人民，免於螢幕上呈現的暴力。」41

當然，有個後果是，由於權力需要混亂的襯托，才能取得正當性，結果混亂本身就會被合法化，更諷刺的是還可能會受到肯定。當俄羅斯積極介入如烏克蘭這類的國家動亂時，有部分目的，是為了在那些能為自己境內創造秩序的國家，與那些難以完成這類基礎任務的國家之間，訴諸某種決絕的權力階級制度。順著這條線來分類，跟衝突激化的國家相比，衝突的凍結提升了那些國家的權威，使它們能獨力解決問題。首先，西方對於要處理動亂與衝突這點感到深惡痛絕，因此若想讓西方不再對俄國近外地區「指指點點」，那就得鼓動那些未解決的紛爭與邊界爭議。的確，「東部夥伴關係」（Eastern Partnership）——這是個由歐盟倡議好去管理東歐諸國關係的組織——當中六個國家，唯有一個白俄羅斯，沒有因為國內的衝突尚待解決，而遭到俄國的軍事干預和政治介入。其次，由於莫斯科當局是東歐失序的始作俑者，所以秩序也僅能由莫斯科當局來重建。衝突與混亂總是跟那些必須處理它們的權力糾纏在一起。

普丁喜歡拋出「統治全球體系應該用什麼樣的法規」這種問題，但不涉及道德與政治價值——不像西方領導人喜歡的那樣——而是引用根本沒有法規的極端個案來討論。二〇一四年，普丁在「瓦爾代國際討論俱樂部」（Valdai International Discussion Club）發表了一則談話，他有點不太正式地問大家：「假如我們不要依靠法規過日子，寧可選擇什麼法規都不要，那我們有什麼路可以走？別以為這樣的事情不會發生。眼下全球的局勢那麼緊張，我們不能排除其可能性。」很顯然，這並不是他推薦的路線，但卻是一個和西方思想尖銳對立的

41. 作者註：亞凱迪．奧卓夫斯基（Arkady Ostrovsky），《製造俄羅斯》，馬可孛羅，二〇一七年。

提議：秩序源自於混亂，而不是源自於普世的價值——西方總宣稱對所有人類既合理又美好的價值與法規。西方那套只不過是因為他們當今稱霸，於是一廂情願地揮霍立法的權力。

俄羅斯的外交與內政之間，有非常好的連貫性，而事實上，近期的發展甚至還顯示兩者幾乎要完全合而為一。你可能一開始會想，在沒有組織良好的跨國機構介入的狀況下，永遠都會有紛紛擾擾的國際衝突，可是國家內部也會產生一股強而有力的力量來對抗。這在俄羅斯，起碼目前還沒有嚴格的法條與規定來制約內部。有些人為此感到恐懼，國內有組織的鎮壓，宛如像是要掀起對抗外部敵人的戰爭一樣。俄羅斯詩人約瑟夫．布羅茨基（Joseph Brodsky）在一九九〇年所寫的文章，已經看到未來十年當中將會充滿混亂與矛盾，可是他也了解到，混亂與政權之間有著密切的關係，至少在俄羅斯是如此：「這股混亂與這些矛盾，事實上在保全政治勢力能從混亂之中創造出穩定的秩序，直到找到解決之道為止。」[42]他還強調，蘇聯在苟延殘喘的末日裡，不得不變成世界矚目的焦點，因為它們見證了一個「國家為何存在」的真理。在一個啟示宗教（revealed religion）發揮不了力量的世界裡，我們必須認清事實，那就是沒有人知道該如何活下去。有些人在例行公事或其他事務上安頓下來，有些人則從不過問自己該不該在這個地球上如何安度有限的生命。人們生活在政治制度之下，這也包括民主政治在內，都會促使人們往特定的方向前進，不論生活過得是否盡如人意，總試圖讓他們安於其中。布羅茨基認為，垂死的蘇聯政府貢獻在於它甚至沒有企圖要逃避、簡化或掩藏這個問題。問題沒有答案，人生沒有意義，人們就是必須這樣活下去。如同小說家維克托・佩列溫（Victor Pelevin）在《狼人聖書》（*The Sacred Book of the Werewolf*）所說的，人類生活的要素，實際上在各文化中差異很小，可是人類總是需要美麗的包裝紙來包裝它。俄羅斯的文化，卻非常奇特地沒有辦法提供包裝，而這個狀態稱之為「靈性」。

格列布・帕夫洛夫斯基（Gleb Pavlovsky）在蘇聯時代是個持不同政見的學生，後來成了普丁政府的顧問，負責管理公眾意見。在近期發表的新書裡他強調，目前俄羅斯制度的創建者葉爾欽，更傾向製造意外，而且更重要的是，他要從中獲利。[43] 這項特性多多少少烙印在一部分的制度裡。葉爾欽小心翼翼挑選繼任者，同時發展一整套「技術」來管理「意外」，因為他深知意外是必不可少的。每一次迅雷不及掩耳的意外行動，都讓大眾瞠目結舌，也加劇了統治者與被統治者之間的差異；而這個差異卻是歐洲的民主政府長久以來努力想除之而後快的。統治階序應該跟法規相輔相成，而不是被法規所限制。換句話說，你在

42. 作者註：約瑟夫・布羅茨基（Joseph Brodsky），旋轉木馬的觀點（The View from the Merry-Go-Round），聯合國教科文組織《信使》（UNESCO Courier），一九九〇年六月號。

43. 作者註：格列布・帕夫洛夫斯基（Gleb Pavlovsky），《俄羅斯的制度：內部觀點》（*The Russian System: A View from the Inside*），Europe，二〇一五年。

體制內的位置，是透過你和法規之間的關係所建立的，不論你是否時時刻刻都遵循法規，也無論你是否被允許去破壞法規，甚至無論你是否根本對法規不屑一顧。總而言之，政府決策時，並不是在規範下做出決定，而是關係到他們要對規範做什麼。

位居社會金字塔頂端的人，通常也都是那些制定法規的人。在俄羅斯——看在西方人眼中或許會很奇怪——制定法規的人，倘若不被允許可以同時去違背法規，就難以生存下來；而且如果他們沒有生存下來，也就沒有任何人來制定法規了。在這座金字塔的最底層，或甚至在它的更底下，你可以發現有些東西極為有趣，比那些看得到的統治者或法規更有意思。歐洲的民主制度奠基於一套法規制度，而這些法規形成一道百毒不侵的保護膜，因此你總是會受到某些法規的約束。俄羅斯的制度則根源於極端的特例；每當法規難以被應用時，它就會被擱在一旁，接著權力赤裸裸地張牙舞爪，於是新的法規突然在意料之外可以被援用。「西方是受法規統治的，俄羅斯則是製造法規。因此，俄國應該統治西方。」這就是蘇爾科夫（Vladislav Surkov）曾經對我解說的世界觀；他和帕夫洛夫斯基一樣，都跟著克里姆林宮的政治機器一搭一唱。

帕夫洛夫斯基注意到，克里姆林宮已經不用等到這些極端特例來創建法規，它可以自行組織或者製造出它們。這樣的政治討論已出現在希臘作品已久，其中一個經典的例子就是王子組織了一樁陰謀來反叛自己，以便他揪出真正的敵人；王子在公開場合直接摧毀了政敵，使反叛組織功敗垂成。更普遍常見的是，如果權力必須仰賴征服對手來茁壯，就好像人類的肌肉一樣，它必須「運動」，否則一個政權就會因為過度安逸而陷入危機。權力源自它努力從混亂中理出秩序，如果混亂稍縱即逝，那麼權力本身就必須提供相對的能量延續混亂。我們知道，普丁就是這麼想的，因為他至少在一次場合中坦然承認且毫無退縮。在紅場紀念俄羅斯合併克里米亞半島的週年慶典上，他向群眾發言重申，他認為俄羅斯和烏克蘭系出同種，接著才提到俄國面臨的挑戰。他補充道：「我們將會繼續向前邁進，我們將會鞏固我們獨立國家的地位，我們將輕鬆克服近期我們給自己製造出來的困境。」

和帕夫洛夫斯基一樣，那些熟知內部如何運作制度的人、那些曾經看過潘朵拉盒子被打開的人，再再折服於權力背後混亂的本質。毫無疑問，普丁並沒有建立一個清楚的權力渠道，好讓決策得以往下傳遞到國家的各個層級，他沒有動機要這麼做。每一個決策都交付給命運來決定；換句話說，政策越是清晰，就越容易暴露一旦事情某個環節錯了，將如何被放大。普丁喜歡傳達曖昧不明的訊息，他會讓所有人去猜測他的遣詞用字是什麼意思。要是事情做得不對，他可以推給他的意思沒有被精確解釋。在這樣的狀況下，混亂叢生，可是卻被視為很有建設性的狀態，更能鞏固國力。

俄羅斯很自豪自己的制度安於模稜兩可的狀態，這也表示在很久以前，劃分各個不同領域的界線早就已經模糊不清了，這必須用更深度、而非表面的意思來看待。舉例來說，俄國的資金和便利性，很明顯大量投注在私營企業與商人的口袋理。我們很難分辨這個國家是否已經被寡頭政客所把持，或情況顛倒過來，寡頭政客是否已經被國家牽制。這些金錢，一旦流入私人手上，就不僅僅只是用來購買豪宅和遊艇而已，它們往往集中用於俄羅斯重要但祕而不宣的國家目標上，以增加對國外的掌控。比方說，由康斯坦丁・馬洛菲耶夫（Konstantin Malofeyev）所主導的募股公司「馬歇爾第一合夥顧問公司」（Marshall Capital Partners）[44]，就不止從政府契約和特許資訊中獲利，該公司也將這些獲利再去投資補助烏克蘭戰事。

有一部分的問題是，一個臣服於強人統治的國家，難有可預期的穩定架構來依靠，它會被領導人或領導階層善變的心理狀態所俘虜。就像小說家索羅金所寫的：「不可預測的巨輪已經轉動起來了，遊戲的規則已經設定好了。」普丁儼然成了「反覆無常、無法預測的黑桃皇后[45]了」。[46]更重要的是，若一個制度無法解決某種面向的混亂，又將世上不理智的要素往外推，那麼它會變得脆弱不堪，難以抵擋從外界進入的干擾。最後，權力將不再是權力，倘若它沒有被好好運用——畢竟權力必須被用來應付最大的對手，亦即政治秩序最大的威脅——否則無法極大化。如果權力包含著持續混亂的威脅，那麼它就會變得無與倫比的恐怖。位在權力底下的那些人都知道，一旦權力被拔除，世界將立刻進入難以想像的麻煩與動亂之中。

這也是為什麼俄羅斯的政治可以被精確定義為「對混亂的管理」。

格羅茲尼（Grozny）[47]的聖誕節

一九九九年，當普丁還是總理時，曾在一次電視採訪中說過：「打個比喻來說，車臣無所不在，不僅僅只在北高加索地區。」他的意思是，在俄羅斯，混亂與脫序無處不在，只不過車臣表現得最極端又最明顯。今天，普丁可以重複再說一遍「車臣無所不在」，可是意涵卻大不同。如今，車臣是舉國皆知的穩定象徵，雖然穩定尚未取代混亂，甚至還被新的混亂

44. 中文譯名是根據今週刊的用法，參見 https://www.businesstoday.com.tw/article/category/80401/post/200806120007/%E7%A6%BF%E9%B7%B9%E7%92%B0%E4%BC%BA%E7%9A%84%E4%BF%84%E5%9C%8B%E7%B6%93%E6%BF%9F

45.《黑桃皇后》（*The Queen of Spades*）是十九世紀俄國小說家普希金的小說，描寫一個為了金錢不顧一切的賭徒最後發瘋的故事。後由柴可夫斯基改編成歌劇。

46. 作者註：參見索羅金，《讓過去按時崩潰》（*Let the Past Collapse on Time*），New York Review of Books，二〇一四年五月八日。

47. 車臣共和國首都。

疊了上去。就像在葉爾欽年代那樣，俄羅斯的制度在這裡實現了它最純粹的形式，這個形式說不定足以讓我們預見俄國未來的模樣。假如在俄國，國家的權力經常利用混亂情勢，卻又同時與之保持距離，那麼在車臣，這距離已經消失無蹤了；又假如說在俄國，國家絕不允許混亂從人們的心中遠去，那麼在車臣，混亂絕對不會從人們的實際經驗中淡去。對於那些夢想推翻現存秩序的人而言，車臣給出的答案就是，不用提供穩定秩序，只待國家機器突如其來的大規模行動，其外表舉措，比較像是叛亂而不像保安執法。換句換說，傳統上被定義為穩定秩序的國家權力，決定要用吸收混亂的方式，讓混亂局勢成為自己的一部分，再來對付混亂；混亂是權力的寄居所，甚至最終成為它的遊樂園。國家志不在克服消滅混亂，而是把它收歸國有；國家獨占了混亂，並享有混亂。

在飽受兩次無情的戰爭蹂躪之後，二〇〇三年，聯合國把車臣的首都格羅茲尼稱為地球上毀滅最徹底的城市。在第一次的戰爭（一九九四至九六年）中，俄國所損失的坦克，比二次大戰對戰柏林的耗損還要多。第二次的戰爭（一九九九至二〇〇〇年），在新當選的普丁領導下，渴望獨立的車臣成為勢必要徹底處理的問題。格羅茲尼被夷為平地，普丁在窮兵黷武的輝煌勝利下沾沾自喜，任命艾哈邁德・卡德羅夫（Akhmad Kadyrov）在格羅茲尼就任總統。這位前任大穆夫提（Chief Mufti）[48]在二〇〇四年遭暗殺後，他的兒子拉姆贊・卡德羅夫（Ramzan Kadyrov）接續任務，弭平山區的叛亂，並開始著手重建。

「我想要正式說，」大權獨攬的車臣總統拉姆贊．卡德羅夫早在二〇〇五年就已經宣示權力，「如果莫斯科或斯塔夫羅波爾（Stavropol），管它是哪裡，只要有人擅自出現在這裡，我就開火。」我知道他的意思是指國安部隊官員或武裝士兵，可是這番話仍叫我抵達格羅茲尼的飯店時稍微緊張了一點。我走進飯店大廳，只見到兩個男子身穿合身的黑色制服，腰間各插著一把左輪手槍，除了制服上縫了國旗之外，右臂上是車臣的、左臂是俄羅斯的，並沒有軍人或警察的徽章。

之後數日，我聽到不少關於這些忍者般情報員的事。對格羅茲尼的民眾來說，他們必須時時警醒，帶著敬畏與驚駭之心來面對。其中有位市民告訴我，他寧願不與任何情報員接觸，否則未來的兩週裡他都會過得緊張兮兮；最好不要跟他們開玩笑，甚至不要直視他們的眼睛。有人甚至用「科學」與「客觀」的方式喚他們為「非常強壯的男人」。沒有人知道他們是不是警察或部隊裡的軍官。至少正式一點來說，黑色制服並非由軍隊或警察機構提供的。「他們比警察還警察」是我所聽到最好的說明。

48. 穆斯林法的學者、大教法官。

在格羅茲尼，到處都會遇到荷槍實彈的重裝警察、軍人和預備軍人在大街小巷間巡邏，駐守在購物中心或新近重建的「大天使米迦勒教堂」（Archangel Michael Church）。武裝探員的人數多過逛街的顧客。但我剛來到這裡時遇到的特種部隊，其真實數量卻是另一回事，你不會知道他們藏身何處，因為他們似乎沒有明確的任務。他們一直都很忙，好像是在值勤或執行某個任務，你很可能隨處會突然撞見他們：在你的飯店酒吧、在你前面奔跑差一點摔在冰封的人行道上、在市中心普丁大道上的購物精品店裡爬著樓梯。有兩個西方媒體記者曾寫道，特種部隊隨處可見，但那根本不是真的。他們甚至很難被看出來，更像是某一種「怪人」。然而，描繪他們可能無所不在，可以製造出一種比實際情況更強烈的印象。他們的領導人被稱之為「愛國者」——車臣最有權勢的第二號人物——然而他畢生的正式職位好像只是擔任「艾卡馬特搏擊俱樂部」（Akhmat Fight Club）會長。

今天是元月六日，俄羅斯的平安夜，我到一個搏擊俱樂部裡觀賞一段訓練賽。地點在格羅茲尼體育場，是一座最新型的嶄新運動複合式建築，主要用途是作混合武術賽場——混合武術是全球發展最蓬勃的運動之一，包括拳擊與摔跤。在建造體育場時，俄國內部、甚至連車臣人都覺得它不尋常地帶有濃濃的古羅馬味。至少在好萊塢電影的版本裡，我們看得到競技場、格鬥士，還有羅馬皇帝尼祿（Nero Germanicus），提供宛如馬戲的表演給大眾。這種比較其實充滿了政治危險，但這也不是頭一回有流行文化以不同比喻用在新建的格羅茲尼；畢竟這是個座落在俄羅斯高加索核心地帶的後現代首都。

我在訓練賽遇到搏擊俱樂部的年輕成員，他們和特種部隊的成員非常不一樣。他們都是溫文儒雅的年輕人，背景弱勢。見我到來時，他們前來接待，客氣有禮；在聆聽教練技術指導時，全神貫注。後來其中有一人告訴我，他正在努力戒煙。他解釋道，在車臣，戒煙的難度比在歐洲還難。「在歐洲你可以一直很放鬆，可是在這裡和家人、或長輩、或甚至是跟女孩們在一起，你永遠都無法鬆懈。你必須一直都中規中矩，所以壓力很大。」在更衣室裡，他或許可以從整牆大小的卡德羅夫總統照片中得到一些消遣，在卡德羅夫兩側的是他的姪兒，搏擊鬥士阿卜杜勒—克里姆．埃迪洛夫（Abdul-Kerim Edilov）及「愛國者」阿布扎伊德．維斯特拉多夫（Abuzayd Vismuradov）

格羅茲尼沒有夜總會或酒吧。城裡唯一能合法賣酒的地方就是「格羅茲尼城市飯店」，也就是我住的旅館；五星級、三十二層樓的摩天大廈，掛滿霓虹燈，裡面的客人一次不到十幾二十個。市中心的小餐館則號稱有賣「健康的水果雞尾酒」。這裡是後現代伊斯蘭國度，所有事情都一眨眼說到做到。那晚招待我的東道主很努力解釋這些矛盾，他強調車臣人生活在一個廣場上，裡面有四個角落，包括傳統車臣文化、俄羅斯文化、伊斯蘭文化，以及最後一個也相當重要的——西方。比起俄羅斯，車臣人更熱情擁抱西方文化，這是戰後難民返鄉時從歐洲與美國帶回來的，但同時這也作為抵抗俄羅斯文化入侵的一種方式。

道德執法是總統特種部隊的任務之一，他們就是身穿黑制服在飯店酒吧喝著柳橙蘇打水的那些人。這是對他們的祕密身分的致敬，也是對當代車臣文化矛盾的致敬；我在這個地區聽到各式各樣的文化矛盾。有些人聲稱，特種部隊會痛打沒有戴頭巾的婦女，還有人說，對於比較偏激的婦女和女孩們，他們會粗暴扯掉對方頭巾。格羅茲尼的女性人人皆戴頭巾，但少女會搭配高跟鞋和緊身衣。她們也同樣住在車臣的「文化廣場」裡。

今天，你幾乎見不到一絲格羅茲尼往昔的痕跡。當然，這裡仍是個非常危險的地方，綁架俄國人和外國人的勒索贖金仍是獲利最豐的勾當。這裡也是歐洲人前往敘利亞效忠伊斯蘭國的「戰士們」重要的轉口站之一。不過，登上了格羅茲尼城市飯店的天際酒吧「圓頂」（Kupol），你將會看到一座宛如杜拜、饒有抱負的城市，滿眼淨是令人難忘的摩天大廈、購物中心、美如畫的國家交響樂團和歐洲最大的清真寺——而且還是全球最美的一座。佇立在城市入口的圓形建築，中央裝飾著一顆巨大的地球儀，上面寫著幾個字：「格羅茲尼是世界的中心」。

這些工程的建設經費，大多數來自俄羅斯聯邦的預算，但也有很多處偷工減料。當地有目擊的市民告訴我，地球儀曾兩次遭強風吹落，從底座倒下來，滾到路上去。我在格羅茲尼的最後一晚，卡德羅夫總統到我下榻的飯店，對「艾哈邁德・卡德羅夫基金會」（Akhmad Kadyrov Foundation）的婦女慈善團體員工發表演講，該基金會是由他的母親主持運作的。我請接待處在總統抵達時通報我一聲，可是他們草草回說，活動開始我一定會注意到。確實如此，從某方面來說，因為簇擁在百位穿著綠色制服的女孩和卡德羅夫特種部隊當中，突然有數十位消防員進入大廳，原來某一層樓失火了。這對一個老是使用各種混雜物料和塗料的城市而言，也不足為奇。

卡德羅夫目前已經完全鞏固好他的政權。他和他的人馬所採取的完美政治控制法，令人回想起黑幫電影。即使是最輕微的一點批評，也沒有人敢去做。在平安夜裡，我受邀和一位年邁的土木工程師共進晚餐，地點在日耳曼珠克（Germenchuk），從格羅茲尼往山區直走便是。他曾在土耳其住過多年，但已回到故里小村，住在由他祖父開挖的運河旁。他叫他的妻子拿一瓶酒到餐桌上，但對我致歉不能奉陪，理由是宗教儀典不容他飲酒。之後的交談輕鬆自在，談及普丁和俄國的政策，包括他在烏克蘭和敘利亞所費不貲的冒險行動。普丁遠在天邊，他不在乎住在格羅茲尼城外的其他同期土木工程師怎麼想他，或有多麼瞧不起他。可是卡德羅夫卻在眼前，無處不在，而對這位工程師來說，所有批評都是衝著卡德羅夫來的。但有個不言而喻的規則，不能提到卡德羅夫的名字。我當然十分佩服我的飯友，從來沒有造次。

要是有誰被知道曾經批評了卡德羅夫或他的隨從，就會難逃作曲家庫珊・貝特吉利夫（Khusein Betelgeriev）類似的下場。二〇一六年三月三十一日傍晚，有兩名男人開著難以辨識的黑色汽車，出現在他位於格羅茲尼的家，要求貝特吉利夫跟他們走，可是貝特吉利夫的妻子在十五分鐘後打他的手機，已無人接聽。接下來整整十天他音訊全無、命運未卜。他最後熬過了嚴峻的折磨，但被打成重傷。還有兩名車臣人，里茲萬・易卜拉吉莫夫（Rizvan Ibragimov）和阿布巴卡爾・迪迪耶夫（Abubakar Didiev）在四月一日失蹤，情況一模一樣，過了數日，兩人和卡德羅夫於會議結束後再度現身。根據總統自己在Instagram帳號所宣稱的，這兩人為他們的著作向我致歉。二〇一五年十一月，因為有人宣稱燒掉了一面畫有不知道是卡德羅夫還是他母親肖像的旗子，特種部隊於是把居民超過一萬七千人的小村莊整個封鎖起來，直到揪出罪犯，不然不准任何人進出這個村子。更近期些，在二〇一七年四月，人權組織開始收到訊息指稱，車臣共和國的特種部隊扣押了被懷疑是同性戀的男子。隨著越來越多消息流入，事情才明朗起來，原來這些扣押是大規模的行動，很多受害者都曾遭施虐或處決。他們的屍首被丟回他們家的院子裡，還有些個案的屍首根本乾脆任其腐爛，因為根據伊斯蘭的某些教義解釋，同性戀不該下葬。

個人崇拜十分張狂，卡德羅夫的個人權力無疑是阿諛奉承的目標，整座城市不正常地風靡健美和健身，都是為了呼應領導人對這些活動的喜好。有些最大型、最熱鬧的城中商店銷售著款式數不清的運動配備。在體育場遇到的體貼青年突然問我，同樣的國家運作機制是否可以在崇尚力量之外，也有尊崇智慧與知識的機會。我回說可以的，謹記暴虐和哲學在古希臘思想裡關係有多近。他想知道該從何處著手，第一步到底該做什麼。他的計畫好像是要把想法傳遞給親近卡德羅夫的人。

子夜時分，我駐足在大天使米迦勒教堂前。在入口處，我被一群預備軍人搜了身，這點看來很合情合理，因為這裡看似是個適合在聖誕節被攻擊的潛在目標。格羅茲尼的人告訴我，過去從未有純粹出於宗教目的的攻擊行為，但是武裝叛亂反抗俄羅斯的情形正在快速轉變中，現在越來越明顯這類攻擊都帶有宗教目的了。米迦勒教堂已經為這個特殊的日子充分準備妥當，可是當我走進時，本來希望看到一小群民眾，卻只見兩個人站在耶穌誕生像旁，有兩團黑影埋在一片昏暗之中。格羅茲尼或許已經徹底重建過了，但顯然俄羅斯人沒有再回去。跟過往顛簸的歷史相比，這座城市現在更加同質化，不管在民族上或宗教上皆然。

隔日，我最後一次重回卡德羅夫清真寺。我現在非常喜愛它那樸素的線條和內部的祥和，儘管它的規模一次可容納一萬名虔誠信徒。整齊劃一排成一列的男子正在進行俯伏跪拜禮。我站在數公尺後方想著，格羅茲尼的一切事物可否稱得上自然與自發。在外頭偌大的廣場裡有個相當破舊的小馬戲團，為了佳節慶典遠道從車里雅賓斯克（Chelyabinsk）而來。婦女和孩童排隊買票，而男子們還在清真寺裡。我猜他們無論如何都絕不會加入。

再也沒有什麼東西，比小小的俄羅斯地方馬戲團更能勾起你對人類境況的哀思。就連小猴子和貴賓犬似乎都陷入絕望，失落空虛地表演著牠們的把戲。我決定繼續留下來觀賞走鋼索的藝人，起碼他的把戲還有一點驚險。結果鋼索離地不超過兩、三公尺，所以看起來索然無味，直到他決定矇上一長條黑布、拿著金屬棒做平衡，他的棒子可以輕易刺到底下的人。我不禁想著，這項表演的重點是為了演出大無畏的舉止，還是僅止於想嚇唬觀眾而已。不知怎麼地，對格羅茲尼本身來說，這似乎是個貼切的象徵。

第八章 歐亞的隧道

歐亞的女皇

橫渡博斯普魯斯海峽（Bosporus，也稱伊斯坦堡海峽）的經驗永遠都是絕無僅有的。當代土耳其小說家們在描寫伊斯坦堡時，總一定會保留數頁篇幅，來形容搭乘渡船感覺，人們被送到一個充滿汽油貨櫃船與海鷗的夢幻世界，海浪下波濤洶湧，印象難以抹滅。從早期的書籍紀錄看得到十九世紀時，這裡有了第一批蒸汽渡船，並徹底改變了伊斯坦堡的生活。渡船的煙囪冒出黑色的濃煙，遮蔽了伊斯坦堡的天際線。接著，來到了博斯普魯斯大橋[1]的年代，這座城市才發現自己其實是多麼龐大的都會區。不管是渡船還是過橋，仍有一個清晰的體驗是橫渡歐亞大陸亙古的分界線。二〇一六年底，我剛巧來到伊斯坦堡，而這一天正是連接這個城市歐洲端與亞洲端的隧道開通日，因此有理由要非常早起，才能搶先成為第一批過

1. 前稱博斯普魯斯大橋（Boğaziçi Köprüsü）。為了紀念二〇一六年土耳其政變而喪生的相關人士，同年改名為「七月十五日烈士大橋」（15 Temmuz Şehitler Köprüsü）。

隧道的人。搭著計程車通過以霓虹燈照明的歐亞隧道——在地底下一百公尺深處——只花了我五分鐘，其感受截然不同，彷彿距離已經瓦解，而博斯普魯斯海峽本身已經從視線上消失了。

伊斯坦堡的遊客總是忍不住一直想問，這裡或那裡到底是歐洲端還是亞洲端，他們看到城裡的居民每日往來通勤於兩個大陸之間，感到驚訝無比，並猜想這兩邊街坊之間一定有深層的文化差異。當然，現實情況更加複雜。伊斯坦堡的每個地方都有「兩邊」。觀光業集中在歐洲端，還有伊斯坦堡傳統虔誠的社區也是。我喜歡法蒂赫（Fatih）[2]。所有民族都聚集在法蒂赫：穿戴著黑色方披巾的婦女、小企業家、妓女、小販、學生、新近移民和敘利亞或阿富汗來的難民等等。街上許多商鋪招牌都寫著阿拉伯文，有些是因為店東為阿拉伯裔，有些則是對傳統與宗教恭敬示好。

總統艾爾多安在這些大街上大受歡迎。他的圖像在法蒂赫無所不在，從覆蓋整幢建築物的大型海報，到商店窗上或理髮店裡的小照片等等。對這裡的人來說，將這個屬於宗教之地的公眾場所重建起來，艾爾多安功不可沒。信仰虔誠的土耳其人說，十五年前在他接掌土耳其政治之前，宗教令人羞愧，要嚴守在私領域裡。如今，戴著頭巾也可以昂首闊步，不必覺得身分就低人一等。在土耳其的社會裡，宗教與階級關係親密，可是到頭來，階級仍然比較重要（土耳其和英國是我所知的兩個國家，階級總不知怎麼地常駐人心）。分裂很深，但都是社會和政治上的分裂。耐人尋味的是，在法蒂赫看不到鄂圖曼哈里發的綠色旗幟——這裡應該是它能存活或捲土重來之處——另一方面土耳其的紅色國旗卻處處可見。

現存的社會結構被土耳其上層人士強力捍衛，當年以想像的歐洲模式培養出來，也是所謂的文明生活。你必須越過金角灣（Golden Horn），走在尼桑塔希（Nişantaşı）的街上去看看這類人的天然棲息地。法蒂赫和尼桑塔希都在博斯普魯斯的歐洲端，可是感受卻天差地別。同時這兩地感覺都有點人工化，正因為這兩個世界的每一個人，都想呈現出混亂的現實人生中更純粹的形象。

尼桑塔希絕大多數居民非常蔑視住在法蒂赫的人。對他們來說，勞工階級屬於另一個不同的世界：貧窮、原始、骯髒、不理性，甚至還很暴力或危險。對上流菁英來說，過去十五年來確實是一場夢魘。他們不得不看著被壓抑的另一面土耳其生活在仇恨中逐漸湧出檯面，其威脅性足以讓進步的一切倒退；說不定破壞性更大，讓寧靜宜人的尼桑塔希淪為一場鬧劇。私底下他們恨透了艾爾多安，但在大庭廣眾下，他們必須讓自己和他重歸於好。假如你

2. 法蒂赫是伊斯坦堡市中心區域，規模最大，是十五世紀以來的古城，有「真正的伊斯坦堡」之稱。

公開厭棄這位大權在握的總統，那麼你別想在土耳其事業成功，而徹底歐化的青年男女，怎麼可能想讓事業不成功呢？但這只呈現出一半的問題。假如這些穿著方披巾的老婦人想在伊斯坦堡到處自由漫步，那歐化青年要如何說服他們的歐洲朋友，土耳其人其實和歐洲人、德國人或法國人沒兩樣？畢竟，虔誠的穆斯林並不是移民，而是正宗的土耳其人，和尼桑塔希或吉漢吉爾（Cihangir）[3]的專業人士一樣是道地的土耳其人。

假如尼桑塔希是一部「爛戲」，那麼法蒂赫的某些部分也好不到哪裡去。如果你週五走在恰爾尚巴（Çarşamba）社區，會看到滿街都是蓄著鬍鬚的男人，穿著名叫「丘比」（cubbe）的長斗篷，戴著白色無邊帽。他們的前額因為叩拜留下老繭，因此，遊客會忽然之間一下子回到伊斯蘭世界的古老歲月。這裡擁有連土耳其人都相當陌生的許多文化影響，因為土耳其人的伊斯蘭傳統和阿拉伯人的其實非常不同。幾乎每一家店鋪都為了迎合信仰，販售裝飾華麗的《古蘭經》、傳統服飾、禮拜毯，甚至傳統天然牙刷「米斯瓦克」（Miswak）——一種信徒喜愛的清潔牙齒用的小樹枝。恰爾尚巴有裁縫師根據穆罕默德創教時代的服裝供應客製化服飾。不消說，這個社區的婦女都穿著「夏洛特裟夫」（charshaff），只露出雙眼可看到外面。座落在恰爾尚巴中心位置的「伊斯梅拉加清真寺」（Ismailaga Mosque）是同名教派的本營[4]，這裡的內部領導權鬥經常導致宗教屠殺。一九九八年，伊斯梅拉加教派的領袖馬默特・斯陶斯曼格盧（Mahmut Ustaosmanoglu）的女婿在這個清真寺內做禮拜時遭刺殺身亡。二〇〇六年，一名退休的伊瑪目也在此遇刺喪命，之後兇手就地私刑處決。

離開伊斯梅拉加清真寺，經過伊瑪目歐美街（Imam Omer Street），就離開了我在伊斯坦堡最喜歡的小區了。第一次來到庫克波斯坦（Çukurbostan）的經驗，難用文字來形容。這就好像走在世上任何一個街巷緊密的城市裡，突然之間，來到一個寂寥的大空洞——是個深深陷在四周環伺成排建築物的空地。它的形狀是完美的正方形，四邊各長約一百五十公尺，所以總面積幾乎是足球場的四倍。這塊巨大的地塹深十公尺，有兩個網球場、足球場、兒童遊樂場和野餐的長條凳，裡頭有婦女，全都穿著一身黑，帶著小孩在散步。稍微偏離中心的位置上有一座清真寺，還有一座看起來舊舊的宣禮塔。

你會停下腳步往下看，心中不免奇怪這是什麼東西，為什麼會有整齊的建築物圍繞在顯然比那些建築更新、更精心規畫的設施旁？我的第一個印象是美學上的，心裡浮現的影像是科幻電影，裡頭的城市風光被某些威力強大的近代災難或科技奇才所毀。第二印象是政治上

3. 伊斯坦堡中世紀古城貝伊奧盧（Beyoğlu）區裡的地名，極富文藝氣息。
4. 土耳其伊斯蘭教遜尼派的一個分支教派。

的，令人回想起艾爾多安和他的「正義與發展黨」（Justice and Development Party）曾重新設計土耳其的城市，以吸引勞工階級，並打造出共同的身分認同感。第二個印象來得比較遲，卻更精確描述這裡的環境，你會開始懷疑，這一定是通往過去的一道密門，那些歷史會以拼圖或謎題的姿態出現。

其實，這一大片空地起初是個貯水池、露天的水庫，由阿斯帕爾（Aspar）所建，他是五世紀時拜占庭皇帝馬爾西安（Marcian）麾下的一名將軍。當鄂圖曼帝國征服這座城市時，這座貯水池已經不再使用一段時間，用途被改作花園，因此它今天的名字才會被稱為「庫克波斯坦」，意為「下沉的花園」。一個世紀之後，在蘇里曼一世統治期間，空下來的貯水池裡蓋了一座小的清真寺。今天宣禮塔仍在，幾乎可以確定正是因為這棟建築，下沉的落差才得以保存下來。之後的數百年，貯水池逐漸蓋滿別致的農舍，他們的房子低於周邊的街道，而有一段時間這些居民全都是重獲自由的阿比西尼亞（Abyssinian）奴隸。這是多麼奇特的地方啊！當你走在街上，會忽然踩到人家的屋頂上。村莊的舊照片看起來非常吸引人，但村子卻在一九八五年被拆毀了，當時改建成露天市場。市場之後又改建成停車場，再來是目前的社區和運動中心。或許，最好把這片空地想像成展示中心，不同年代的土耳其歷史，連番上陣在此演出。

越過地平線望向遠處的大溪道（Büyükdere Avenue）上的摩天大廈，你不禁懷疑：再下來會是什麼？在這個歐亞浩瀚的棋盤上，沒有一顆棋子像土耳其這般輕鬆好移動，不管是垂直、水平或對角線移個幾格，都不成問題。土耳其可以面向東、南、西、北，沒有什麼是安定下來的；新的革命與改變感覺根本不可能發生，但又似乎不可避免。而這一點在二〇一六年七月十五日竟成真了。當時，大多數土耳其民眾正坐下來要享用晚餐，或要收看電視轉播足球賽，結果新聞來了，伊斯坦堡橫越在博斯普魯斯海峽上的多座橋樑關閉了，土耳其的噴射軍機低空飛過安卡拉。

戰略廣場

那一晚土耳其功敗垂成的軍事政變幕後主使是誰？為什麼會發生這件事？可以證明政變者意圖的確鑿證據，只有政變當晚電視上宣讀的一篇聲明，但那份聲明周密地隱藏了政變的原因和意圖。它訴諸土耳其共和國的建國價值，名義上所有人都認同，同時也是自一九六〇年以來，九次軍事政變、抗爭與政治備忘所援用的憑藉。

官方說法在土耳其很快就人盡皆知，那就是得怪罪「葛蘭運動」（Gülen Movement），其主導是一位目前流亡於美國賓州、沉默寡言的前伊瑪目。過去，艾爾多安本人與他過從甚密，但卻在越來越多激烈衝突中和對方決裂。葛蘭對外領導一大批學校和慈善團體，但眾所周知的是，他把這些團體和一個祕密網路結合在一起，潛入土耳其國家機器中。一九九九年，土耳其電視播出一段祕密錄下的佈道內容，葛蘭告訴他的支持者：「你必須在制度的動脈裡行動，不被任何人發現你的存在，直到你抵達真正的權力核心為止。」要是在掌控國內權力之前就先採取了行動，「就會過早，這就好像等不及完整的四十天讓蛋孵化，就把蛋給磕破了一樣。你無異殺害了裡面的小雞。」

決定性的證據顯示，葛蘭的網路確實在緩慢地執行工作，而且小心翼翼企圖潛入國家所有各級單位。土耳其的記者伊爾迪雷・奧古爾（Yıldıray Oğur）告訴我，這真是叫人難以置信，一個「邪教」正在執行一項打算在三、四十年內接收國家的計畫？這簡直是丹・布朗（Dan Brown）小說才會出現的情節。事實上，奧古爾可以提出更多具體證據來凸顯這場「宮廷劇」裡的每一個怪誕的橋段。為了把葛蘭教派分子安插進入土耳其軍事系統裡，保送軍旅生涯的國家考試卷將失竊，接著答案會被交給葛蘭教派考生的手上。同時，以上述手法滲透進去的司法體系，會審判一些莫須有的罪名，以便革除一批高階官員，清出更多員額招募新人加入。這一切種種都會以最深思熟慮的手段來偽裝。舉例來說，當他們知道政府將他們踢出軍隊或國安部隊的慣用伎倆是辦個泳池派對，讓軍官攜伴，接著在當中揭發拒穿泳衣、信仰虔誠的軍眷；葛蘭教徒的應對之道就是讓她們穿著比基尼出席。

葛蘭是宗教保守派分子，但這一點卻沒有讓他與美國或歐盟在外交政策上相左。在市場導向的經濟裡，葛蘭教派十分固守教育和創業的角色，他們認為伊斯蘭和西方價值在本質上是一致的。歐盟進入土耳其，也會鞏固土耳其政權的穩定元素，並有助於全歐洲各個不同組織分會間的協調能力。葛蘭本人則對俄羅斯和伊朗採取強硬不妥協的立場，有時候還甚至支持以色列，出言駁斥其他挑釁的言論。有鑑於他開明的包容訊息與跨宗教的對話，另外他在神學上不斷努力尋求伊斯蘭教與科學、現代化的和解，許多西方觀察家都認為他能發展出中庸之道的伊斯蘭，為伊斯蘭與西方社會的衝突中指點出一條出路，如今這是世俗主義者越來越辦不到的任務。他曾多次出言指責伊斯蘭恐怖主義，也始終非常支持土耳其加入歐盟。

在官方指控葛蘭後的數日後，情節變得更嚴肅、牽涉範圍變得更擴大。當時艾爾多安接受電視採訪時聲明，罪魁禍首不是葛蘭，而是某個在他之上運作的「優越精神」——這以往常用來指涉西方。一切所發生的大膽冒進，似乎要某位實權在握的人才能發動，因此有些人開玩笑說，「優越精神」說不定就在講艾爾多安自己。政變的後續發展裡，官方逮捕了四萬人，另外還清洗或遣散了大範圍的專業人士，包括軍人、警察、教師和公職人員共十二萬人，罪名據說是跟葛蘭教派的網路有關。很多人事實上沒有這層關係。假如那些被捕的人統統都參與了政變，那簡直難以想像，人數這麼多的政變又怎會一敗塗地？

葛蘭教派強調，要等候時機成熟了才能奪權。雖然它發動政變的可能性很高，也顯示出他們正在對國家軍事組織進行滲透，但它的失敗也同時證明了時機尚未成熟。然而與艾爾多安的衝突日益激烈，感覺就像最終對決即將來臨，而政變分子想要一馬當先做出關鍵性的行動。不過，七月之前，就已經到處有謠言散布說即將爆發政變，而軍隊裡肅清異己的行動早安排好要在夏末進行。就在同一時間內，土耳其一直忙於接連不斷的外交政策轉彎，造成國內極大的苦惱與焦慮。所以要解釋政變，應該放到這個背景下來說。這類的動亂只會發生在一個國家極端分裂時，但是土耳其內部的分裂，比較跟世俗主義或宗教無關，反而與更舊時的歐亞爭論有關。

過去五年以來，土耳其和布魯塞爾的關係年年惡化，只有在解決嚴重異常的難民危機時，共同的需求才能掩飾分歧。在抽象的政治價值層面上，土耳其和歐盟可以畫出一致的利益，可是政治並不是抽象的。一旦涉及要回應實際且迫切的問題時，這兩方的答案都不一樣，他們的關係逐漸被永無止境的競爭思維給困住。艾爾多安或許並沒有意思要成為世界舞臺上的主要發言人——主動挑戰並攻擊歐盟，可是一旦那樣的思維建立了，對峙就難以避免。至於歐盟，人們開始把土耳其總統當作是直接的威脅，因為對方變得更固執不讓步。布魯塞爾想要土耳其做自己的「好好學生」，想提醒他們歐化後的土耳其會做什麼選擇。但土耳其想用自己的方式做事；當面對歐洲人也束手無策的許多挑戰及威脅時，土耳其必須一肩扛起某些格外迫切的事。一旦土耳其必須靠自己來解決問題，為什麼他們還要聽命於歐洲人告訴他們該怎麼做？兩方之間的裂痕根源，就是新出現的地緣政治現實。歐盟很快就學到，要是他們沒有同時令人心生畏懼，那麼它就不可能被擁抱。

再來就是敘利亞的問題。早在敘利亞內戰時，土耳其就誓言要罷黜敘國總統阿薩德，結果這演變成越來越難以忍受的壓力。歷經數個月的政變未果，華府當局反過來企圖保住阿薩德的政權來維持和平，顯然土耳其不能再堅持原來的意見了。安卡拉政府內有很多人認為，當初土耳其受到西方的慫恿，起而對抗阿薩德、對付俄羅斯，豈料真這麼做之後，卻遭到背叛。西方的懦弱——或簡單說不情願加強武力——對安卡拉增加越來越多壓力，如今他們真正想做的事，既不合歐洲人的胃口，也不合美國人的，那就是擊潰伊斯蘭國，罷免殘暴的阿薩德政權。這些不合理的要求，導致土耳其與西方利益間的分歧加深。

二〇一六年五月初，土耳其總理艾哈邁德．達夫歐魯（Ahmet Davutoğlu）被革職，部分原因是安卡拉當局想徹底改變敘利亞政策。如同每一次外交政策的改變，這一次同樣開啟了許多契機。現在只要把敘利亞問題的爭論給解除，土耳其和俄羅斯重建友好關係是再天經地義也不過。達夫歐魯總是有意無意地對莫斯科冷眼；相對之下，他是每一種可能性都至少想嘗試一次的知識分子，所以他對俄羅斯的冷淡態度更加引人矚目。

一旦達夫歐魯被革職，艾爾多安便迅速採取行動，修補與俄羅斯的關係。六月底，為了二〇一五年土耳其空軍轟下土敘邊界的俄國戰鬥機傷及兩國關係，艾爾多安向普丁賠禮道歉。這次道歉令絕大多數人驚訝不已，特別是因為艾爾多安現在竟然主張，土耳其從來沒有意圖要擊落飛機；相對來說，先前他曾宣布，土國早有準備要再來一次，甚至若有必要，幾次都無妨。總之，起碼有兩個非常公開的信號，顯示土耳其正在謀畫新的外交政策：一是達夫歐魯解職，二是艾爾多安謝罪。除了這些還要加上無數較不公開的信號，例如俄羅斯代表團造訪安卡拉和伊斯坦堡，但這一定躲不過那些對土耳其政策知情人士的眼睛。

俄羅斯問題始終是土耳其軍事很重要的一環。一些世俗主義者和革新派官員視俄羅斯為抵抗西方霸權全球化的夥伴。他們強調，土耳其共和國剛成立之初，蘇聯給過很多支持。重拾土耳其革命的原始精神，對他們而言意謂著與西方意識型態決裂，轉而投入更具計畫性、社會主義的經濟政策，根據發展型國家（developmental state）[5]的模式來進行。艾爾多安政權似已往這個方向進行了一段時間，但這卻是葛蘭和其支持者大力反對的。安卡拉政府裡有些人甚至還進一步提倡讓土耳其加入「上海合作組織」（Shanghai Cooperation Organization）[6]——二〇〇一年成立於上海的跨政府組織——以便土國的外交政策，能跟中俄兩國更一致；這也很可能是導致土耳其退出北約的原因之一。另一方面，還有很多人記得鄂圖曼與俄羅斯兩大帝國間的激烈競爭，認為如果沒有西方資本的奧援，土耳其也將會淪為俄羅斯的刀下魚肉。眾多國家，尤其是大國，在調整外交政策因應新環境時，動作緩慢。而土耳其和俄羅斯之間的激烈競賽，深根於兩者爭奪巴爾幹半島和博斯普魯斯海峽的歷史，以及呼應土耳其想要一統突厥世界的志向。土耳其願意重建兩國友好的關係，跟俄羅斯勢力相對式微有關。在經濟槓桿和人口規模上，俄羅斯不再對土耳其造成威脅，另外是俄羅斯境內有龐大的韃靼人和穆斯林，足見在任何情況下，都可以確保莫斯科當局害怕公然跟土耳其發生衝突。

當蘇聯解體時，中國大幅度的經濟改革讓歐亞大陸這個新空間得以有機會成為現實。當時，土耳其是第一個想擺脫歐亞二分法的國家，它急於規畫一個新的外交政策，以因應其總理蘇萊曼·狄米瑞（Suleyman Demirel）在一九九二年時所說的，一個「從亞得里亞海延伸到中國萬里長城的突厥世界」。成為歐盟會員，不再被當作是成為歐洲一分子的一個途徑，

5. 意謂由國家監管資本注入特定行業。
6. 以漢語和俄語世界為主的國際組織，目前主要成員為中國、俄國、哈薩克、吉爾吉斯、塔吉克、烏茲別克、巴基斯坦和印度八國，加上蒙古國、白俄羅斯、伊朗、阿富汗四個觀察國，以及亞美尼亞、亞塞拜然、柬埔寨、尼泊爾、斯里蘭卡、土耳其六個夥伴國。

反而是另一重大的一步，讓土耳其更接近目標，變成兩大文明世界的橋樑，成為超級大陸的樞紐。土耳其並沒有為了加入歐盟，放棄掉它在歷史定位上的重要身分認同——突厥、穆斯林、鄂圖曼。但從布魯塞爾的觀點來看，土耳其的歐盟會籍應該要以同樣的方式定義。土國的加入是極重要的第一步，這能將歐盟轉化成一個歐亞強權。

對歐盟的忿恨不平，加上沒完沒了的入盟流程——土耳其第一次提出申請加入歐盟是一九八七年——使許多國內的社會主義者、民族主義者和伊斯蘭主義者，都對更加深的意識型態和調整的外交政策大為讚許。土耳其一向都將入盟一事，看作對自身身分認同的一大犧牲；但假如報酬很可觀的話，說不定還可以開心一下。可惜那些利益實際上從來都不夠多，既然現在已經透過更大的經濟統一政策收到某些好處了，入盟的利益看起來也就沒什麼價值了。諷刺的是，如果俄國以往是西方在鄂圖曼帝國內的影響力根源，那它如今則是推動土耳其背離西方的重大原動力。早在二〇〇二年，國家安全會議（National Security Council）祕書長基林區將軍（Tuncer Kilinç）就曾提議，土耳其應該與俄羅斯、伊朗形成新的同盟關係，一起來對抗歐洲。當時，這個建議是很新的想法，絕大多數人都難以接受，但今日不再如此。一旦相對邊緣的棋子故意唱反調，想要跟其他主流力量重新結盟，慢慢就會凝聚成一股特殊的思潮。這就是「Avrasyacılık」，亦即歐亞主義。

正如同許多人強調過的，這似乎是為了讓土耳其能完成戰略方針。傳統上，每當探討到民族身分認同的問題時，土耳其的知識分子就會抬出三大方針的其中一個：歐洲民族在西邊，伊斯蘭民族在南邊，在東邊則是位在高加索和中亞的突厥民族。這項討論源自韃靼知識分子優素福·阿克楚拉（Yusuf Akçura），他在一九〇四年寫過一本小冊子，提出三大方針來鞏固鄂圖曼帝國永保某種身分認同。這三大方針經有系統地測試過，十分可行。首先是「同意權」，這是從法國大革命得到的政治概念；其二，伊斯蘭統一的政策；其三，土耳其國家政治的基礎是民族。在冷戰結束之後，出現了第四大方針，將北方的俄羅斯定位為土耳其地緣政治的主要推動力，並以加強國家結構當作是這個方針背後的思想基礎。[7]

在自認是歐亞主義者的一群人中，有一人挺身而出，他就是愛國黨（Vatan Party）主席佩林切克（Doğu Perinçek），奉歐亞主義為核心思想與畢生的政治大業。佩林切克曾下獄六年，在黑暗惡毒的「額爾古納昆」（Ergenekon）審判中，因密謀推翻艾爾多安政權而入罪。法庭指控他「成立武裝恐怖組織推翻政府」，但在葛蘭教派人士反過來失勢之後，佩林切克

7. 作者註：參見山尼珥·阿克圖（ener Aktürk），〈第四式政治：歐亞主義是新俄羅斯對土耳其地緣政治身分認同的反思〉（The Fourth Style of Politics: Eurasianism as a pro-Russian rethinking of Turkey's geopolitical identity），《土耳其研究》（Turkish Studies），二〇一五年，16.1。

和其他政治犯都被釋放。最近幾個月，佩林切克的財富突然暴增。如今他又遭到幾家土耳其報紙指控說他是艾爾多安背後的實權影舞者，意欲密謀革除土耳其百年來的傾西方路線。在七月政變之後，人們普遍認為他是在軍隊和武裝部隊裡大規模掃除異己的幕後黑手。愛國黨，一面在土耳其的選舉中累積支持度，一面在軍隊與知識圈裡擁有龐大的影響力，從他們所辦的日報、電視頻道和出版社有多成功可見一斑。

二〇一六年十二月的一個下雨的星期五，我和佩林切克見了面，就在首次穿越歐亞隧道那日的隔天。黨部派了一部車到貝西克塔什（Beşiktaş）來接我。天空下起了雨，伊斯坦堡的交通變得比平常更糟。前往愛國黨的總部似乎是一項不可能的任務，因為我們的車開在貝伊奧盧一下這條、又是那條的窄巷裡，又老是遇到下坡車不得不掉頭。終於，護送我的黨部成員決定，剩餘的最後一段路乾脆用走的。一個小時之後，我在俯視金角灣、書本汗牛充棟的辦公室裡，見到了佩林切克。

「今天天氣真是糟糕。」他笑得燦爛指著外面。

佩林切克開始口若懸河、旁徵博引歷史與哲學知識，講述起世界所面臨的歷史大難題。他指著我，強調說始於葡萄牙人和西班牙人的歐洲文明時代，如今已經走到盡頭了。「現在領導世界經濟的，是中國。」對他而言，新秩序一開始帶來的陣痛，是二十世紀初俄羅斯、土耳其和中國的三場革命，因為這三大帝國的繼承人開始尋找獨立的新路線。但現在它們找到了，同時它們三者卻也必須維持親密的結盟關係才行。「土耳其必須與亞洲站在一起。這個定位是不可逆的。」佩林切克堅持。我再問他為什麼會發生七月政變，他毫不諱言：「那是對轉向亞洲這個定位所做的回應。那是美國發起的政變。」

佩林切克繼續強調，土耳其與亞洲的經濟關係正在成長，可是他認為主要問題是他所謂的「美國與土耳其之間的戰爭」，其目的是為了要支持庫德族武裝恐怖分子，最終再毀掉這個國家。土耳其因而處在歷史的關鍵上，想重回它早期革命發展的路線。「就如同凱末爾（Mustafa Kemal Atatürk）以前曾經說過，土耳其是個亞洲民族。必須與大西洋體系決裂，我們才能在歐亞體系裡擁有自己一片天。為此，世上所有的平衡機制都被打亂，而土耳其是世界經歷此過程中的主導角色之一。」

我對所引用的凱末爾文句很感興趣，他是土耳其共和國的國父。後來回飯店時我馬上找到出處。那句話摘錄自一九二二年三月的一場演講，講題是土耳其與阿富汗的關係。凱末爾把兩個國家看作是兩座抵禦「西方侵略者」的堡壘。至於土耳其和歐洲除了外交關係之外，是否還有任何關係，在這段文字裡沒有做任何暗示，同一時間裡也沒看過別人記錄類似看法。由於歐洲無所不在，人人都關心它的總體政治。因此，凱末爾主張，土耳其在歐洲要留一隻眼睛和一條胳臂，但同時要維持亞洲國家之姿。[8]

土耳其與俄羅斯重建友好關係的過程中，愛國黨有舉足輕重的分量。稍晚開車前往餐館的途中，佩林切克告訴我，艾爾多安在二〇一六年三月曾接觸他，想要和莫斯科當局開始初步的接觸。身為一名出色的政客，艾爾多安或許只不過是要回應輿論的改變，可是有越來越多跡象顯示，他正好好考慮跟莫斯科、德黑蘭建立一種新的「大型結盟關係」，這對許多土耳其人來說觸發了警報器。

土耳其的記者幾個月來都在私下討論，說土耳其空軍 F-16 戰機擊落俄羅斯戰鬥機這件事，其實是指揮系統外一個不受指令的單位所為。他們被告誡要守口如瓶。可是政變那一晚，第一手消息吐露有多達六架的 F-16 戰機關掉塔臺呼叫器，並低空飛過安卡拉。看來流傳一點也不假。而政變中最清楚的真相之一，就是我們現在知道有一名戰機駕駛在政變當晚登上了叛亂戰機，同時他也是在二〇一五年十一月擊落了俄羅斯戰鬥機的駕駛。

當時的軍事舉措當然破壞了安卡拉和莫斯科之間剛修復的友好關係，但僅僅緊綳了數個月而已。友好關係恢復之初——就在政變前幾個月，葛蘭運動內部已清楚感受到，透過更傳統的外交政策，可以讓政變在國內及海外都成功取得正當性。這也是為什麼政變的宣示裡，他們堅持在所有理由當中最無法抹滅的事實是「我們國家已經喪失了它在國際競技場上該有的聲望」，同時確保政治制度的改革將會「重新取得我們國家和人民所失去的國際聲譽」。隨著歐洲和美國逐漸無法牢牢掌控土耳其，這個國家一直在兩種相斥的路線上擺盪，體現了土耳其在世界舞臺上有兩種看待自己的方式。

最後一記回馬槍，是有報導提到俄羅斯在政變失敗的當晚扮演的角色。與德黑蘭政府關係深厚的「伊朗法爾斯通訊社」（Fars News Agency of Iran），引述了安卡拉的外交消息，表示「土耳其國家情報局」（National Intelligence Organization）曾收到俄方情資，警告會有政變發生；俄國出於獨特地位得以從敘利亞拉塔基亞（Latakia）的情報基地攔截通訊。報導裡頭還說，政變前數週，由於艾爾多安改變了外交政策，才救了他一命，否則俄羅斯人怎麼願意提供祕密情報給他？

幾個月過後，二〇一六年十一月二十日，艾爾多安告訴同搭總統專機的記者團說，是時候讓土耳其考慮歐盟以外的備案了，而「上海合作組織」或許就是正確的替代方案，這個機會他已經同俄國及哈薩克都討論過了。該組織背後的智囊團其中一位是列昂尼德·伊瓦紹夫將軍（Leonid Ivashov），他同時是「莫斯科地緣政治學院」（Geopolitical Affairs Academy in

8. 作者註：參見凱末爾（Atatürk'ün Bütün Eserleri），來源出版社（Kaynak Yayınları），二〇〇三年十二月，第二九七頁。

Moscow）院長。他附和艾爾多安的話，說那會是土耳其做出的正確選擇，並補充道，他們會認真思考這個可能性，幫助安卡拉退出北約組織。當時我人在北京，接受中國國家電視臺專訪，討論這件事是否預示西方霸權的末日。

但土耳其不會願意離開北約的，然而它在北約當中的角色和義務，現在搬上檯面了。二〇一六年八月，當政變失敗後不久，土耳其便開始與克里姆林宮談判，想爭取俄製 S-400 飛彈防禦系統。土國的國防長官自二〇一三年以來就表達過有興趣購買 S-400，當年土耳其原本是想跟中國接觸的。二〇一五年十一月，由於北約不贊成，土國官員被迫取消交易。可是如今，和俄羅斯一項大原則上的協議已經在二〇一七年四月公布了，與此同時，北約與克里姆林宮之間的緊張關係也達熾熱化的階段。隨著安卡拉與它的歐洲、北美夥伴漸行漸遠，土耳其根本沒有興趣再提起北約的疑慮。到了七月，艾爾多安完成了最後一步，宣布已經簽署了文件。

我和佩林切克在靠近凱末爾機場的布雷薩區（Brezza）用餐。當天是俄羅斯大使安德烈·卡爾洛夫（Andrey Karlov）造訪土耳其卻意外遭刺殺身亡後四日；刺殺事件發生在他出席一場當代藝術展覽開幕時，可想而知，近期保安戒備越來越森嚴。佩林斯克認為，大使遇刺是為了破壞土耳其和俄羅斯對和平做的努力，同時我也相信，這件事是土耳其伊斯蘭基本教義派所為，目的是報復俄國干預敘利亞。伊斯坦堡也有些人在竊竊私語，認為卡爾洛夫是俄羅斯與土耳其之間強大商業利益的掮客，這展覽原是為了慶祝新近恢復的兩國友誼，而他是被對這項交易不滿意的人所殺。

我們相談甚歡，即使我不得不調整我一貫的思路——一直以來我都認為歐盟與土耳其必須增進對彼此的了解。但話說回來，愛國黨並不會對兩國之間漸行漸遠、互不理解的情況感到不滿。佩林切克非常堅信，土耳其必須離棄他所謂的大西洋世界。這使我忍不住問說為什麼他仍自稱是「歐亞主義者」，而非「亞洲主義者」。他說，有兩個理由；第一個理由是很實際的，土耳其不能只是簡單地和歐盟決裂，因為他們和歐盟有非常深的經濟聯繫。第二個理由比較耐人尋味：

「我們自詡為法國大革命的繼承人。沒有歐洲，我們就沒有革命，也不會有啟蒙運動了。」

在這漫漫長夜，我們暢飲著拉克酒（raki），直到別離時分，我再次為稍早遲到了一小時致歉，因為我發現他已經等了我兩小時。在過去數日裡，我一直都遲到將近一小時，且從沒有準時過，令我不解的是為何在伊斯坦堡，沒有人指責我，也沒有半點不愉快。一、兩個月前，土耳其本該將時鐘撥慢一小時，但國會決議，根據能源部長的建議，要維持日光節約時間，象徵性地把土耳其劃入和莫斯科同一個時區，和巴黎、柏林有兩小時的時差。雖然我的手機已經調整為土耳其時區，只不過還不是根據政府最新的政令。

這讓我想到凱末爾實施的現代化革新。一九二五年，土耳其正式改用格里高里曆（Gregorian Calendar），拋棄了自鄂圖曼帝國以來就採用的兩種傳統穆斯林曆法。就和三年後棄用阿拉伯文改以拉丁字母書寫一樣，新的曆法造成與伊斯蘭傳統決裂，也引起許多混亂。年輕一代不再能理解諸如「九三年之戰」（War of 93）[9]還是「一三二四年的革命」（Revolution of 1324）這類的字眼是什麼意思，因為改用新曆法後，「一三二四年的革命」改稱為「一九〇八年青年土耳其黨人革命」（Young Turk Revolution of 1908）[10]。同樣在一九二五年，法令採納了西方劃分一日時間的方法，取代了以日落推算穆斯林敬拜的時間。接著在一九三五年，官方的一週例假日從穆斯林的「週五」改成了基督教或西方慣用的「週日」。[11]

更改計時法，是所有政治改革裡的基本訴求，這個想法給艾哈麥德·坦波納（Ahmet Hamdi Tanpınar）寫的精采小說《時間規則研究所》（*The Time Regulation Institute*）大肆嘲諷了一番。故事裡，為解決時間浪費的問題，有個知名的機構擔負起校準土耳其全國鐘錶的責任。每個小時都有數百萬秒因為時鐘欠缺管理而白白流失，每天用來發展國家經濟的時間浪費掉了，令人非常光火。如果土耳其想趕上歐洲，這可是土耳其人負擔不起的事。當該機構成立之後，土耳其人人便開始核對並重新調整時鐘和手錶，新措施還造成數千名伊斯坦堡婦女都以最優雅的方式拉起裙襬，來核對裝飾在她們吊襪帶上的迷你時鐘。

何處是歐洲的盡頭

東方與西方發展的時差，是現代世界史上最重要的象徵。俄羅斯哲學家赫爾岑曾說，以俄羅斯的生活方式和思維來愛護祖國，共有兩種形式：「緬懷」和「預言」。就像羅馬神祇雅努斯（Janus），雖然俄羅斯的愛國主義人士關注著不同的方向，但心跳卻一致；有些人訴諸不受任何文化影響的古老神話歷史，還有些人把一切希望都投注在幸福的未來，期盼俄羅斯終究會趕上歐洲的進步。[12]

那些想迎頭趕上先進核心的人，常覺得他們得到的都是二手的、別人已經體驗過的事

9. 俄土戰爭，於西元一八七七年鄂圖曼帝國與俄羅斯帝國為爭奪巴爾幹半島主導權發生的戰爭。傳統上，土耳其稱其為「九三年之戰」，因為該年的伊斯蘭曆為一二九三年。
10. 一九〇八年鄂圖曼帝國君主立憲革命。同「九三年之戰」，名稱因曆法不同而產生理解上的差異。
11. 參見許克呂．哈尼奧格魯（M. ükrü Hanio lu），《凱末爾：智力傳記》（*Atatürk: An Intellectual Biography*），Princeton University Press，二〇一七年（二〇一三年初版），第二一八頁。
12. 參見赫爾岑，《一個赫爾岑的讀者》（*A Herzen Reader*），凱斯琳．帕特（Kathleen Parthé），西北大學出版社（Northwestern University Press），二〇一二年，第一二五頁。

物。時間似乎跟多數人作對，他們的時間往往比住在倫敦、柏林和紐約的人晚。在一八五二年到一八六九年辭世前做了五任土耳其外交部長的穆罕默德·福阿德帕夏（Mehmed Fuad Pasha）曾告訴《土耳其》（La Turquie）的法文編輯：「數百年來，伊斯蘭在其範圍內都是很棒的進步管道。今天它是個時間落後的時鐘，應該要校準。」[13]傑出的土耳其知識分子和革命家凱末爾，在一八七二年的文章〈進步〉（Terakki）裡充滿希望地做出結論：

「好吧，我們都知道不可能在區區數年內就把伊斯坦堡變成倫敦，或把魯米利亞（Roumelia）變得像法國。可是，既然歐洲用了兩個世紀才走到這個地步，它們必然是找到了進步的方法，而我們手上已經找到那些方法了，只要切實執行，那麼在兩個世紀後，不論怎麼樣，我們都應該能躋身最文明的國家之列。至於兩個世紀，會比一個族群歷史的一眨眼還久嗎？」[14]

出人意表的是，這些較進步或更文明的國家卻很快就開始有了自己的煩惱。倘若沒有對照組，該如何確定它們走的歷史發展道路是對的？畢竟，其他人一直都在後頭緊緊跟隨。面對這些憂慮，唯一之道就是悶著頭繼續往下走，即使看似越來越行不通。開路先鋒所面臨的最大問題是比別人提早用完他們的時間，而歐洲很快就會難掩嫉妒，看著那些仍懷抱著偉大理想的人在努力，因為歐洲人已經完成了理想，無事可做了。

第一個想到歐洲人能完成奇蹟走到歷史發展結局的，是德國哲學家黑格爾（Georg Wilhelm Friedrich Hegel）。對英國哲學家穆勒（John Stuart Mill）而言，這並不是夢想，而是可怕的惡夢。他憂慮，歐洲就快要再度被亞洲接收回去；他在一八五九年的經典作《論自由》（*On Liberty*）曾說，歐洲真的有可能變成像中國，中國的存在就是對我們的警示。他寫道：「他們已經達到平穩狀態，而且維持長達數千年之久。」

> 「他們已經成功超越英國慈善家努力追求的希望——把人類訓練得統統一樣，用相同的格言和法規控制他們的思想和行為；中國現況就是成果。現代輿論的產生是一種無組織的形式，而中國的教育和政治制度是很有組織的；除非個性上能強大到成功對抗這個韃靼之軛（意謂中國），否則，歐洲儘管擁有受人敬重的祖先又信奉基督教，仍會變

---

13. 參見查爾斯·米斯默（Charles Mismer），《穆斯林世界的紀念品》（*Souvenirs du monde musulman*），Hachette，一八九二年，第一一〇頁。
14. 作者註：參見《現代中東：歷史資料手冊》（*The Modern Middle East: A Sourcebook for History*），牛津大學出版社（Oxford University Press），二〇〇六年，第四一〇頁。

成另一個中國。」15

中國處在發展和歷史性的革命之外，因為它從來都還沒進入過，而歐洲現在卻非常接近歷史通道的另一端，將近到了盡頭。赫爾岑隨即寫出令人震驚的發現：歐洲文化的卓越性就快要消失了，因為它的所有成就都已經終結了，根本別無他事可做。什麼叫卓越？唯有摧毀前人成就的卓越才有意義。沒錯，大家仍會忙碌不堪，一方面跳舞、飲酒、工作和談戀愛，另一方面浪費時間教育孩子維持同樣的生活方式，這就是赫爾岑所指出的重點：別無他事可做，因為生活將永遠一模一樣。德國哲學家尼采（Nietzsche）在《查拉圖斯特拉如是說》（*Thus Spake Zarathustra*）序文中也提到相同的重點。他看到一個時代即將降臨，屆時人類將不再看不起自己了。諷刺的是，這卻是人類史上最可鄙的一刻，因為想不出還要做什麼，更別提到嘗試了，男男女女玩樂等死，以為他們已經找到了幸福。「人還是會工作，但工作不過是消遣。」政治早就煙消雲散：「誰還會想要統治？誰還會想服從？兩者都太沉重了。」人類活在歷史的終點，所有事物莫不完美，過去一切看似瘋人院：「以前整個世界都精神錯亂了。」

在暢銷大作《歷史之終結與最後之人》（*The End of History and the Last Man*）中，法蘭

西斯・福山捍衛一個理念，他提到生活在現代社會的慾望是放諸四海皆通用的，而一個現代社會想當然耳也認為，不論在何處，都有市場經濟和民主政治制度。但該如何根據這樣的理論進一步制定外交政策，我們卻一無所悉。福山的書第一版問世於一九九二年，至今十五年了，當他被指責是在為美國侵占伊拉克粉飾太平時，他覺得無論如何都有必要釐清關係，每一個社會都有自己啟動現代化的進程。他努力想一勞永逸和美國外交政策保持距離，因此補充道：「比起當代的美國，歐盟更能準確反映出這個世界在歷史終點所呈現的樣貌。」[16]畢竟，美國人對造物主和國家主權有始終不渝的信仰，對人人無所不滿的「後歷史」世界感受不深，也談不上喜歡，因為他們已經不想費力改變什麼。

原被世界擁抱的「線性時間」法則，後來卻證明失敗了。新的時間觀念確實通行全球，有了這個基礎，現代社會生活變得唾手可得，但彼此卻無法校準。今天，每個國家都在按照自己對進步的想法來行動，或過日子。如今，有這麼多未來性，也有這麼多過去的包袱，以致於我們很可能會失去對時間的一切概念。然而前所未有的是，未來看起來更開放。

15. 作者註：參見穆勒（John Stuart Mill），《論自由》，耶魯大學出版社（Yale University Press），二〇〇三年（初版一八五九年），第一三五至六頁。
16. 作者註：參見《衛報》（Guardian），二〇〇七年四月三日。

第九章 歐洲半島

自治的規則

二〇一五年，歐盟的二十八個會員國大使們，針對難民危機召開多場會議，九月正在開其中一場會議，接著就要進入最尖銳的時刻與最棘手的問題：在配額制度遭遇強烈反對下——特別是中歐和東歐——要如何安排會員國之間的難民重置機制。

其中有個想法是，各國可提供金援以取代強制接收難民，這是從海岸線特別長的國家如義大利、希臘及有關重置機關所指示的方案。這個動議當然遇到阻力，因此又出現另一個替代方案：何不給會員國延展六個月時間來完成配額的義務？這是很好的妥協方案，然後主席團再提出進一步的改進：延展期間收容難民的數量，最高不得超過原重置運算法總數的三成。難民重置機制所需要的國際認證保護，可依照動議「附錄三」（Annex III）的計算公式作分配根據。其中，分配的關鍵應該根據：一、人口數額（比重四十％）；二、國內生產毛額（GDP）總數（比重四十％）；三、每百萬居民在二〇一〇至二〇一四年間的平均庇護申請數；四、失業率（最後兩項變數比重占一〇%，但人口數額和國內生產毛額對分配關鍵的影響，上限是三〇%，以避免整體分配標準失衡。）

我在自己的辦公室裡讀這份報告時，突然想到，歐盟不是要做出政治決策，它是企圖制定一套規則，好在一定程度上獨立運用於各自高度複雜的政治社會狀況。只要制定得宜，就可以讓這些規則執行無礙，毋須人們干預。當然，這套制度會需要常態性的定期維護，就像機器人需要維修一樣，然而重點仍是要設置一套能讓它自行運作的規則。如果一套可重複和慣性運用的規則，取代人類的決策，從這個意義上來說，我們已經走到了歷史的終點。

贊同的人替這種機制辯護，既然現在人工智慧徹底控制了我們的政治生活，可以避免人們不理性的決定，不再有受到情緒左右的政治人物與決策。我們可以仰賴固定不變、人人都一樣的規則，完備的設計能適用於一切情況，因此可以放手讓機制完全自行運轉。正常情況下，如果一個規則可以自行運作，那麼在遇到新狀況時就會停下來。但從另一方面來看，上述大使級會議的動議是經過審慎校訂的，可以在運轉過程裡自行更正和調整。這種控制方式，根據的是實際狀況而不是預期表現，我們稱之為「反饋機制」。正因為這些反饋的作用，可控制機制趨於純粹機械的運作，不至於錯亂失序。

自動化是歐盟真正的核心。如果人工智慧不僅成了新的數位經濟，也成為政治的一部分，那麼回頭來看，歐盟將會是自古希臘以來最偉大的政治創新。上面提到的例子很不同凡響，因為它讓我們看到自動化處理，可以延伸到諸如難民政策的領域裡。在運作歐元時，這樣的自動化早已完全制度化，其始於《穩定與增長協定》（Growth and Stability Pact）[1]，一九九五年由德國財政部長特奧．魏格爾（Theo Weigel）所推動；這項計畫裡已包含一個程序來強化政策監管，以及對那些達標率極差的國家處以特定懲罰，並能自動徵收那些罰鍰。從此以後，一切為了改善歐元區治理的嘗試，都交付給技術上已經高度優化的核心運算法，包括納入最新指導原則讓「現存《穩定與增長協定》裡的靈活性做最大的發揮」。

然而過去數年來，自動化的理想變得相當難以維護。歐盟一直都面臨著看來一連串永無止盡的危機，每一次都需要從替代方案裡做艱難的抉擇，而不能僅僅再墨守成規。歷史在二戰後就已離開這片大陸，如今看起來就像勝利回歸。可是歷史是人類現象，而不是大自然的，我們需要放棄某些可能性，才能經由政治的抉擇創造出新的契機。否則，一連串事件就會看起來越來越混亂脫序。

在歐盟的制度裡，政治問題往往裹足不前。它們只被陳述出來，但不是為了要尋求解決，而是為了不讓它們影響現有的規則制度；或者情況好的話，提出問題是為了調整制度，使得它能大致上應付新問題。二〇〇八年發生全球金融危機時，歐盟幾乎沒有想要做個可以一勞永逸解決問題的任何基本作為。危機本身被合併到正常的政治程序裡，當成永久固定的現象，在當時看似會留駐非常久。

可是，起碼從當代以來，歐洲的自我形象就是個充滿變動的大陸，和世界其他部分相反——尤其是亞洲——其他地方的一切幾乎穩定不變。但狀況如今看似已經翻轉了，這是為什麼每個歐盟國家都有不同程度的不滿，也是執政者憂心忡忡的原因，因為越來越明顯的是，這個體系疲於應付外界越來越劇烈、反覆無常的變動。

過去十年間，歐盟的政治一直遵循一個非常簡單的模式。先來看正常的情況：例行會議無重大爭議，多半在討論很久以後的未來事務。而同一時間，世界的其他地方卻是常見的震盪局勢。結果，晴天霹靂來了，且令人震驚地來自外界。如今這一切看來對歐洲產生難以衡量的影響。雖然第一批警訊被適時處理了，政策也做了小調整並付諸實施——或是承諾近期即將實施。但不久就變得很明顯，由於驚濤駭浪來回震盪，這個體系可能會停止反應，甚至在極大的壓力下瓦解掉。恐慌紛至沓來，政治領導人被迫介入——不是為了淘汰獨立自主的治理規則，而是為了修復制度；他們是來當工程師的，而不是當政治家，然而一再徒勞無

1. 歐盟成員國共同簽訂，保障經濟貨幣聯盟穩定的協定。

功。就性格和訓練而言，德國領導人最適合扮演好這個工程師角色。

我們都在問，假如英國真的脫離了歐盟，目前的情況是否還會持續下去。這個突然空降的意外插曲，來自歐盟內部。一個要離去的會員國堅持某想法，演變成了一個沒完沒了的口號：「拿回統治權！」這就像是在一部共乘的自動化交通工具上，有一些乘客決定要討回方向盤的控制權。各方反應充滿恐懼及興奮。對某些人而言，這就是政治的癲狂。我們在歐盟已經有了一套自動化制度，可以提供高度的安全性和高分的幸福指數，這是歷經多代所開發而成的，截至目前為止運作順利，差不多沒有人類干預。然而更糟的情況是，這個制度現在已經自動化到一個地步，結果幾乎沒有人擁有知識和能力可以真正主導重大政治事件。那麼，要如何去理解一群人突然抓住方向盤，威脅要癱瘓整個歐盟的軟體和機制呢？如果我們隨便讓人去控制方向盤，他們就能帶我們去任何地方。英國沒有我們精良無比的人性和理性化制度，它現在可以倒向比較不吸引人的政治盟友；或者，如果新的駕駛們開始內鬥，就會直接開車撞牆。

於此同時，經濟爭議對英國選民沒有什麼影響力，讓想留歐的一方難掩失望；由於反對歐盟的難民自由移動政策，選民的態度很明顯受影響。然而沒有明講出來的框架是，歐盟提供最佳的經濟解決之道，但對這一點的懷疑最近持續加深。英國脫歐的個案，在那些以經濟為考量的選民上，似乎產生了一點不一樣的效果。越來越多人覺得，歐盟有必要改變方針，其實簡單說就是歐盟不知變通、反應不夠快，不懂得掌握最好的時機來面對全球貿易或智能監管（smart regulation），特別是攸關數位經濟方面的事物。到最後，英國拿回控制權也不失為改善經濟政策的一個有效提議。有誰真正測試並評估過歐盟的經濟政策？如果有的話，我們能信任他們所作所為是對的嗎？這些才是真正的擔憂。

在移民問題上，則幾乎沒有疑慮。過去數年來，越來越容易理解沒有人能真正指揮移民問題。英國民眾並不太抱怨移民政策的掌控權被布魯塞爾取走，反正根本沒有人在負責。歐盟內有一套規則與原則在自主運作、毋須人類干預：自由移動。這套原則每年到底讓多少移民通過，數量上根本無從掌控，因為這套原則一點也不在乎實際數字。事實上，若要考量到限制人數，就在根本上違背了這項原則。在最極端的情況下，單一年就可以看到有數百萬難民來到英國。取回掌控權最重要就是代表找個人來負責，同時也表示，降低移民數量。但在我和英國選民與官員的談話中顯示，他們始終都覺得「掌控」比執行什麼實際政策更為重要。我尤其記得，在曼徹斯特和黎偉略（Ed Llewellyn）的對談，他是前英國首相卡麥隆（David Cameron）的幕僚長，當時他們試過各種方式來降低移民數字，有一些可行性還相當高。這事發生在脫歐公投之前的重啟談判過程間。黎偉略一度滿懷希望，但接著搖搖頭：「有方法可以降低數字。但我們需要的是可以增加掌控感的方法。」

假如我們把歐盟想作是一個電腦程式，應運而生的問題就是那個程式到底有多大的適用性。演算法是在一個被控制的環境下運算的，執行一套有限度的任務。輸入的資料來自外在環境，必須是程式認得的，因此環境需要經過計畫、安排，才能以正確的形式提供那些輸入資料。電腦程式自己運轉，根本無所謂是誰在使用它，和傳統工藝或任何富創意的工作截然相反。雖然這是所謂的「編碼普遍性」（universalism of the code），但從另一方面來說它可能一點也不普遍。這套自動化規則是否能應付所有代表國，還有一切來自外界出乎意料的事件，它能面對一個沒有準備好也無法給予編碼反應的環境嗎？它能否對那些設計較不精良的新資料做出反應？要是這套系統的某些零件因為環境混亂而毀壞、降級或超載，那麼它要如何反應？你或許可以說，即使是電腦程式，都需要一個外交政策——在先進的機器人技術上，關鍵的難題就是要設計控制運算法，使機器人得以在混亂無組織、力度改變、不完全可觀察、或不確定的環境下，也能適應運轉——但更基本的是，我們必須了解歐洲以外的世界，是根據不同規則在運行的，而這點又開啟了歷史性的問題，也迫使我們放棄相信世上可以有獨立自主的治理。

一如我們看到的，在制度和環境之間新的二分法，幾乎完全重現了據稱擁有理性且有條不紊的歐洲文明如何跟亞洲大草原的混亂無序區別開來，呈現出舊有的二分法。

力場

二〇一六年七月，我拜會了柏林外交部，和十位政策制定官員商討外交策略，這些人包括各區分處、貿易與經濟專門單位的主管。我特別感興趣的是，德國如何看待歐亞統一的問題，還有對俄國和中國在該地區的計畫有何看法。

德國很重要，因為一直以來，它一面領導歐洲諸國處理俄羅斯在烏克蘭的修正主義，另一方面領先歐盟其他國家與中國建立穩定且重要的貿易關係。也可以說，德國本身對「歐亞」並不陌生。其實在很久以前，歐洲與亞洲的邊界，恰好跟區隔條頓民族與斯拉夫民族的界線重疊。德國非常懷疑自己究竟是不是該隸屬於西方文明，這個問題一直等到納粹主義釀成人道大災難、造成民族毀滅後，才有了解答。我想調查一下，德國外交政策的制定機構，是否更想跟超級新大陸的崛起同步節奏，而非跟布魯塞爾及其他歐洲國家站在同一陣線。

其實，德國外交部曾參考歐洲委員會就外交關係製作的一份論文探討該議題，論文顯示，有越來越人關注歐盟如何面對俄國和中國在歐亞統一的局面。會議中，我做了一個簡介，概述我認為何以歐洲必須擁有歐亞觀點的三大理由。第一個理由是，俄國與中國就有這樣一個觀點。第二個理由是，我們這個時代裡大部分外交政策的重大問題如烏克蘭、難民危機、能源與貿易等，都將受到歐亞之間的關係所影響。第三個理由是，在未來數十年所有危及國安的威脅，都將會爆發在歐亞大陸的場景裡，重複著過往的傳統──一八一五年至一九四五年所有發生在歐洲和亞洲的重大戰役（還有許多小型戰事），都肇因於兩大陸之間爭奪邊疆如波羅的海沿岸、多瑙河邊界、東歐大草原（Pontic–Caspian steppe）[2]、高加索地峽、中亞和俄羅斯遠東地區。

「你說的對，中國正在覬覦西方。」有人回說：「我不確定俄羅斯是否在覬覦東方。他們想要吸引錢潮、遊客，如此而已。但你說的是，中國需要通往歐洲的一扇門，那也是為什麼當地會發生和俄羅斯的衝突。那需要一大套權謀。中國人非常務實，他們沒有權謀。」

這類宣示在討論中不斷出現。你看到可能會說，地緣政治思想在歐洲失靈了，尤其是在德國。絕大多數的發展進程都被放在微小的尺度裡，並透過經濟和社會面作分析。政府在其中有一個角色要扮演，理所當然如此，可是其角色多半是操縱那些進程。或者反過來，你會在交談中突然發現某個地緣政治觀點，就像我偶爾在會議中提到的那樣，然而它都只出現在俄羅斯專家身上。地緣政治學是一套用來了解俄羅斯的方法，但在歐盟，卻不是一套必須去發展的觀點和行動。

歐洲該怎麼辦？德國外交部長剛剛才召開一場研討會，邀請了中國官員來講述一帶一路，歐盟執行委員會則來解說中國的計畫有些地方可以跟歐洲平臺和募資體系來連接。這個研討會在某種程度上是要告訴俄國人他們損失很大，因為他們在烏克蘭的行動導致了經濟制裁。德國的立場則是要和「歐亞經濟聯盟」找到一個「權宜的妥協」（modus vivendi），不過有部分理由是為了把當中的其他成員拉攏到歐洲來。如果俄羅斯不能根據它的經濟一體化帶來經濟利益，那麼歐盟將會在「歐亞經濟聯盟」無法避免的大分裂之際漁翁得利。等俄羅斯驚醒時，他們將不得不重拾他們過去所擁有的：與歐洲在政治和經濟上合作。只有這樣才能給俄國現代化的視野。

當我主張說俄羅斯說不定不再自認是歐洲國家，與會中有一名官員強烈表示不滿，他引述普丁最近造訪莫斯科德國學校的說法，重申歐洲是俄羅斯的夥伴選項，只要歐洲放棄跨大西洋抱負（transatlantic commitments）[3]。對這名官員來說，俄羅斯依舊屬於歐洲，只不過不是西方的歐洲。歐洲身分的認同仍是俄羅斯的首選；雖然他們也擁有一個亞洲身分，但薄

2. 黑海與裏海之間地帶，今屬烏克蘭與俄羅斯。
3. 歐盟與美國訂有跨大西洋貿易及投資夥伴協議（Transatlantic Trade and Investment Partnership，TTIP），是雙方的自由貿易協定，旨在給予雙方貿易優惠，打造歐美自貿區。但自二〇一五年以來歧見不斷，尚未有共識。

弱多了。

「人不該受到智識極端主義的誘惑。」這名德國官員繼續說。「根本沒有大型的計畫在進行。」我的重點是，我們必須對俄羅斯的模稜兩可有所準備。因此有趣的是，當我被告知中國與俄國正在進行的事，我發現德國所做的其實無異於他們：使經濟多元化、增加選項。至於中國人，他們正在到處興建碼頭和基礎建設。在尋找絕佳的經濟契機時，這是很自然的發展。「我們可以一直懷疑彼此下去，但為何要？德國正在往南邊找、往東邊找。葡萄牙正在往歐洲找，也往拉丁美洲找。我們應該一起來做這些事，不是彼此競爭；我們要同步。」

身為歐洲人，我們應該擁抱歐亞超級大陸的想法嗎？該不該這樣做，找出同步協力的意義？我用了下述論述來表達我的反對意見：

「我認為歐洲人傾向把全世界看作跟歐洲沒什麼兩樣。我們手握著榔頭，所以到處所見都是釘子。而我在這裡的建議是，我們應該只做我們在歐洲做的事就好：合作、紐帶、連接——統統都是這些字眼。這是歐洲人做事的方式。有什麼其他選擇嗎？這需要比較具謀略性的，而且要有競爭性的手段。我們必須時時刻刻看著地圖，瞧一瞧對我們什麼是最重要的，增強我們的影響力、我們的制衡力，用『勢力』而非『規則』來思考，因為規則往往在自己國家都失靈，更何況運用在更廣大的世界。首先，如果中國想要獲得被市場經濟認證的好處，那麼它必須逐漸改變其經濟文化裡的某些根本元素才行，特別是那些將政治與經濟之間的重大區別給模糊的人事物。其次，那些位居新歐亞紐帶、地位舉足輕重的入口，還有各連接節點上的國家，比如亞塞拜然與哈薩克，歐盟必須增加本身的分量。其三，歐盟必須一馬當先和全球重量級角色如印度、日本和美國，簽訂其他的貿易協定，才能增加對中國與俄國在發展上的影響力。倘若你認為俄國與中國擁有的手段具備擴張主義，那你就不能用所謂的『規則』來回應。」

對此，大家的反應都言之有理：

「我們的文明根源於規則。那是我們的立足根基。而這也在舉世越來越受認同。大家都受夠了隨隨便便的決策。他們想要生活在規則下，這也是為什麼他們羨慕歐洲且受我們吸引的原因。」

「的確。我不同意。但我在前一個意見裡指出了問題所在。我們的世界觀天差地別，但我們卻想要它們結合在一起。歐盟的問題出在於我們假設有一個中立的規則架構，但真正的問題是，哪個規則能占上風？這個問題沒有哪個規則能解決。」

如果轉而去看具體個案，這個問題就會益發清晰。本會期那一週的新聞，幾乎清一色是中國家電製造商「美的集團」（Midea）收購德國機器人製造公司「庫卡」（Kuka）。德國政界人士已經開始擔憂，該國開創下一次工業革命的企業，將輸給中國。接下來一整年，這個問題繼續擴大曝光。當時我已經在懷疑德國將受到這些發展上的威脅越來越嚴重，而近期的案例則證實了這一點。雖然庫卡收購案最後通過了，但僅僅三個月之後，德國政府就撤消許可，禁止一群中國投資人接管微晶片設備製造商「愛思強」（Aixstrom），官方的理由是國安顧慮。二〇一七年二月，德國和法國、義大利聯手，要求歐盟執行委員會採取它們的專業知識，來判斷何時該否決某項外國收購案，但這一次不是出於國安立場，而是為了經濟考量。二月底，我在布魯塞爾和歐盟貿易專員（European Commissioner for Trade）塞西莉亞・馬爾姆斯特倫（Cecilia Malmström）見面。她對於背後的經濟理由到底是什麼大感不解，但她很清楚德國想魚與熊掌兩者兼得：先是防堵中國的影響力，再授予布魯塞爾特殊決策權，持續和中國保有良好的經濟關係。二〇一七年六月，這三個國家將議案送呈歐盟高峰會，但遭到葡萄牙與西班牙反對，波羅的海和北歐諸國也不同意——前者擔心中國的投資會枯竭，後者則是不願意贊成明目張膽的保護主義政策。不意外的是，這項議題已經造成歐洲內部的裂痕，而這些裂痕極有可能擴大。

二〇一六年七月下午，我在德國外交部，面前的官員仍完全矢志奉行傳統信條。我問他們，以規則為根基的手段要如何處理類似庫卡的問題？結果我得到的回答是，歐洲應該避免用戰略方式採取行動，因為那麼一來會陷入險境，捲入極有可能一敗塗地的大型衝突裡。「我們必須戰戰兢兢，以防造成壓力。中國人確實看得出來我們是否在捍衛自己的投資者，這個概念對他們而言並不陌生。如果我們用一種過度不相稱的形式這麼做，就會變成歐亞大陸另一端的犧牲品。」

「歐亞別無選擇。」我努力辯論。「如果你想要強制實行現有的規則，那麼你必須問問像中國和俄國之類的國家是否會依循這套規則。假如中國開始批評全球價值鏈，會發生什麼狀況——比方說，原先替德國企業生產零件的波蘭或土耳其部分製造商，轉而替中國企業做事，那該怎麼辦？在某些時刻，我們不能再談規則……」

「企業都是這樣的。」

「這些並不是企業而是中國。這些投資是公司行號為了附和國家政策或戰略利益所做的投資。如果你把事情的過程只放在歐洲境內的脈絡來分析，他們當然看起來是遵循規則的。你可以防堵他們，可是這樣做會模糊焦點，且不論在什麼情況下都是徒勞無功的，因為我們根本不可能封死所有的門窗，把中國的影響力堵在門外。之所以我說會模糊焦點，是因為目標應該要創造一個有利的外在環境，不是建造一個不考慮環境變動的制度烏托邦。中國人非常了解這一點。隨著他們在這裡能見度越來越高，他們會拿歐洲的市場規則作為實現自己的目的。想像一下，歐亞大陸是個力場，擁有各式各樣的政治和經濟模式，問題是只有掌握勢力、影響力和均衡力的才有決定權。歐盟想維護它的規則和生活方式，是不夠的。它需要開創一個更寬廣的環境，讓這些能運作得更有效。有個字眼可以形容那種政治，那是一種新型態的政治。」

「歐亞？」預期中的答案出來了。

萬里長城

歐盟在其內部複製了定義現代歐洲史的一些矛盾和困境。從一方面來說，歐洲這個概念本質上就是對照而來的；它是相對於其他事物來定義的，而對立的那一端根據不同的歷史時期有所不同。但若我們以理想的地理學概念出發，最終唯有形塑一個對等的抽象地理學概念才合乎自然：歐洲是相對於亞洲來定義的，而亞洲一如歐洲一樣，是虛構的。

從另一方面來說，歐洲擁有一個普世的使命。在帝國時代，這個使命意謂著歐洲國家要不遺餘力讓歐洲的生活方式普及全球。對歐盟而言，它的使命當然是另外一種，但也是普世的。歸根究柢，歐洲的計畫奠基在很明確的意圖上，要克服分裂與疆界，要讓老敵人們和解，還要消除限定民族的定義。不在舊有的歐洲眾多民族之間劃分疆界，直接實現一個更大的歐洲身分認同，困難異常，或者說根本不可能。此外，若歐盟企圖給它的疆界劃出最終明確的界線，這些邊疆地區會突然變成只是歐洲的縮影，比歐洲本身更像歐洲。照理來說，「邊疆」應該有各式各樣的文化匯聚，各式各樣的生活方式在一起過日子，他們注定是要共存的。這很明顯是土耳其、波士尼亞和烏克蘭的現狀。怎麼可以將那些其實是歐洲渴望成為的發展獨特的國家，排除在歐盟之外？

實際上，這些邊疆地區正面臨一項文化難題：由於它們在歐洲俱樂部裡的會籍有點曖昧不明，它們得讓自己盡量靠攏核心來解決問題。歐盟委員會的一位官員告訴我，波士尼亞和烏克蘭這類國家必須進行改革，「完美又光鮮」的改革，使得布魯塞爾別無選擇，必須接納它們成為歐洲的一分子，一如法國或德國那般「讓它們加入」。在另一個場合裡，一位前歐洲政府領袖告訴我，「我們不會在清晨起床時第一個就想到巴爾幹半島上的那些國家，它們得自己贏取我們的注意力。」

事實上，這兩種觀點之間的矛盾——一個普世，另一個是限制與疆域。這並不難以解釋。出於其本質，歐盟是一個全球化的計畫，它的財富和全球化的財富綁在一起。如果用其他方式來定義自己，那麼它就無法繁榮了。在它的疆域內，它努力執行全球化理想，達到一個必然的結果：最終廢除疆界。這是一個先驅，意謂著到一定時候，就會根據舊的典範「先在歐洲，繼而到其他地方」來擴及全球。歐盟創始人之一讓．莫內（Jean Monnet）是在其《回憶錄》（*Memoirs*）結論中，用了一句話來描述歐盟本身，繼而是是整個歐洲社區：「這只是通往組織架構完美的明日世界路上的一個階段。」在這裡，歐盟的形象是個實驗室，在裡頭開發、調解和克服各種衝突與治理方法，之後才運用到全球。即使歐盟的外在疆界不同於傳統所謂的國界，但重要的是，它的疆界是會擴張的，藉著能徹底穩定疆界外區域的卓越手段，循著古老的帝國模式把它們收編進來。更根本的是，即使在不考慮擴張到的地方，外在疆界也可以延伸成更具滲透力的軟實力，更為貿易、旅遊和文化交流而開放。也就是在這個時候，莫大的誤解蔓延開來。若從外界的眼光——尤其是從北京——來感受這件事，卻相當發人深省。

二〇一六年十一月，我拜訪中國國務院的研發中心，這是中國政府所屬的研究單位，座落在北京靠近朝陽門的一棟嚴肅的辦公大樓裡。我到訪的時候，大家仍在對美國總統大選議論紛紛，和我見面的官員們都在謹慎描繪川普未來任期的局面，但議論內容很快就轉向歐洲與中國間的關係。一般說來，中國對歐洲政治的了解，以及歐洲對中國政治的了解，都十分貧乏；而各自的政治文化，比起中國和美國的距離還要相去更遠。對這一點，與會者一致確認也充分表示感嘆，可當我要求舉出一個例子時，答案卻出乎意料既尖銳又發人深省。「用美國人做例子吧。他們不滿意我們的市場對他們的企業太封閉，所以他們想針對那一點做磋商。而歐洲人卻說，既然他們已經開放了市場，就強迫我們也應該照做。這完全是一廂情願。歐洲必須了解我們可不是活在十九世紀。」

這個差別很微不足道，但很重要。你可能會認為，只要相對不那麼癡迷於「互惠」的需求，歐盟就可以獲得該有的喝采。然而事實上，這卻表示——起碼對北京當局而言，歐洲人為他們自己保留權益，定義了普世的架構與規則於全球經濟，認定其不可避免、也不證自明。布魯塞爾引發的爭議無不是像這樣：「我們考慮到中國投資歐盟對雙方都有利，那為什麼中國當局要持不同意見？又為什麼歐洲企業對於在中國做對等投資裹足不前？」當然，中國人夠聰明能看穿這霧裡看花的遊戲，「互惠」是根據雙方之一單方面定義的政策立場來加以保護的。

歐洲對全球化的開放態度與投入，泰半取決於特殊的歷史經驗，在其中，全球化起先由歐洲諸國、繼而由美國主導並定義之，基本上仍與歐洲思想和利益相當一致。倘若全球化開始變得對歐洲人未必有利及適合，那將會如何？可想而知，歐盟對全球秩序都應開放的承諾就會開始搖擺。一如我們已經目睹的，在過去兩年間，大多數歐洲國家，就算不太可能阻擋，也難以保證更進一步的貿易自由化，已經有許多倡議付諸實施，試圖限縮中國進口貨物和投資收購案。

假如人們有能力塑造或至少影響另外一個世界的話，當然會認為外在環境越來越舒適。以歷史的標準來看，現代歐洲向外擴張勢力的能力已經驟然衰弱了下來，把歐洲拋回到世界既怪異又混亂的年代，跟過往截然不同，古老的「文明使命」——想按照熟悉的路線重整遠方國度的欲望——蕩然無存。

把歐洲從亞洲隔開的那道牆，每天都遭受新的摧毀與打擊。我們將在此生見到此牆徹底瓦解，但是它至今尚未從歐洲人的思維方式中消失，而且說不定還會堅守在那裡一陣子，卻又一面繼續在現實世界裡分崩離析。這世界從未如此騷亂失序。這與其說是隱喻，毋寧說是精準的描述：「歐盟是一部精密組構的機械，需要完美的環境條件才能運作得宜，因此，每一次外界來的重大干擾，都會把它卡得動彈不得。」例如依然折磨著歐洲南部諸國的債務危機，就是十足的全球流動金融下的產物，與中國製造出口業對傳統工業部門的衝擊相結合。同樣的，英國脫歐一事，和全球化造成的經濟位移（economic displacement）有密不可分的相互關聯，一些地區由於歷史性的專業化工業受近期中國製造業的影響越來越大，導致這些地區的選民有更高比例、有組織地選擇退出歐盟。[4]

過去十年來，每一次歐洲危機都是某個外在打擊造成的。有時候原因可能稍微模糊一點，有的卻顯而易見。即使危機都來自外界，就像俄國武力進犯東烏克蘭、併吞克里米亞島一樣，其影響卻令歐洲的組織與機構內部飽受折磨，加深會員國的分裂，公民越來越覺得歐盟無能為力提供立竿見影的有效行動。因此，想重建歐洲與亞洲之間的萬里長城，再次分隔文明之城與東部大草原的願望——在歐洲人的眼中，看似危險與脫序的根源——誘惑越來越大。

接著，矛盾來了。歐洲人仍覺得自己有使命要將他們的生活方式推廣到全世界，無異於他們的航海家和探險家在五百年前的所作所為。如果他們真心相信整個世界最終將會和歐洲一模一樣，那麼他們就會願意從現有的邊界出發。但是當影響力往反方向移動時，他們寧願撤守。可是，歐洲不再能對那些影響力保有免疫力，它不得不學著要往東展現自己的影響力，而非以某個世界文明的先知之姿；它是歐亞的勢力之一。歐洲的生活方式並不存在真空狀態裡，而是深深受到其邊界和更遠處的影響所左右，這些影響迫使歐洲人找到正確的機構和政策，來使他們的生活方式能跟這個更大的地緣政治局面結合在一起。除了本書的書名，我找不到更好的字眼來形容這個計畫。成為歐亞勢力意謂著當規畫歐洲的策略和抉擇時，你

4. 作者註：伊塔洛．科蘭託內（Italo Colantone）和皮耶羅．斯塔尼格（Piero Stanig），〈全球化競爭與英國脫歐〉（Global Competition and Brexit），國際貿易、金融、財政與法律應用研究中心（BAFFI CAREFIN Centre），Research Paper No. 2016-44, November 2016.

必須是歐洲人，但永不只當個歐洲人。

歐洲之所以應該要主動關注歐亞一體的這個計畫，還有最後一個理由：和分裂歐洲本身的內部力量戰鬥。歐盟亟須強化它的政治能力與協同行動力。截至目前為止，這一點已經透過對歷史的模糊訴求及態度得到了保護，可是想再強化政治能力，終究要有個共同執行的目標方能達成。歐盟需要成為一個更強大的政治媒介，不是為了滿足某個道德或歷史上的誡命，更是為了執行召喚未來的任務。把歐盟的影響力擴張到疆界以外、管理跨越邊疆地區的流動，以及致力於大歐亞地區的和平未來。

我一直常把歐盟的近期歷史拿來跟成長小說體（Bildungsroman）比較；該類體經典小說旨在探討主角的成長歷程。成長小說的第一篇章——以最傑出的文體範本，歌德（Johann Wolfgang von Goethe）的《威罕・麥斯特學徒記》（*Wilhelm Meister's Apprenticeship*）為例——通常重點放在童年和主角的早年發展。你可以說，歐盟已經過了這個階段，以里斯本條約（Lisbon Treaty）[5]為界，條約中它的任務已經擴充了，也在形式上獲得了連貫性。在第二篇裡，主角或女主角踏入社會，遭逢危機，因為世界和主人翁有了摩擦；這兩者之間似乎完全不一致，溝通幾乎不可能存在。主角必須解決不一致的問題，可是又不知道該如何是好；這個世界會不會向年輕主角的進取意志退讓？還是主角會自我封閉放棄追求世俗的功成名就？又說不定，雙方會各自妥協取得中庸之道。

與此相關的是歐盟——正如同成長小說的體例——期望世界是面鏡子，熱情友好、意氣相投，乃至於離鄉背井也毫無陌生違和感。之所以出現危機，是因為這種情況已不再有。世界改變了。歐洲現在駐足在自己的邊界上，太陽每天都在它的管轄範圍內日落。

兩位最警醒的政治學家馬克·倫納德（Mark Leonard）和伊萬·克拉斯特夫（Ivan Krastev）寫了一篇發人深省的文章，文中比較了數年前歐洲與日本行動電話公司的困境。雖然日本能製造全球最優異的電話，但日本企業沒有辦法找到全球市場，因為世界的其餘地區都太落後，導致先進功能根本就毫無用武之地。同樣的，歐洲的政治秩序發展成了一個受到妥善保護的生態系統。它現在如此進步而複雜，因而喪失了通行性，而歐洲的公民除了希望它不受外界擾亂之外，別無所求。[6] 他們現在不求改變世界來符合歐洲價值，反而是希望不要被打擾就好。布魯塞爾的宏偉策略也開始走類似中國大清王朝的路線，如果我們只要求別來打擾，其他人為什麼不讓我們如願？這個奇特的想法尤其在難民危機的悲慘事件裡最顯

5. 里斯本條約，又稱改革條約，歐盟用來取代《歐盟憲法條約》，二〇〇七年十二月十三日簽署，二〇〇九年十二月一日正式生效。

6. 作者註：馬克·倫納德（Mark Leonard）和伊萬·克拉斯特夫（Ivan Krastev），〈歐洲的新混亂〉（The New European Disorder），歐洲外交委員會（European Council of Foreign Relations），二〇一四年十一月。

而易見，當時歐洲人轉而一致向內。首先，會員國之間全都團結排外；接著，廣泛要求封鎖對外邊界，打造新的「歐洲堡壘」。他們高高在上，遠離大歐亞陸塊的一片混亂。

飢餓遊戲

若很快瞥一眼地圖，就會明白埃森德雷（Esendere）這個位於伊朗和土耳其邊界的地理節點何其重要。連通歐洲與亞洲的新絲路一旦落成，將會通過這些群山峻嶺，避開戰亂連連的伊朗和敘利亞，朝南直下，利用伊朗的烏爾米耶（Urmia）和大不利茲（Tabriz）[7]，以及土耳其的凡城（Van）這些大型城市之間的捷徑。二〇一六年二月，我從伊朗取道埃森德雷越過邊界。走在介於兩國海關的崗哨間，一路冰天雪地，同行的是一群移民，他們是來自伊朗的亞塞拜然族，都是季節工，在土耳其也過得愜意，因為他們的文化和語言泰半相同。我沒看見阿富汗和巴基斯坦的移民和難民，那一年這兩個民族高居遷入希臘的名單榜首。

搭乘小型麵包車，短短車程來到了於克塞科瓦（Yuksekova）。當時，因為與東南邊境庫德族的叛亂分子衝突日益升高，加上伊朗恐怖分子威脅不斷，該城軍方戒備森嚴。這座小城繁華熙攘，跟我當日上午所告別、城市規模大得多的烏爾米耶有天壤之別；烏爾米耶感覺很渴求經濟繁榮卻不可得。我決定留下來待幾天，而且很快就約見到一名協助移民來到歐洲邊界的走私分子。他告訴我，為什麼我在埃森德雷海關崗哨見不到半個他的客戶——非法移民不會步行通過邊境。他們會躲在大型貨車後箱或貨櫃車底部，和腐爛的蔬菜擠在又臭又黑漆漆的狹小空間裡一到兩天，也不曉得那個唯一知道他們關在那裡面的人，是否會跟他們一起到目的地。有時候要靠賄賂，也有時候只得碰運氣。

二〇一一年，土耳其一名走私犯因為一起金錢紛爭，燒死了七名巴基斯坦移民。二〇一二年，有十一名非法移民在靠近巴基斯坦與伊朗邊界間的帕坦（Pothan）遭射殺身亡，死者包含了巴基斯坦族、烏茲別克族和塔吉克族。從此以後，類似事件經常爆發。從巴基斯坦長途跋涉前往歐盟，不是一趟偉大的冒險，而是一場障礙訓練過程，只有非常走運的人才能毫髮無傷身心完好地出現在目的地。

我記得的一幅最出色的政治諷刺漫畫，描述一家子難民打算穿越一個看不見的邊界進入歐洲，可是被一名官員攔了下來，這名官員開著一部貨車，車上有歐盟的旗幟。那名官員向前立了一道籬笆，這個難民家庭當然努力掙扎、盡其所能要爬過去。當他們終於抵達另一邊時，受到同一位官員的熱烈接待，他大聲說「歡迎來到歐洲！」

7. 中國古籍譯為桃里寺，伊兒汗國首都，今為伊朗亞塞拜然省的首府。

這就是歐洲邊防政策悲慘的矛盾之處。整體來說，歐洲社會建立在包容和人權之上，基於道德，我們對企圖逃離危及性命的急難難民伸出援手，應是合情合理的。從另一方面來說，歐盟始終無能為力制定一個合法入境渠道給難民使用，甚至還橫生障礙，讓他們一路行來無限沉重。這個結果如同像是現實生活裡的飢餓遊戲災難版，遊戲中的難民假如運氣夠好的話，可以確保擁有優渥的社會福利安居樂業。我們怎麼會走到如此田地？

在難民危機爆發的第一階段裡，歐盟強調要為已經進入國界的難民，設計一個重新安置的計畫。在休戚與共的名義下，這個提案大獲支持。可是，顯然我們在這裡所謂的休戚與共是屬於會員國之間的，而非跟難民的。管他們在輾轉來到歐洲的途中死亡人數有多少，都無所謂——儘管死亡人數是最早引起歐洲輿論注意到危機的主要原因。但對那些前仆後繼者而言，誘因依然很大，因為重置計畫意謂著歐盟已經申明棄權，不再對要收容多少難民發表言論，儘管難民都是公平分配好的。

重置計畫遭到很多會員國反對，阻力主要來自中歐與東歐，在此有必要列舉出他們爭議的理由。第一，他們主張，像這樣的決策應該交由各自會員國處理。至於為何如此，只有一個再清楚不過的原因：決定及如何給予那些需要國際庇護者公民權，完全是重大的政治決策，不應該授權給布魯塞爾的官僚。但是我從不贊同這番理論，我不認為事情無法交由歐盟處理，或不能讓歐盟各會員國的政府領袖集體決議重大事項。

其他的爭論當然就更冗長乏味。有的氣量狹小提出重置難民的機制，必須根據一套固定的演算法，把他們安置到不同地點。和我一樣，那些早早指出這樣做根本不可行的人，仍非常驚訝至今為止事情運作得極為差勁。兩年的時間，大約有一萬名難民已經被轉送到他們在歐盟的新國家去；這套制度原來訂下的目標數字是十六萬。官員們現在私底下都坦承，計畫失敗，儘管名義上仍在繼續運作。

有些國家則強調，要創造凝聚效應，必須有一個本質上平等的空間。沒錯，難民往往成群湧向德國、奧地利和瑞典，但資本、投資和科技也是如此的。獲利和支出如影隨形，因此不論在什麼情況下，故意干擾流動現象，會使我們走向最糟糕的傳統社會工程（social engineering），這點是中歐和東歐最了解也最擔憂的。試想一下，站在國家的高度上，我們該如何處理這個問題？假如情況失控，大量難民和移民湧入首都或大都市，沒有任何一個政府會將他們重置到特定區域、禁止越界，通常是改採自由主義社會的政策工具，比方說津貼和各式各樣的鼓勵，尤其是在居住和教育方面來幫助他們。有些人士指出，重置政策會在某種超現實的狀況下告終，因為在這種狀況下，被遣往個別國家的難民反而背負著強烈的國族情感，但那些國家的本地公民卻不會，因為他們可以自由穿梭歐盟境內。

更基本的問題是，即使是富強之國也承擔不起一個到目前為止距離初衷那麼遠的社會問題。跟眾多其他例子一樣，歐盟冒著風險成了一個混亂的集合體，而不是一個權力的共同體。政策的重點不該是分擔命運與機會的危險，而是在大家身上行使共同的權力。只要難民進入我們的疆界，我們就不應該注重如何分配難民。在道德和政治方面，這種事永遠都會是隨時等著爆發的人禍。我們必須做的是，果斷釐清難民實際上是用何種途徑進入歐洲，制定一套人道簽證制度，允許有庇護資格者合法來到歐洲居留有限的一段時間，等候庇護申請獲准。或者二擇一，在歐盟邊境外設置庇護申請中心，好讓難民可以提出申請，不必用湊合的小艇冒著生命危險偷渡。如果申請獲准，他們就能買一張廉價機票飛到歐洲。如果申請不通過，只要企圖非法越界，就可以立即遣返。屆時問題就會是歐洲願意發出多少簽證，可以在程序中重新掌握確實的數量。

合法入境渠道是重新掌握難民流的一個方式。這可以讓歐洲決定願意收容多少難民，也可以用來更加了解這些難民在越界之前的身分背景。最重要的是，這麼做可以給犯罪走私集團致命一擊；這些集團有時候看似取得了歐盟邊境政策的授權，結果導致這麼多難民命喪地中海。目前的政策應該負起責任。

領袖會

二〇一五年十月，在大使會議開啟這個議題之後一個月，斯洛維尼亞總理米羅．塞拉爾（Miro Cerar）在布魯塞爾召開緊急會議討論此事。配額的想法如今和官僚的裝飾品沒兩樣，早被政治與社會現實遠遠拋諸腦後。他的內閣內政部長剛剛才送來最新的報告：單單是當天，就預期有一萬五千名來自克羅埃西亞的難民會越界。他警告同僚，引爆點迫在眉睫了。匈牙利已經築起了一道圍籬來攔截難民流，但那麼做是因為無人做過同樣的事，結果難民因此被迫改道。如果每個國家都仿造匈牙利的做法：「你將會看到殘暴掃射。難民一無所有站在那裡，因為什麼都豁出去了。這麼做非常危險。」

屋裡一片沉寂。一如往常，每每這樣的時刻打破沉默的都是梅克爾（Angela Merkel）。這位德國總理嘆息道：

「我們溺水了。我們今天收容了非常之多奧地利消化不了的難民。明天可怎麼辦。」她說，她來自一個曾經與圍牆為伍的國家，她不要在她的傳記裡被寫道她曾經築起了新的圍牆。「但是，如果外圍邊界不安全了，我不排除任何事情。」

歐盟執行委員會主席榮克曾應梅克爾之請召開迷你高峰會，以處理巴爾幹半島沿線的難民危機，當時完全是燃眉之急。與會者有德國、奧地利、保加利亞、克羅埃西亞、希臘、匈牙利、羅馬尼亞和斯洛維尼亞的領袖。同時受邀的還有來自非會員國阿爾巴尼亞、馬其頓和塞爾維亞的首長。會議進行得一片混亂，直到今天留下的最佳象徵，就是受此危機威脅所迫，一切都失控了。從這方面來看，情況只不過是簡單投射出議事廳外的情況，各國一意孤行，每個國家都把問題推給他們最近的鄰國，鄰國再繼續以鄰為壑。當討論快開始的時候，梅克爾把這個局面比作克里斯・克拉克（Christopher Clark）的《夢遊者：一九一四年歐洲如何走向戰爭》（*The Sleepwalkers: How Europe Went to War in 1914*）：一九一四年歐洲走向大戰的原因，出於雙方的誤解，以及追求狹隘的國家利益。其中一位與會的總理錄下了討論內容，接著和少數一群人分享他的文字紀錄。

保加利亞總理博伊科・鮑里索夫（Boyko Borissov）抱怨，他被迫在競選期中出訪布魯塞爾。「多謝邀請，」他在插話結束後說：「可是我必須返國競選，而這是我的提案——派遣十五萬至二十萬名警力封鎖邊界。我們必須這麼做，這並不是政治宣言。」歐盟委員會外交和安全政策高級代表、來自義大利的費德麗卡・墨格里尼（Federica Mogherini）警告，利比亞在不久的將來很有可能會爆發動亂，會增加遷徙的數量，鮑里索夫給了一句評語：「好消息是中國人還沒開始向我們移民。」他要為每個國家必須收容多少難民數量制定嚴格上限。對此，梅克爾回應道，若在沒有外界因素的影響下，那樣的上限當然可行，可是要是

「壓力來自外在因素」的話，就行不通。歐盟執行委員會主席榮克對此覆議，他強調，上限會引發巨大的難民流在數字滿額之前想方設法越界。

對於這點，阿爾巴尼亞總理埃迪．拉馬（Edi Rama）高聲質疑，若阿爾巴尼亞人在場聽到這些會作何感想。難民被拿來議論，好像他們是天災、淹水或地震，「在數字之前我們應該先想想我們的價值。」那時，梅克爾還搖擺在普遍恐慌與徹底封鎖邊界之間孤軍奮戰。拉馬做了一個結論：「我們的價值端看梅克爾的肩膀。」她的語調已經開始轉變了，不過在那一刻她趁機強調，歐洲必須致力於收容難民，「否則這就不再是我們所謂的歐洲。」

這時候，梅克爾也做了一番評論，暗指有些國家拚命想從歐盟牟取財富。馬其頓總統格奧爾基．伊萬諾夫（Gjorge Ivanov）對此面有慍色，揚言德國應該派遣情報單位去調查是否有一分半毛不是花用在難民身上。為了緩和自己引發的緊張氣氛，梅克爾開玩笑說，她的所有間諜都忙著對付美國國家安全局，對方竊聽她的電話是眾所周知的事。她含混其詞地致歉，承諾馬其頓可以取得所有需要的金援。這時候，馬其頓才應允加入行列，協助封閉從伊茲密爾（Izmir）[8]直通慕尼黑的難民流亡路線。

8. 位於愛琴海東南角的古城，土耳其第三大城市與第二大港。自古來都是歐洲或西亞有戰亂時，難民逃離戰火的必經之地。想進入歐盟，必先經過歐亞交界的土耳其，因此港口城市伊茲密爾首當其衝。

議程討論期間，當時的奧地利總理維爾納．法伊曼（Werner Faymann）堅持不論土耳其需要什麼，「我們都應該給他們」。梅克爾這時也說「我們必須致力於滿足土耳其」。與會的多位領袖一致同意未來土耳其協議應該有的基本元素。針對給予土耳其國民免簽一事，則無人反對。只有克羅埃西亞總理佐蘭．米蘭諾維奇（Zoran Milanović）提議，歐盟應該用力反擊土耳其。如果安卡拉當局要開大門讓難民進入歐洲，歐洲應該施以報復。比方說，可以用同樣非法的方式把難民送回給土耳其——亦即，不走正常的遣返程序。

權力和混亂的辯證需要被正確理解。過去，混亂似乎是歐洲強權的無形養分，但如果權力突然之間發現它本身無法、也不願意擴張自己的範圍到相鄰的權力真空處和狂亂的邊境地帶，那麼關係就會迅速翻轉。混亂就會變成制度超載，儘管努力擴大處理運算法，但系統超載都會給系統處理能力帶來沉重的負擔。

在結束他們的十月會談時，領袖們疲累又沮喪，不過更加清楚的是，尋常的工作模式將不再行得通。經過數個月之後，歐盟才從癱瘓中甦醒，接受現實，不再對在它疆界外的世界視而不見——彷彿覺得對自己的利益和生活方式無關緊要，另一方面又抗拒動用大規模武力和警力封鎖邊界。想要掌控難民的遷徙潮，又不至於淪為建造銅牆鐵壁，需要深謀遠慮，但這樣的中間路線仍舊必須在兩大極端中努力爭取出來。隔年與土耳其的協議中，我們發現梅克爾和歐盟高峰會主席唐納・圖斯克（Donald Tusk）在過程扮演決定性的角色，前者放棄了她對重置計畫的鍾情不二，後者則撤銷了他對抵達歐洲境內所有難民的扣押要求。

二〇一六年三月，每天足足有超過一千名難民抵達希臘各島嶼，歐盟和土耳其達成協議，雙方的原則就是承諾把所有非法抵達希臘的難民遣返土耳其，以交換歐盟接納數量相等、住在土耳其帳棚的敘利亞難民，並將他們重新安置在歐洲，數量最多不超過七萬兩千人。歐盟同時也承諾為土耳其加入歐盟給推一把，給予土耳其國民免簽優惠，並且給安卡拉六十億歐元補助，以支付土耳其境內為數龐大的難民營開銷。在這個更有效的措施底下，包含了許多元素。這是第一次設置了稱得上合法的渠道，搭配從土耳其難民營轉出的重新安置計畫，另外還迅速遣返非法入境的難民；即使該計畫的上限人數根本微不足道，很快就被大量的非法難民比了下去。土耳其開始主動掌控來自沿海地區的移民和難民流，一方面動用海灘巡邏隊、路障和大規模逮捕難民，另一方面同時嚴密防守自己和敘利亞的邊防。它的情治單位充分監控走私集團，以便有效實施新政策。幾個禮拜之前，受到布魯塞爾的施壓，馬其頓在跟希臘的邊界處也實施了類似的做法，這樣做似乎發揮了莫大的作用，有效降低移民潮。所有證據指向兩個時間點的關聯性：一旦馬其頓邊防封鎖了，土耳其就連忙答應某項談判，免得喪失它的制衡力。

與土耳其的協議遠比預期來得更快有成效：穿越土耳其到希臘的難民人數驟然下降，因此在愛琴海裡喪命的人數也跟著下降。在三月協議的前一個月，每天大約有一千七百四十名移民設法橫渡愛琴海前往希臘各島。到了六月，每日平均抵達人數下降到僅剩四十七人。該年，愛琴海的死亡人數從三月協議之前的一千一百四十五人，次年減少到八十人。

在土耳其和馬其頓，歐盟已經找到了一箭雙雕的好法子；這些國家夠靠近歐洲，能達成這類協議，他們又不完全是歐洲，所以可以使用歐洲諸國不樂於實施的某些「更有力方法」，來應付歐洲國內所無法忍受的這類動盪。對土耳其而言，這項交易當然很具有吸引力。透過阻擋難民流，一方面可以不再淪於成為中繼站，轉送越來越多來自阿富汗和巴基斯坦的移民；一方面又可以同時獲得資金，以支付收容整整二至三百萬敘利亞難民的沉重開銷。此舉也贏得與歐盟的新關係，現在有了共同的迫切需求，可以確保土耳其放手應付其國內對敘利亞和伊拉克在政治和軍事上的干預。

當然，還是有一些問題。首先，可以這樣一箭雙雕的國家，為數不多，而且簡單來說也非隨處皆有。比方說在非洲，非洲國家既沒有政府機構能有效控制它們的邊界，也沒有動機想遏止來自歐洲日益增加的移民匯款[9]。在希臘各離島的難民人數持續增加，因為歐盟其他會員國心知肚明，他們一旦到了希臘本土會更難控制他們。到某個時間點時，這些島嶼的情況會難以為繼，可是大動作轉移到希臘本土，則會引發難民和走私犯從土耳其偷渡而來的新企圖，因為這些人覺得遣返政策不過就是虛晃一招，而土耳其邊防衛兵既不情願也無力制止。關於這一點，都怪希臘政策大轉彎。塞爾維亞和馬其頓的收容中心，早在二〇一七年初就已達到收容上限，很快就要垮了，同時，大批湧入奧地利與德國的難民，很可能會打翻政治天平，讓其國內徹底倒向主張社會改革的政黨，引爆政治運動。

新的政策訴諸對難民的動機重新了解，另外則是理解土耳其利益背後的驅動力。一些人贊同有系統地將難民從希臘遣返土耳其，但此做法背叛了歐洲的價值。然而，時至今日，歐洲已不再有能力以它的形象塑造全世界，若還用習以為常的一套外交政策來應付世界，還不如不要有任何外交政策。國際政治的問題無法閉門造車就能解決，必須得想辦法靠近根源才能處理。以難民危機為例，這件事意謂著，對於成千上萬不受控制湧入歐盟尋求政治庇護的難民，解決的鑰匙握在土耳其手裡，單是靠它一國便能阻擋與防範那些越界事件。同時，如果認為歐盟不肯分攤、收容、整合接踵而來的難民潮，而土耳其還會無條件收納難民，顯然不切實際。最後，一旦難民明白了解到取道希臘的路線被封閉了，很可能難民就會改道土耳

---

9. 非洲國家有一項重要經濟來源就是移往非洲以外的人，匯款回非洲資助家鄉親戚。

其取得合法簽證入境歐洲，那麼廣大難民想付錢給人口販子、甘冒生命危險與大海搏鬥的動機就消失了。[10]

在解決這個問題的制度裡，土耳其被放在正中央，希臘和巴爾幹半島放在一端，而巴基斯坦在另一端。土耳其封鎖與希臘的邊境，就能抒解它本身高漲的東境壓力。但在整個制度裡，土耳其會面臨一個困境。當歐洲希望控制它與土耳其的疆界時，必須仰仗土耳其攜手合作，可是安卡拉並無法期待可以跟伊朗或伊拉克也這麼做。因此，它才會嚴守東部邊境，封鎖通往歐洲的道路，阻擋來自印度邊界上弧狀沿線諸國的移民與難民。對整套制度最適當的理解，就是它需要在艱難中緩慢推動。這也同時表示，歐洲諸國必須接受，現在它們的天命已經擺脫不了它們最善變又政局不穩的鄰居。這似乎是歐洲頭一回遭遇到這樣的狀況，在它的門口，有個更大、更難控制的世界。

10. 作者註：〈何以人們不必命喪愛琴海——政策建議〉（Why People Don't Need to Die in the Aegean – a Policy Proposal），歐洲穩定倡議（European Stability Initiative），二〇一五年十一月十七日。

跋

在寫書的這一年裡，美國和歐洲許多事令人震驚連連。首先是英國脫歐。我們事先已獲得警訊，知道公投的結果，可是所有——或者說幾乎所有——知識分子都猜測英國仍會投票留在歐盟；脫歐從某些方面來看難以想像，泰半是因為幾乎沒有人認真思考過它。第一回的出口民調顯示留歐小勝，聊表欣慰；選民想要改革，因此，他們以智慧的選擇傳遞訊息給政府，可是一如預期，他們並未準備好去質問歐洲現存政治秩序的基本原則。所以，事實上根本別無選擇。

兩個鐘頭過後，那些出口民調竟然大錯特錯，大家開始自我反省。很多人只不過是拒絕相信英國脫歐終究成真。還有些人，例如《金融時報》（Financial Times），似是要宣告英國政治與經濟制度即將面臨崩潰。倘若難以想像的事已然發生，想當然耳難以想像的後果將會接踵而至。

幾個月後，更叫人震驚意外的事爆發了，川普當選美國總統。從一方面來說，民調早就呈現這樣的結果不無可能。從另一方面來說，若想要主張全球秩序維持不變，會更加難上加難，因為舉世最大的強國都決定選出一位超脫於政治慣例的候選人了，這可不是低調處理英國問題及他們古怪決定就算了。

這些煩惱大多脫離不了現實：對全球秩序基本原則的反叛。這並非來自外圍地區，而是來自世界強權的核心所在；它們不是遙不可及，來自財富和思想偏遠的行政區，反而來自首都，或甚至是佇立在首都中心位置的帝王宮殿。這樣的事情不應該發生。

關於英國脫歐公投一事，最引人矚目的地方在於，英國曾經發明自由貿易，還把它傳播到世界的每一個角落，可是現在卻拒絕與這個史無前例最大、最自由的經濟集團為伍。至於川普，他象徵著美國從之前的外交共識上突然轉彎。偶有幾次他似乎想要拋棄現有的自由世界秩序，用別的取而代之，也就是以富強的國家思想為主，訴諸割喉競爭的世界。他批評那種獎勵權力分散的政治文化，反而相信美國若不作為一個強權，就沒有辦法保護公民對抗其他國家。他似乎認為致力於自由的價值，會妨礙美國的勢力。他曾承諾要追求他覺得對美國更好的貿易條件，即使那麼做意謂著要先清楚解釋目前世界現存的自由主義秩序。川普說：

「美國主義，而非全球主義，才是我們的信條。」

先來看川普的就職演說。那是個怪異的演說，因為脫離美國當選政治家正常情況下該涵蓋的重點：訴求普世自由、民主、平等這些引領美國對內或對外的行動綱領。針對這些他一字未提，卻說了很多要成為世界領袖，要對國家忠貞不二，還要打造新的基礎建設之類的論述。演說結尾時透露了這個訊息：「對貿易、稅務、移民、外交事務的每個決定，都要對美國勞工和美國家庭有所好處。我們必須保衛我們的邊界，不至於毀於生產我們商品、竊取我們企業、破壞我們工作的其他國家之手。」

二〇一七年二月，在一次真情流露的訪談中，川普被問到他是否能與普丁總統處得來；採訪者把普丁形容是「殺手」。川普似乎把這個問題解釋為，美國不足以對付競爭者，而大眾卻把更嚴厲的道德標準和束縛加諸在美國身上，並迅速把兩者擺在同一個水平討論：「我們有的是殺手環伺！難不成，你認為我們的國家有這麼天真爛漫嗎？」他覺得方法並不特別複雜。川普仔細檢查了自由主義的信條，每當遇到一種情況，他都會問這些信條是否能繼續讓美國成為全球霸主。在他的觀點裡，這些教條有很多都行不通：開放邊界、外交政策透明開放、反對派的新聞媒體，還有對國際組織報以赤誠。倘若這樣的趨勢持續下去，當美國的外交政策承接了國家主權的強烈信念，不受國際規則與機構的約束，意識型態將會在一定程度上向俄羅斯與中國靠攏。

以上是他的勝選所浮現的一些主要思想脈絡，不過在入主白宮頭的幾個月裡，川普使用了實在非常難以捉摸的方式來追尋這些思想，使大眾咸信他在任期內將會大肆破壞之前的秩序，但來不及建構出一個新的。舊有的秩序逐漸凋零，而新的還未誕生；同時，如義大利馬克斯主義改革家安東尼奧・葛蘭西（Antonio Gramsci）[1] 所指出的，必然少不了各式各樣的騷亂與消極情緒。

創建於二次大戰後的全球秩序，以前就曾陷入險境，但是在以前，威脅始終來自外界。如今它所陷入的險境，看似被那些一直以來有責任創造它，也始終從中獲利的人所拋棄。對一些人而言，英國脫歐和川普當選絕對是看法出了錯。沒錯，以制度為核心的國家們應該要抑制它們的勢力，雖然不能每一次都能戰勝，但以長期來看卻可以拿到最多好處，也可以在保存制度中得到最大利益。

隨著歐洲與美國之間的裂痕漸次曝光，執政者與既得利益卻不滿者，還有熟悉歐洲與世界其餘地區如何互動者，之間的關係也越來越顯而易見。政治人物和知識分子一面透過各式各樣的經濟與心理分析理論，支支吾吾想解釋美國這個古怪的投票行為，卻又一面迫切堅持要重新進行公民教育。這些訊息只是更加深分裂和疏離。

事實上，對很多英國和美國人而言，自由的秩序已經失去功能了。在知識分子和金融界大老當中，歷經數代累積的信念和做法看起來比以往更堅定，可是卻有很多人正為國外勢力所帶來的影響苦不堪言，可是對此，國家卻不願或無法給予回應。當執政者看到了功能優異的國際市場、貿易和民眾自由運動時，那些在底層的人在越來越混亂的世界裡，只能找到剝削勞力的工作和競爭不休的一眾國家。因為和中國與其他地區競爭的緣故，工廠關閉了，可是傳到勞工耳中的消息卻是，國家不再有能力去競爭了。日益增多的移民對鄰里和公共設施造成一定的影響，首當其衝的正是貧窮的人。最後，大家認為恐怖分子能從海外基地和位於歐洲與美國的巢穴中，隨心所欲進行攻擊。

二〇一七年七月，川普在華沙做了一場演講，旨在呈現西方的新形象：不求勝但處於攻擊之下；有能力給出承諾，雖然不一定有機會取勝，但意志力堅持不懈。「在我們這個時代，最根本的問題是西方世界是否擁有生存下去的意志。我們對自己的價值觀是否擁有足夠的信心，願意不惜代價加以捍衛？我們是否夠尊重自己的國民，願意保護我們的國土？面對那些想要顛覆並摧毀我們文明的敵人，我們是否擁有足夠的欲望和勇氣保護我們的文明？」他的回應似是在三個選項當中求取平衡。第一，重返首要原則——那些在美國極盛時期統治美國的原則，同時揚棄那些最近偏離核心的原則。第二，對美國自由政治慣例做可觀的修

1. 義大利共產黨的創始人和領導人之一。

訂，因為它已經不再能肩負全球的威脅與挑戰。第三，要抱持一個世界觀——世界是個危險之境，必須擋在門外，保護美國人不受其傷害。

寫這本書時，我在那些一馬當先備受歐洲擴張所影響的社會裡，發現了一個類似的奇觀。歷史上有個類比狀況是穆斯林世界裡的歐洲文化影響。在十八世紀以前，歷史的軌跡依然看似對偉大的穆斯林帝國有利，而掌權的鄂圖曼帝國、薩法維帝國（Safavid）或蒙兀兒帝國的執政階層，自然從未經歷過其他可能性。當平地一聲雷起時，軍事失利接二連三，加上日益漸增的貿易依賴，沒有人有所防備，因此第一個反應就是一面等待暴風雨離開，一面仍效忠於傳統習慣與原則。最後他們考慮了兩大主基調來應對。第一條，呼籲要淨化備受影響而偏離主軸的穆斯林社會。瓦哈比派（Wahhabi）對伊斯蘭的激進詮釋就是肇始於這段時間。第二個反應，是採取背道而馳的做法，嘗試改革穆斯林社會，解決它所察覺到的弱點，調和一些歐洲思想，至少在軍事科技領域這麼做。[2]

大約一百年之後，中國也遇到類似狀況。英國因為決心要打開中國市場輸入外國商品，遂引進了抽鴉片菸的習慣到中國，之後藉口要以武力保衛它的貿易，很快就一舉擊潰了設備拙劣的中國海軍。皇帝為了息事寧人，開放了五大通商口岸給外國人，並永久割讓了香港。中國人不可能再假裝自遠古以來北京所設想的世界秩序還能夠在衝擊中倖存下來，但是在往後的數十年裡，中國人卻都還是那麼做，因為他們最寶貴的價值就是禁止承認有任何其他選項可以取代中華文化。

在上述兩個案例裡，穆斯林和中國的世界都面臨了一種新的文明，挾著現代科學的一切祕密，一開始簡直像是超自然力量。在我們的時代裡，歐洲人和美國人遭逢的考驗卻有著不同的本質。最重要的是，這些考驗發生在民主制度的領域裡，這些地方對國際權力平衡的任何風吹草動，感受都更為快速而強烈。第二，我們正在往世界新秩序裡移動，但它並沒有一個清楚的中心，它的特點反而是在不同端點之間找尋平衡。然而，我們可看到這些進程之中的基本雷同性，一如以往，都是攸關因為全球秩序轉移所造成的內部大混亂。美國和英國的反應通常可以歸納為兩種抉擇：企圖努力保護受外界影響而瀕臨危機的生活方式，或者完全相反，盡力接納那些受到影響的生活方式。

在這種背景下，英國脫歐和川普現象所代表的混亂局面，就顯得容易理解多了，而且兩國的內政外交所發生的改變，也不再看似毫不相干：它們都是亞洲全球強權新勢力崛起的產物，而這股新勢力不再能受到限制或控制。這一點常常難以理解，也常被牽扯到較短期的內

2. 作者註：威廉姆．麥克尼爾（William H. McNeill），《西方的興起》（*The Rise of the West*），芝加哥大學出版社（University of Chicago Press），一九九二年（初版於一九六三年）第六九四至六九五頁。

政因素，但這或許並不太奇怪。就像我們看到的，對外在世界視而不見、或否認其影響力，是對全球勢力轉移的初期反應。

然而，每隔一段時間，真相就會浮現，眾人皆能明白。有個引人矚目的例子是英國現正爭論不已的，脫離歐盟之後，是否應該以新加坡為師。這個計畫最直截了當的意思就是減稅並放鬆法規，以便把英國轉型成一個外國投資的天堂，並對無法進入歐盟單一市場的損失給予補償。更不容忽視的是，英國將仿效新加坡的做法，迅速與遠方市場建立貿易和投資鏈，因為新加坡就是用這個方法取代無法進入馬來西亞的市場。就如同新加坡作為亞洲國家，與歐美的關係之深，更甚於和它的亞洲鄰國，英國也能在區區二十年奮發擴張，和二十一世紀經濟霸主——中國、印度和印尼——建立關係。英國公投後不久，《金融時報》編輯萊昂內爾．巴伯（Lionel Barber）在東京的一場會議中說道，英國脫歐能給英國新契機，成為敏捷的貿易大國「一個巨大的大西洋新加坡」嗎？會不會有一個新興的歐亞首都誕生在泰晤士河畔？這或許是結束本書的一個恰到好處的時機，因為英國有責任把歐洲的思想帶到亞洲，成為在歐洲的一個亞洲思想的大當家。

【Visum】MV0007

新歐亞大陸：面對消失的地理與國土疆界，世界該如何和平整合？
The Dawn of Eurasia: On the Trail of the New World Order

作　　者　布魯諾・瑪薩艾斯（Bruno Maçães）
譯　　者　王約
封面設計　張巖
版面編排　極翔企業有限公司
總 編 輯　郭寶秀
責任編輯　力宏勳
行銷業務　許芷瑀

發 行 人　涂玉雲
出　　版　馬可孛羅文化
10483 台北市 104 台北市民生東路 2 段 141 號 5 樓
電話：02-25007696
發　　行　英屬蓋曼群島商家庭傳媒股份有限公司城邦分公司
台北市中山區民生東路二段 141 號 11 樓
客服服務專線：(886)2-25007718; 25007719
24 小時傳真專線：(886)2-25001990; 25001991
服務時間：週一至週五 9:00 ~ 12:00；13:00 ~ 17:00
劃撥帳號：19863813　戶名：書虫股份有限公司
讀者服務信箱：service@readingclub.com.tw
香港發行所　城邦（香港）出版集團有限公司
香港灣仔駱克道 193 號東超商業中心 1 樓
電話：(852) 25086231 傳真：(852) 25789337
E-mail：hkcite@biznetvigator.com
馬新發行所　城邦（馬新）出版集團
Cite (M) Sdn. Bhd.(458372U)
41, Jalan Radin Anum, Bandar Baru Sri Petaling,
57000 Kuala Lumpur, Malaysia.
電話：（603）90578822　傳真：（603）90576622
電子信箱：services@cite.com.my

國家圖書館出版品預行編目資料

新歐亞大陸：面對消失的地理與國土疆界，世界該如何和平整合？/ 布魯諾．瑪薩艾斯 (Bruno Maçães) 著；王約譯. -- 初版. -- 臺北市：馬可孛羅文化出版：家庭傳媒城邦分公司發行, 2020.01
面；　公分. -- (Visum；MV0007)
譯自：The dawn of Eurasia : on the trail of the new world order

ISBN 978-986-5509-01-9(平裝)

1. 世界史 2. 國際政治

711　　108019623

輸出印刷　中原造像股份有限公司
初版一刷　2020 年 1 月
定　　價　480元

ISBN 978-986-5509-01-9

城邦讀書花園
www.cite.com.tw

ISBN 978-986-5509-01-9